Karl Rennstich

# Korruption

## Eine Herausforderung für Gesellschaft und Kirche



Quell

ISBN 3-7918-1413-3


1. Auflage 1990
Einbandgestaltung: Klaus Dempel, Stuttgart
Satz: Verlag an der Lottbek, Ammersbek
Druck: Quell Verlag, Stuttgart

»Schenke mir eine heilige Seele,
die im Auge behält,
was gut und rein ist,
die sich nicht einschüchtern läßt vom Bösen,
sondern Mittel findet,
die Dinge in Ordnung zu bringen.«

*(Thomas Morus, ein Gebet)*

# Inhalt

Vorwort 8

Einleitung 11

**Erster Teil:**
**Die Korruption als soziologisches, politisches und ökonomisches Phänomen**

I. Was ist eigentlich Korruption? 25
1. Die Korruption hat viele Gesichter 25
2. Die verschiedenen Ursachen der Korruption und ihre Auswirkungen 26
3. Charakteristische Merkmale der Korruption 37

II. Korruption und Macht 39
1. Macht korrumpiert — Macht ist böse 39
2. Macht, Korruption und Sozialismus 48
3. Macht und Korruption im Nationalsozialismus 51

III. Korruption in traditioneller, ideen- und sachgeschichtlicher Perspektive 56
1. Korruption und traditionelle Werte 56
2. Korruption in der neuzeitlichen Gesellschaftsphilosophie 58
3. Korruption und Christentum 63

IV. Erscheinungsformen der Korruption 69
1. Korruption und Recht 69
2. Korruption und Medien 76
*Die »Technik des politischen Lügens«* 78
*Wahrheit und Lüge in philosophischer und theologischer Sicht* 80
*Die Auswirkung der Lügentechnik auf die Korruption* 82
3. Korruption und Politik 83
*Bismarcks »Reptilienfonds«* 84

*Die Korruption bei den Parlamentswahlen in England im 18./19. Jahrhundert* 86
*Die Überwindung der Korruption in der öffentlichen Verwaltung Englands* 88
4. Korruption und Kirche 90
*Der Beitrag der Kirche in England im 18. und 19. Jahrhundert zur Bekämpfung der Korruption – ein Paradigma* 90
*Der Umgang mit der Macht in ökumenischer Sicht* 95
5. Korruption und Wirtschaft 100
*Die neue Form der Bestechung — Wirtschaftsbestechung* 100
*Die chinesische Form der Korruption — Protektionszahlungen* 107
*Wirtschaftskorruption in Lateinamerika* 109
*Wirtschaftskorruption in Westeuropa* 111
*Wirtschaftskorruption in der Sowjetunion* 116
6. Korruption und Umwelt 122
*Korruption und Umweltzerstörung* 122
*Die Korrumpierung des Schöpfungsauftrags* 130

**Zweiter Teil:**
**Korruption in der Sicht der Bibel**

I. Korruption in der Umwelt des Alten Testaments 137
1. Korruption im Alten Ägypten 137
2. Korruption im Alten Orient 140

II. Korruption im Alten Testament 143
1. Ein Überblick 143
2. Korruption bedeutet im Alten Testament »Verderben« 145
3. Aspekte der Korruption im Alten Testament 148
*Gott schuf Himmel und Erde, wie es sein soll — Die Weltverantwortung* 148
*Die Bedrohung des Menschen als Haushalter Gottes – Der Machtmißbrauch* 151
*Die Staatssicherheit wird zur neuen Religion* 156
*Der Frevler ist Typos des korrupten Menschen* 157

*Der Mensch ist verderbt* 163
*Die Erde ist verderbt* 164
4. Der Weise in Israel und die Korruption 167
5. Zusammenfassung 173

III. Korruption in der Umwelt des Neuen Testaments 175
1. Korruption in der griechischen Gesellschaft 175
2. Die Prinzipien des antiken Beamtentums 178
3. Die Korruption im Römischen Reich 179
4. Die Korruption im Synedrium 182

IV. Korruption in der Sicht des Neuen Testaments 184
1. Jesus — das neue »templum incorruptum« 184
2. Versuchung zur Korruption 185
3. Jesu Stellung zur Korruption — Der ungerechte Mammon 186
4. Habgier als Wurzel der Korruption 191
5. Zusammenfassung 193

**Dritter Teil:**
**Die Korruption als weltweite Herausforderung der christlichen Kirche**

1. Das Problem der Erbsünde in der heutigen Wirtschaft 197
2. Korruption ist ein theologisches Problem 198
3. Korruption ist Sünde 199
4. Das Böse als theologisches Problem 201
5. Das Böse in der Sicht von Karl Marx 204
6. Das Problem des Bösen in der gegenwärtigen Theologie 207
7. Das Böse in biblischer Sicht 214
8. Die Herausforderung der Kirche Jesu Christi durch die strukturelle Sünde in Politik und Wirtschaft 217
9. Zusammenfassung 223

Anmerkungen 229
Literaturverzeichnis 259

# Vorwort

Die vorliegende Untersuchung entstand aus praktischer Erfahrung mit dem Phänomen der Korruption. Dieses Problem beschäftigt mich seit mehr als zwei Jahrzehnten. Ich entdeckte im Zusammenhang mit meiner Doktorarbeit über Mission und wirtschaftliche Hilfe, daß die Korruption eines der größten Hindernisse für die wirtschaftliche Entwicklung ist. Nach meiner Rückkehr aus Asien, wo ich zwölf Jahre verbrachte, nach Deutschland Ende der 1970er Jahre arbeitete ich an dem Thema weiter und beendete diese Untersuchung 1987. Ich mußte mich vor allem auf englische Literatur stützen, da es zu diesem Thema relativ wenig deutsche Literatur gibt. Die Übersetzungen sind meine eigenen.

Konfrontiert mit der Korruption wurde ich zum ersten Mal in Asien Ende der 1960er Jahre. Ich lebte damals in Ostmalaysia. Das Zusammenleben mit Menschen, die wir Europäer als die »Unterentwickelten« bezeichnen, weil sie wirtschaftlich auf einer tieferen Stufe stehen als wir, veränderte mein Leben grundlegend. Im Verlauf der Jahre erfuhr ich mehr Entwicklungshilfe, als ich zu geben vermochte. Ich lernte mit den Augen der Armen zu sehen. Und bald erkannte ich, daß der notwendige Kulturwandel, der mit der Entwicklungshilfe verbunden ist, auch Schattenseiten hat. Kulturwandel und Korruption hängen eng zusammen. Da die ganze Welt heute einen Kulturwandel durchlebt, ist das Phänomen der Korruption ein weltweites.

Die schnelle Veränderung der Gesellschaft verändert auch die Werte. Was bisher in vielen Gesellschaften als selbstverständlich galt, nämlich die Verantwortung für das Gemeinwohl, das Teilen mit anderen, galt nun als altmodisch. Das Streben nach persönlichem Vorteil auf Kosten des Gemeinwohls, das traditionell als verwerflich galt, erhielt nun einen neuen Stellenwert. In Sabah (Ostmalaysia) bedeutete *momolitik* (in die Politik gehen) nun: reich werden.

Einige wenige wurden auf Kosten der Allgemeinheit in kurzer Zeit reich. Darunter zu leiden hatte auch die Natur. Bisher fühlte sich der Mensch als Teil der Schöpfung und behandelte diese auch entsprechend. Nun wurde die Natur zum Besitz. Die Urwälder wurden rücksichtslos abgeholzt zum Schaden der Menschen. Zu leiden hatten darunter vor allem die Opfer der Korruption, die Armen, die den schnell wachsenden Reichtum der wenigen und die daraus resultierenden Staatsschulden bezahlen mußten.

Die Armen vertrauten denjenigen, die sie aufgrund ihrer besseren Ausbildung in die Regierung gewählt hatten. Doch viele dieser elitären Vertrauenspersonen benutzten die »Korruption (als) die Autobahn neben dem Dienstweg« (Nahr). Sie mißbrauchten das in sie gesetzte Vertrauen. Ich erlebte Korruption vor allem als Vertrauensbruch. Vertrauen und Glaube gehören aber eng zusammen. Als Theologe suchte ich vergeblich Hilfe in theologischen Büchern.

Aber ich entdeckte, daß das Wort *corruptio* in der alten Kirche und vor allem in den Bekenntnisschriften der Reformation der Begriff für Erbsünde war. Da ich in einer islamischen Umgebung lebte, forschte ich auch in den Schriften der Muslime und entdeckte, daß sowohl im Koran wie in der Bibel die Korruption als eine der schlimmsten Sünden bezeichnet wird und in beiden heiligen Büchern Gott als unbestechlich beschrieben wird. In allen anderen Buchreligionen ist es ähnlich. Die Korruption ist also sowohl ein gesellschaftliches als auch ein theologisches Problem und eine Herausforderung für Gesellschaft und Kirche. Es fordert deshalb alle Religionen heraus, sich auf ihre eigenen Werte zu besinnen. Die Korruption in der Sicht der anderen Weltreligionen kann aus verständlichen Gründen hier nicht umfassend behandelt werden. Das soll in einer gesonderten Abhandlung in naher Zukunft geschehen. Ich konzentriere mich hier auf die biblische Sicht der Korruption.

Ich bin mir bewußt, daß ich mit der vorliegenden Untersuchung Neuland betrete. Und ich bin mir auch der Mängel bewußt. Aber die in aller Welt nun immer mehr sichtbar werdenden schrecklichen Folgen der Korruption ließen mich nicht zur Ruhe kommen. Deshalb wage ich es, zum Nachdenken über dieses Thema anzuregen. Wenn die Untersuchung diese Anregungskraft besitzt, tritt sie gerne zurück in die bescheidene Stellung einer Vorarbeit. Ich nehme auch in Kauf und versuche es mit Gleichmut zu tragen, dem gewöhnlichen Schicksal aller ersten Versuche anheimzufallen, die von anderen nur nach ihren Mängeln und Unvollkommenheiten beurteilt werden. Wichtig ist mir, daß die Korruption, die so viel Leiden für Millionen von Menschen verursacht, ernsthaft bekämpft wird, denn dieses Krebsgeschwür der Gesellschaft zerstört am Ende alle.

Ich habe die Untersuchung in drei Teile gegliedert. Im ersten Teil möchte ich das Phänomen der Korruption beschreiben. Im zweiten Teil beschreibe ich die biblische Sicht der Korruption in gebotener Kürze, verbunden mit der Hoffnung, daß bald tiefer gehende Untersuchungen über dieses Thema folgen werden. Im dritten Teil soll dann das Problem der Korruption aus theologischer Sicht behandelt werden.

Danken möchte ich an dieser Stelle vor allem Prof. Jan Milič Lochman, Prof. Klauspeter Blaser und Pfr. Sieghart Kappus für ihre Ermutigung während des Entstehens der Arbeit und ihre hilfreichen Ratschläge. Danken möchte ich aber auch allen jenen Menschen in Asien, die mir zu einer neuen Sicht des Lebens verholfen haben und die allen Versuchungen zum Trotz unbestechlich ihren Weg gegangen sind. Ich habe gelernt, daß in der Bibel nicht die Sünde, sondern die Gnade der Vergebung das wichtigste Wort ist. Diese befreiende Gnade, die ihre Kraft aus dem totalen Vertrauen in den unbestechlichen Gott schöpft, ist die beste Schutzwehr gegen die Korruption, die am Ende sich selber zerstört und damit auch die Korrupten.

Hamburg, den 29. Januar 1990 *Karl Wilhelm Rennstich*

# Einleitung

In vielen asiatischen Städten — aber auch in anderen Teilen der Welt — finden wir das gleiche Bild: Lange Schlangen von Menschen stehen vor einem Haus. Sie wollen Blut spenden. In Bombay bekommen sie dafür 15 Rupien. Das reicht für das Essen der Familie. Und deshalb kommen vor allem die Armen, die sonst keine Einkünfte haben. Viele spenden jede Woche. Und das ist zuviel. Aber sie müssen das, um ihre Familie zu ernähren.

Blutbanken braucht man natürlich auf der Welt. Aber hinter diesen Blutbanken stehen große Wirtschaftsinteressen. Einem Bericht der »Asia Week«[1] zufolge sieht das dann so aus:

»Der argentinische Arzt Antonio Pesci Bourel, Experte der Weltgesundheitsorgansiation, berichtet in seiner Untersuchung, daß die Geschäfte mit dem Blut von einer kleinen Gruppe der Arzneifabriken beherrscht werden. Sie kontrollieren den ganzen Handel des Blutes aus der Dritten Welt, dieses Blut kommt dann zu den industrialisierten Nationen. Die lokalen Agenten kaufen es für 6 Dollar je Liter und verkaufen es dann weiter in den Westen und nach Japan für 20 bis 40 Dollar. Seltene Blutgruppen werden für bis zu 600 Dollar je Liter verkauft. Der Profit der lokalen Händler liegt monatlich zwischen 20 000 und 40 000 Dollar.«

Dr. Bourel bemerkt dazu, daß die Unternehmer des jeweiligen Landes die Vertreter der Regierung bestechen, damit sie über diese Geschäfte hinwegsehen. Ein Gesundheitsminister bekam z. B. eine Million Dollar, damit er die Versicherung gab, sich in den Bluthandel nicht einzuschalten.

Hier stoßen wir auf die erste Form der Korruption: die Bestechung. Wer die Augen nicht verschließt, erhält eine Todesdrohung. So jedenfalls ging es der Vizepräsidentin der »Brazilian Association of Voluntary Blood Donors«, Mrs. Leonora Carlotta Osario: Sie erhielt dreimal eine Todesdrohung, weil sie öffentlich gegen diese Art der brutalen Ausnutzung der Menschen Stellung genommen hatte.[2]

Wir haben hier die zweite Form der Korruption: die Ausnutzung der (finanziellen und politischen) Macht mit dem Ziel, sich dadurch zu bereichern.

Die Verbindung der Korruption mit dem Ausbluten der Menschen ist kein Zufall. Sie findet auch nicht bloß irgendwo in den fernen Ländern der Dritten Welt statt. Wir alle sind daran — unbewußt wohl die meisten — auf die eine oder andere Weise beteiligt.
Aus Lateinamerika kommen immer wieder Berichte über Tote im Zusammenhang mit dem Blutspenden. Kranke und unterernährte Bewohner der Slums lassen sich oft täglich Blut abzapfen, das mit hohen Gewinnen auf dem Weltmarkt weiterverkauft wird. Das Hauptgeschäft in Brasilien (dort gibt es etwa 900 solcher Blutbanken) mit Plasma macht der westdeutsche *Hoechst*-Konzern, der dort nach Angaben von Dr. Bourel monatlich 5000 Liter Plasma produziert: »Damit machen sie nach meiner Berechnung einen Profit, der dreihundertmal so hoch ist wie die Anfangsinvestition.«[3]
»Hoechst do Brasil«, so heißt es in dem Bericht weiter, hat eine große Plasmatrennungs-Anlage in Teresopolis, einer kleinen Stadt in der Nähe von Rio de Janeiro. Die peruanische Tageszeitung »Expreso« berichtet[4], daß in den Hoechst-Laboratorien das Bluteiweiß »Albumin« und der Immunstoff »Gammaglobulin« hergestellt und sowohl in Brasilien selbst verbraucht als auch zu internationalen Preisen exportiert werde. Neben Hoechst seien die westdeutsche »Biotest« sowie drei amerikanische Firmen und eine französische am internationalen Blutgeschäft beteiligt. Der »Rohstoff« werde hauptsächlich in Brasilien, Kolumbien, Bolivien, Mexico, Haiti, Costa Rica, Guatemala und Panama eingekauft, bis zum Sturz der Somoza-Diktatur auch in Nicaragua. Auch nach Afrika und Asien — hier besonders Indien — seien die genannten Firmen in den letzten Jahren vorgedrungen.
»Die Laboratorien wenden skrupellos jedes Mittel an«, erklärt Dr. Bourel. »Sie bestechen hohe Funktionäre, wenn nicht gleich den Gesundheitsminister direkt, und bieten bis zu einer Million Dollar dafür, daß sie ungestört ihre Aktivitäten fortsetzen können.«[5] Die Grausamkeit des »Bluthandels« beschreibt *Martin Buchholz* unter der Überschrift »Vampire«[6] so:
»Die Metapher klingt eher lächerlich und antiquiert: Daß Menschen von den Konzernen bis aufs Blut ausgesaugt werden, daß Monopolherren das Geschäft des internationalen Vampirismus betreiben... Doch es ist so: ›Julio Cezar Lousada wurde kürzlich leblos in einer Straße in Rio de Janeiro gefunden. Er hatte innerhalb von 24 Stunden in einer Blutbank 2,5 Liter Blut für rund zehn Dollar verkauft, um

sich eine Rückfahrkarte von Belo Horizonte, wo er seine Schwester besucht hatte, nach Rio kaufen zu können. Der 37 Jahre alte Brasilianer ist seit fünf Jahren regelmäßig Blutbanken-›Lieferant‹, um sich seinen Lebensunterhalt zu verdienen.‹«[7]
In der Bundesrepublik Deutschland darf man aufgrund gesetzlicher Vorschriften erst wieder nach zwei Monaten Blut spenden. Blut ist deshalb knapp. So müssen andere für uns »bluten«. Der Brasilianer ist ein Paradigma. Statistiken gibt es allerdings praktisch keine, denn die Gesundheitsbehörden arbeiten mit; die französische Agentur berichtet:
»Die Blutbanken kaufen für einen lächerlichen Preis das Blut der Armen und verkaufen es mit einer enormen Gewinnspanne zwischen 170 und 230 Dollar an Laboratorien oder an Schmugglerbanden... Der Schmuggel erhielt in den letzten Jahren Auftrieb durch die steigende Nachfrage der Laboratorien, die in Brasilien praktisch völlig in deutscher Hand sind... Die Frankfurter Hoechst AG hat praktisch das Blut-Monopol in Brasilien. Allein dort soll sie im Jahr anderthalb Millionen Dollar für den Ankauf ausgeben.«
In diesem Geschäft arbeiten Regierungsvertreter und westdeutsche Firmen zusammen. Nach der Machtübernahme *Pinochets* in Chile telegraphierte der Repräsentant von »Chemica Hoechst Chile« in Santiago begeistert nach Frankfurt: »Der langerwartete Eingriff des Militärs hat endlich stattgefunden... Chile wird in Zukunft wieder ein für Hoechster Produkte zunehmend interessanter Markt sein.«[8]
Bluthandel war auch der indirekte Anlaß für den Aufstand in Nicaragua gegen das *Somoza*-Regime.[9] Er begann, nachdem Somoza den Journalisten Pedro Joagin Chamorra hatte ermorden lassen. Der hatte zuvor in seiner Zeitung »La Prensa« enthüllt, daß der Somoza-Clan durch die Firma »Plasmapheresis« mit den Konzernen auch im internationalen Blutgeschäft war. Jährlich wurden dort 300 000 Liter Blutplasma verarbeitet.
In Südindien, wo sich etwa 40 000 Menschen durch den Verkauf von Blut am Leben zu halten suchen, hat sich ein neuer schwunghafter Handel etabliert. Eine Coburger Firma importiert dort einen anderen »Rohstoff«: Menschenknochen.[10] Die Firma handelt weltweit mit menschlichen Skeletten für Schulen und Universitäten (Preis ca. 1000 Mark). Eingeführt wird das Rohmaterial aus Indien unter dem Zolltarif 0508. Kategorie: »Ware tierischen Ursprungs«...

Korruption (von lat. *corrumpere* = zerbrechen, verderben) ist einer jener Begriffe, die oft verwendet, aber selten exakt beschrieben werden. In den großen geläufigen theologischen Nachschlagewerken findet man das Stichwort Korruption nicht.[11] Mir ist das Phänomen der Korruption zum ersten Mal 1965 in Sabah (Ost-Malaysia) in meiner Arbeit als Missionar bewußt begegnet. Es beschäftigt mich seither, weil ich die Leiden vieler Opfer der Korruption nicht mehr vergessen kann. Mit dem Thema Korruption beschäftige ich mich nicht in erster Linie aus akademischem Interesse, sondern ich sehe darin eine Aufforderung zum aktiven Kampf gegen dieses »Krebsgeschwür der Gesellschaft«.
Wenige Jahre nach meiner Ankunft hörte ich, daß Menschen bestochen würden, um Muslime zu werden. Es waren zunächst die führenden »Ältesten« der Dörfer, einflußreiche Leute und Politiker der oppositionellen Partei. Die Einheimischen nannten das »momolitik«; das Wort kommt von Politik. Politik, Korruption und Religion bildeten eine untrennbare Symbiose. Bald erlebte ich die Korruption in meiner unmittelbaren Umgebung. Ohne Bestechung lief nichts mehr. Die Verwaltungsstellen wurden mit inkompetenten Leuten besetzt, die zur Gruppe der regierenden *Tun-Mustapha*-Partei gehörten und dem Premierminister loyal ergeben waren. Es waren zunächst die leiblichen Brüder und Vettern in den höchsten Positionen; weiter unten folgten die weiteren Verwandten, und dann kamen die »Freunde« der Partei. Verwandtschaftsbeziehungen waren wichtiger als Kompetenz und Fähigkeit in beruflicher Hinsicht. Letztere wurden sogar zum Nachteil, denn wer duldet schon Bessere um sich, wenn er selber unsicher ist? Wer an der Macht war, saß an der Quelle (des Geldes), und je mehr er trank, desto »durstiger« wurde er. Das Mehr-haben-Wollen wurde zur Sucht. Geschenke, früher Zeichen des Respektes und der gehorsamen Ergebenheit, die der Niedergestellte dem Höhergestellten (in der Regel dem Sultan) zuerkannte, werden nun zur »Bestechung«. Der Machtmißbrauch mit dem Ziel der eigenen Bereicherung breitete sich aus. Wer nicht mitspielte, wurde zum Spielverderber und galt als gefährlich. Wer Korruption, also Bestechung, Amtsmißbrauch und Nepotismus öffentlich eine »Sünde« nannte, galt als böser »Kommunist«. Nach etwa zehn Jahren war das Land finanziell am Ende. Ein reicher Mann (Mustapha) verließ nach einem Jahrzehnt ein einst reiches, nun aber verarmtes Land.

Ein Jahrzehnt später besuchte ich Sabah wieder. Am 20. April 1985 fand eine Wahl statt. Alle erwarteten den klaren Sieg der seit einem Jahrzehnt regierenden Partei. Viele hatten sich an die Korruption im Lande gewöhnt und meinten: »Ein Moskito, der bereits voller Blut ist, will kein weiteres mehr — er hat genug!« Doch die Politiker hatten die Rechnung ohne das »einfache Kampong-Volk«[12] gemacht. Zur allgemeinen Überraschung wurde eine neue Partei, die der Korruption den Kampf angesagt hatte, gewählt. Unter den neuen Mitgliedern der Regierung war auch einer meiner früheren Theologiestudenten aus Singapur.

In Asien meinten meine Freunde, ich müsse zuerst die Europäer, die asiatische Politiker und führende Industrielle bestechen, über die Korruption aufklären. Als ich dann 1977 nach Deutschland zurückkehrte, erklärten mir die deutschen Freunde, daß es Korruption nur in der »Dritten Welt«, aber nicht in Europa gäbe. In der Zwischenzeit haben wir gelernt, daß Korruption auch eine deutsche »Krankheit« ist. Die enge Verbindung von »Macht« und »Machenschaften«[13] wurde in den Affären um Flick, Lambsdorff und vor allem um den früheren schleswig-holsteinischen Ministerpräsidenten Uwe Barschel hinreichend dokumentiert.

Die Korruption ist ein Christen und Muslime gleicherweise berührendes Problem, denn nicht nur in Sabah[14], sondern auch im Nachbarland, den Philippinen, wo 90 Prozent der Bevölkerung Christen sind, gibt es sie. Es betrifft aber auch Atheisten, denn auch in der Volksrepublik China weht der »üble Wind — die Korruption«[15]. Dieses weltweite Problem ist eine Herausforderung aller Menschen guten Willens. Wie ihr begegnet wurde, dafür im folgenden einige Beispiele.

Bereits der alte Meister der chinesischen Gelehrtenschule, *Konfuzius* (551-479 v. Chr.), erkannte die Korruption als Grundübel und meinte, der erste Schritt zur Bekämpfung dieser gesellschaftlichen »Krebskrankheit« sei die Richtigstellung der Begriffe. Die Korruption muß beim Namen genannt, also klar definiert werden. Wir verstehen darunter Bestechung, Amts-(Macht-)Mißbrauch und Nepotismus (Vetternwirtschaft oder, wie es im süddeutschen Sprachraum heißt, Vetterleswirtschaft bzw. Freundelwirtschaft). Zur gleichen Zeit wie Konfuzius kämpften im Westen israelitische Propheten wie Jeremia und Amos (um nur zwei zu nennen) gegen diese soziale Sünde, denn nach

biblischer Überlieferung ist Gott unbestechlich. Bestechung ist also gegen Gottes Willen, und das nennt die Bibel Sünde.
Der chinesische Dichter *Lin Heijing* (967-1028)[16] aus Hangzhou zog sich aus Enttäuschung und Unmut über die korrupte Beamtenschaft in China aus dem politischen Leben zurück und wurde Gärtner. Der berühmte Kranich-Pavillon (Fang He Ting) in Hangzhou ist sein Protest gegen die Korruption seiner Zeit. Er schrieb Gedichte, pflanzte 360 Pflaumenbäumchen und zog ein Kranichpaar auf.
Das ist eine Form des Umgangs mit dem Phänomen der Korruption. Der Weise zieht sich aus dem schmutzigen Geschäft zurück und widmet sich den schönen Dingen des Lebens. Die alte chinesische Volksweisheit lehrt uns: »Willst du einen Tag glücklich sein, so betrinke dich, willst du eine Woche glücklich sein, so schlachte ein Schwein. Willst du ein Jahr glücklich sein, so heirate. Willst du ein Leben lang glücklich sein, so werde ein Gärtner.«
Der erste Gärtner war nach der biblischen Überlieferung Adam. Der erste Mensch. Aber er wurde auch das erste Opfer der Korruption; »corruptio« nannten die Reformatoren in Fortsetzung der Lehre des afrikanischen Theologen *Augustinus* die »Erbsünde«, die man heute eher mit dem Begriff »Originalsünde« (peccatum originale) umschreibt. Und auch der griechisch geschulte Apostel *Paulus* beschäftigt sich mit diesem Thema vor allem in seinem Brief an die Christen in Rom. In dieser großen Stadt wußte man über das Problem der Korruption recht gut Bescheid, denn es begegnete den Bewohnern der Stadt in vielfältiger Weise jeden Tag. *Jesus* nannte als Quelle der Korruption das menschliche Herz (Markus 7,14ff.). Er zog sich jedoch nicht aus dem Leben zurück, sondern kämpfte aktiv gegen die Korruption und wurde deshalb zum Feinde der Mächtigen, die schließlich dafür sorgten, daß er unrühmlich am Kreuz »außerhalb der Stadt« sein Ende fand. Der Schreiber des Hebräerbriefes ruft deshalb die Christen auf, seine Schmach zu tragen und aus der Stadt (Zentrum der Korruption) hinauszugehen und lieber mit Christus zu leiden.
Der Chinese *Wang Yangming* (1472-1529), der ein bedeutender General seiner Zeit war, stellte die Lehre des großen chinesischen Philosophen Zhu Xi (geb. 1130), des Begründers des Neo-Konfuzianismus, in Frage, weil diese philosophische Richtung nur die Selbstkultivierung auf Kosten der Verantwortung für öffentliche Aufgaben pflege. Wang betonte dagegen den Zusammenhang von Wissen und Tat (Aktion).

Für ihn ist Wissen »der Anfang der Handlung, und die Handlung ist die Vollendung des Wissens«. Er lehrte, daß der Mensch ein eingeborenes Wissen um Gut und Böse habe und deshalb wisse, was recht und was unrecht ist. Dieses eingepflanzte Wissen führe, so lehrte er, zur Handlung. Ausgangspunkt dafür sei »ren«, die menschliche Herzlichkeit, die auch Liebe genannt wird. Er rief dazu auf, zu den Quellen der »sagenhaften Alten« zurückzukehren und sich mit den frühen Denkern Chinas zu verbinden, denn diese hätten erfolgreich die Kultivierung der inneren Weisheit mit der aktiven Teilnahme am öffentlichen Leben verknüpft.

Wang hatte großen Einfluß während der späten Ming-Dynastie und wurde verantwortlich für die Entstehung privater Akademien, die eine Erziehung für Männer aller Klassen anboten. Diese Akademien wurden dann später Zentren und intellektuelles Ferment politischer Opposition gegen die Korruption am Kaiserhof in der Hauptstadt. Alle Versuche der Unterdrückung durch den Kaiserhof schlugen fehl, und 1604 wurde die einflußreiche »Eastern Grove Donglin Academy« wieder errichtet. Die Mitglieder dieser Akademie fochten heftig gegen die Korruption; aber der Aufstieg zur Macht des Eunuchen Wei Zhongxian unter dem Tianqui-Kaiser im Jahre 1625 resultierte darin, daß die führenden Mitglieder ins Gefängnis geworfen und zu Tode gefoltert oder in den Selbstmord getrieben wurden. Damit begann aber auch der Niedergang der Ming-Dynastie. Der letzte Ming-Kaiser erhängte sich.

In der Anfangszeit des *Islam* hatte 'Utman, der dritte Kalif (644-656), alle wichtigen Garnison- und Hauptstädte mit seinen eigenen Verwandten besetzt. Bald blühte die Korruption überall auf. Dagegen protestierte der Gefährte des Propheten Muhammed, *Abu Darr al-Ghīfāri* (gest. 652/53)[17], im Namen des Islam, denn die Anhäufung von Vermögen auf Kosten der Armen und Korruption in jeder Form widerspreche der islamischen Tradition. Er rief zur islamischen Einfachheit, Gleichheit und Gerechtigkeit auf und lebte selber bewußt in großer Einfachheit. Doch seine Bemühungen blieben erfolglos. Bald begann der Bürgerkrieg, der zur ersten großen Krise im Islam führte. Wie ein roter Faden zieht sich die Korruption durch die Geschichte des Islam. Doch es gab auch hier immer wieder Fromme, die im Namen des Propheten gegen diese Sünde protestierten. *Ahmad ibn Hanbal* (780-855), der Gründer einer der bedeutendsten Rechtsschulen des

Islam, war ebenfalls wohlbekannt für sein kompromißloses Eintreten gegen Korruption. Er wurde geschlagen und ins Gefängnis geworfen, weil er allen Bestechungsversuchen des damaligen Kalifen Ma'mun (813-833) im Namen der rechten Lehre des Islam widerstand. Er verweigerte die Annahme eines ehrenvollen (und gut bezahlten) Postens, weil er sich nicht korrumpieren lassen wollte. Den Kontakt mit seinen eigenen Söhnen brach er ab, als diese sich bestechen ließen. Wie Abu Darr al-Ghīfāri lebte er selber sehr einfach; es wird berichtet, daß er am glücklichsten gewesen sei, wenn er keinen Pfennig Geld in der Tasche gehabt habe[18]. Die beiden Genannten stehen exemplarisch für alle anderen frommen Muslime, die im Namen Allahs, des Unbestechlichen, gegen die Korruption in ihrer Zeit ankämpften.
Es gab also zu allen Zeiten Menschen, die aktiv gegen die Korruption ankämpften, selbst wenn sie das mit ihrem Leben bezahlen mußten. Aber auch das können wir aus der Geschichte lernen: Die Korruption zerstört die Gesellschaft. Und am Ende werden auch die Korrupten Opfer ihrer eigenen Machenschaften, denn die Korruption ist ein gesellschaftsvernichtendes Übel. Wie die Revolution »frißt sie ihre Kinder«.

Für die Philosophen von Thukydides über Platon bis Nietzsche war die Korruption Thema der Staatslehre, wurde also vornehmlich im Zusammenhang mit Politik gesehen. Heute verstehen wir, wie beispielsweise *J. S. Nye*, darunter »ein Verhalten, das von den normalen Pflichten einer öffentlichen Rolle aus Gründen privater Interessen oder um eines Geld- oder Statusgewinns willen abweicht«.[19] Für den malaysianischen Soziologen *H. S. Alatas*, einen Muslim, ist die Korruption eine soziale Sünde, die sowohl im Islam als auch in der Bibel als Widerstand gegen Gott verstanden werde und deshalb von Christen und Muslimen gleicherweise kompromißlos bekämpft werden müsse.
Das bundesdeutsche Strafgesetzbuch behandelt den Tatbestand der »Bestechung« (»Korruption« erscheint als Stichwort nicht) in den Paragraphen 331-335. Nach diesen Paragraphen wird derjenige bestraft, der einem Beamten Geschenke anbietet oder andere Vorteile zukommen läßt mit dem Ziel, ihn zu einer Verletzung seiner Amts- bzw. Dienstpflicht zu bewegen. Dabei wird sowohl die aktive Bestechung

(dessen, der besticht) als auch die passive (dessen, der sich bestechen läßt) bestraft. Vor allem die Bestechung eines Richters mit dem Ziel, ihn in seiner Urteilsfindung zu beeinflussen, wird hart geahndet. Es wird also angenommen, daß Menschen die ihnen anvertraute Macht und ihren Einfluß mißbrauchen können. Das Gesetz setzt jedoch die Gleichheit aller Bürger vor dem Gesetz voraus – ein Verstoß dagegen ist Gesetzesbruch. Aber das Strafgesetzbuch geht nicht darauf ein, daß die »Korruption die andere Seite der Macht« ist (Paul Noack). Damit ist angedeutet, daß Korruption und Macht eng verbunden sind.

Im seelischen Bereich gibt es dieses »zerbrechen, abbrechen« ebenfalls. Einen seelisch zerrissenen Menschen nennen wir schizoid und einen an dieser Krankheit leidenden Menschen schizophren. Die Schizophrenie ist als Bewußtseinsspaltung und als Verlust des inneren Zusammenhangs der geistigen Persönlichkeit (Spaltungsirresein) und als innere Widersprüchlichkeit, als Zwiespältigkeit und Unsinnigkeit bzw. als absurdes Verhalten ein wohlbekanntes Phänomen. Dieses begegnet uns auch als »doppelte Moral«. Der individuelle Bereich des Menschen wird vom gesellschaftlichen getrennt. Privat lebt man nach seinen »eigenen Gesetzen« und läßt sich nicht dreinreden. Man macht sich einen Namen, indem man über die »Armen in der Welt« schreibt, und lebt selbst in einer vornehmen Villa. Man setzt sich für die soziale Gerechtigkeit ein und sucht seine eigenen Vorteile auf Kosten der Allgemeinheit durchzusetzen. Man lebt in sonntäglicher Frömmigkeit und handelt in der Woche nach der Eigengesetzlichkeit der Wirtschaft, die den biblischen Geboten zuwiderläuft. Man lebt nach der »Zwei-Reiche-Lehre« (der Trennung zwischen dem persönlichen Bereich des Frommen und dem staatlichen Bereich der »bösen Welt«) und vergißt: »Jesus Christus, wie er uns in der Heiligen Schrift bezeugt wird, ist das eine Wort Gottes, das wir zu hören, dem wir im Leben und im Sterben zu vertrauen und zu gehorchen haben« (These I der Bekenntnissynode der Deutschen Evangelischen Kirche in Wuppertal-Barmen am 31. Mai 1934). Man erkennt daneben ohne Scham andere Mächte, Gestalten und Wahrheiten als gottähnliche Sachzwänge verbindlich an. Diese Brutstätte der geistigen Korruption nennt die Bibel »Sünde«.

Gegen Ende des schicksalsschweren Jahres 1942 schrieb *D. Bonhoeffer* in einem Weihnachtsgruß: »Wir haben gelernt, uns dem Gemeinen durch nichts, dem Vertrauenswürdigen aber restlos in die Hände

zu geben.«[20] Dennoch fordert Bonhoeffer kein blindes Vertrauen, sondern meint, daß ein Mißtrauen Menschen gegenüber durchaus angebracht sei und das Vertrauen sich nur auf Gott allein beziehen könne, wie Reiner Strunk (in seinem Buch »Vertrauen. Grundzüge einer Theologie des Gemeindeaufbaus«, Stuttgart 1985) einleuchtend beschreibt. Damit ist auch die Richtung im Umgang mit der Korruption angegeben. Blindes Vertrauen ist nicht im Sinne der Bibel. Kontrolle ist notwendig, weil jeder Mensch ein »homo corruptus«, ein Mensch mit einem zerbrochenen Herzen ist, wie Augustinus mit einem Wortspiel den Menschen nach dem Sündenfall beschreibt.
Wir finden die »Geißel der Korruption« (Chandra Muzaffar) in allen Ländern besonders dort, wo die alten Formen und Werte der Gesellschaft in Frage gestellt und schließlich durch neue ersetzt werden. Die bislang prägenden alten Werte werden irrelevant. In dem entstehenden Vakuum breitet sich die Korruption wie ein Krebsgeschwür aus. Keiner ist dagegen gefeit. In China kam Mao Zedong mit seiner Revolution vor allem deshalb zum Ziel, weil die ganz China beherrschende Familie Soong[21] so sehr in die Korruption verwickelt war, daß am Ende der wirtschaftliche Zusammenbruch unausbleiblich war. Und im Jahr 1989 erlebten wir wieder, daß junge Studenten gegen die kommunistische Regierung in China antraten, weil sie die Korruption, die von den Kommunisten anfangs so heftig bekämpft worden war, nun in China überall praktiziert sehen. Dabei hatte der Vater des Marxismus, Karl Marx, bereits um 1850 die Korruption als eine der wesentlichen Ursachen für den gesellschaftlichen Zusammenbruch in China gesehen und ihre Bekämpfung als ein wichtiges Glied in der langen Kette der Weltrevolution beschrieben.[22]

»Das Problem des Bösen«[23] hat aber heute weder in der Theologie noch sonstwo einen hohen Stellenwert. Das Böse darf und dürfte eigentlich nicht sein, »aber es ist«, wie W. Schulz richtig feststellt[24]. Und »das Problem kann nach menschlichem Ermessen keine Lösung finden. Gerade deshalb ist es zu besprechen und nach Möglichkeit einzudämmen.«[25]
Die Perversion des original Guten, die Umkehr des Guten zum Bösen, nennen wir von alters her Korruption. Das kapitalistische Wertschema verwandelte fünf der sieben Todsünden des Christentums in positive Tugenden: Stolz, Neid, Geiz, Habsucht und Wollust galten

im Christentum ursprünglich als böse Verfehlungen. Sie wurden nun in »edle Tugenden« verwandelt und somit zum Antrieb für den Kapitalismus; Liebe und Bescheidenheit gelten dagegen als »schlecht fürs Geschäft«[26].

Die Korruption ist also auch ein theologisches Problem, denn sie ist eine Erscheinungsform des Bösen. Deshalb sind gerade Christen aufgefordert, sie zu erkennen, zu benennen und zu bekämpfen. Die Gemeinde Christi soll, so hat es *K. Barth* betont, in der Welt leben; dann soll sie aber auch über die Not dieser Welt Bescheid wissen:

»Um die Welt wissen, heißt aber konkret: um den *Menschen* wissen, heißt: frei und aufgeschlossen sehen und verstehen: wer, was, wo und wie die Menschen sind. (...) Um die Menschen wissen, heißt: ihre großen und kleinen, kollektiven und individuellen Leistungen und Werke in ihrer positiven Bedeutsamkeit in freiem Respekt würdigen, heißt aber auch: ihre Beschränktheit und Verkehrtheit, ihre Verirrungen und Greuel weder dramatisieren noch verharmlosen, wohl aber in den Grenzen ihrer Schuldhaftigkeit ruhig, aber bestimmt als untragbar böse ins Auge fassen und im Auge behalten, und heißt über beides hinaus: das menschlich Gute wie das menschlich Böse in seiner Begrenztheit durch das, was Gott für sie alle ist und getan hat, erkennen.«[27]

»Wissen um Gott«[28] als Urform der Theologie in der Bibel ist auch Wissen von den Auswirkungen der Sünde in der Welt. Und die »wirkliche Gemeinde Jesu Christi« (K. Barth[29]) verhält sich mit der Welt *solidarisch*, bleibt aber in der Ausführung ihres Auftrags in der Welt auf Distanz, indem sie der Sünde eben nicht zustimmt, sie nicht hinnimmt und mit ihr nicht zu leben versucht, sondern ihr widerspricht und, wenn notwendig, widersteht.[30]

Bei der Korruption handelt es sich vornehmlich um das, was man heute »soziale Sünde« nennt.[31] Seit der Weltmissionskonferenz in Melbourne 1980[32] kam auch der Ausdruck »Opfer der Sünde«[33] immer mehr ins Gespräch. Viele »Opfer der Sünde« leiden heute unter den Folgen der Korruption und können sich nicht wehren. Den Begriff »Korruption« freilich finden wir im Bericht über die Weltmissionskonferenz in Melbourne nicht.[34]

Andererseits ist aber die Korruption bereits seit dem vorigen Jahrhundert ein wichtiges Thema des Journalismus: »Muckraking« (»Ausmisten«) wurde zur Revolution im Journalismus.[35] Einer der ersten, der die Korruption der amerikanischen städtischen Gesellschaft zum Gegenstand journalistischer Untersuchungen machte, war *Lincoln Steffens*.[36] *Hamlin Garland* beschrieb auf volkstümliche Weise in seinem Buch »A spoil of office«, wie weit verbreitet und akzeptiert bei der Bevölkerung in Amerika die Korruption des Staates und der staatlichen Stellen war. Andere Romane und Novellen folgten in den letzten drei Jahrzehnten des 19. Jahrhunderts[37], wie *John Lydenberg* in seiner Doktorarbeit »Premuckraking« zeigt. Neu beim »muckraking« war nicht die Tatsache, daß man Korruptionsfälle aufdeckte, sondern die große Aufmerksamkeit, die diese Fälle nun erzielten, und die großen Geldbeträge, über die die Reporter bei ihren Untersuchungen verfügen konnten.[38] Damit aber begann eine neue Gefahr: Auch Journalisten sind käuflich.[39]

Gefährlich wird die Korruption für die Beteiligten meist erst dann, wenn sie zum »Fall« wird, also an die Öffentlichkeit kommt. Dies geschieht häufig dann, wenn die Macht eines Politikers im Schwinden begriffen ist, wie die Barschel-Affäre deutlich zeigte.

Wir wollen im folgenden zunächst die Korruption als sozio-ökonomisches Problem und weltweite Herausforderung von Politik und Kirche behandeln (erster Teil). Als Beispiele werden dabei nicht so sehr die aus den Medien hinreichend bekannten Korruptionsfälle in Europa herangezogen als vielmehr die bei uns weniger bekannten Fälle aus Drittweltländern, wobei aber nicht zu vergessen ist, daß die Industrieländer daran als aktive Partner (diejenigen, die bestechen) wesentlich beteiligt sind. Im zweiten Teil wollen wir dann die Korruption in der Sicht der Bibel behandeln und im dritten als weltweite Herausforderung der christlichen Kirche. Die Sicht der Korruption in den anderen Weltreligionen muß aus verständlichen Gründen Gegenstand einer gesonderten Abhandlung werden.

# Erster Teil:
# Die Korruption als soziologisches, politisches und ökonomisches Phänomen

# I. Was ist eigentlich Korruption?

## 1. Die Korruption hat viele Gesichter

Der Holländer *W. F. Wertheim* definiert: »Korrupt ist ein Beamter, der Geschenke annimmt, die ihm von einer Privatperson gegeben werden in der klaren Absicht, dafür eine besondere Gegenleistung im Interesse des Spenders zu gewähren.«[1] Das ist die engste Definition der Korruption.

Für *H. Bayley* ist »die Korruption, obwohl in enger Verbindung mit der Bestechung, ein allgemeiner Ausdruck, der den Mißbrauch der Autorität abdeckt als Ergebnis der Berücksichtigung persönlichen Gewinns, der nicht unbedingt geldlich sein muß«.[2]

Diese Definition geht davon aus, daß der eigentliche Mittelpunkt der Mißbrauch der Autorität ist; das gibt genügend Raum, eine ganze Reihe anderer Verhaltensweisen unter dem Begriff der *Korruption* zusammenzufassen:

- Bestechung
- Nepotismus
- Erpressung
- Veruntreuung
- Verwendung von Rohstoffen, die nicht dem einzelnen gehören, für seinen eigenen privaten Gebrauch.

Damit haben wir die Weite der Verfehlungen umschrieben und angedeutet, daß es ganz spezielle Formen und gewisse Charakteristiken der Korruption gibt.

*Syed Hussein Alatas*[3] gibt eine andere Beschreibung der Korruption. Zur Bestechung kommt noch »das Gewähren (Anbieten) von Gaben (Geschenken) oder anderen Begünstigungen« hinzu.

Die Erpressung ist in der Regel Amtsmißbrauch und kann auch so geschehen, daß stillschweigend Geschenke gefordert oder anderen Leuten in Ausübung einer öffentlichen Pflicht gewisse Vorteile gewährt werden. Es muß sich dabei nicht unbedingt um Geld handeln. Es können auch andere Werte anstelle des Geldes, sogar sehr viel wichtigere, in Betracht kommen. Die vierte Form der Korruption betreiben meist Amtspersonen, die ihnen anvertraute öffentliche Gelder zum ei-

genen Vorteil benutzen. Korruption in diesem Sinn ist demnach Veruntreuung öffentlicher Mittel mit dem Ziel der Selbstbereicherung.
Eine weitere Form der Korruption ist die Berufung von Verwandten, Freunden oder politischen Verbündeten in öffentliche Ämter ohne Berücksichtigung ihrer Verdienste und Fähigkeiten und der Konsequenzen für das Gemeinwohl: Wir nennen das allgemein Nepotismus oder »Vetternwirtschaft«.
Man kann somit mit S. H. Alatas *Bestechung*, *Amtsmißbrauch* und *Nepotismus* als die drei Grundpfeiler der Korruption ansehen.[4]
Sie haben eines gemeinsam, nämlich die Unterordnung des Gemeinwohls unter das Privatwohl. Sie führt jeweils zu einer Verletzung der Normen der Pflicht und der Wohlfahrt. Sie ist begleitet von Geheimnistuerei, Verrat, Betrug und hat als ein besonderes Kennzeichen die unempfindliche, abgestumpfte, zynische Mißachtung und Geringschätzung der Folgen für die Gesellschaft, ja für die Öffentlichkeit allgemein. Korrupt sind also Menschen, die sich eigene persönliche Vorteile auf Kosten des Gemeinwohls (der Allgemeinheit) verschaffen.
Was aber sind die Kriterien, nach denen zu bestimmen wäre, was »Gemeinwohl« ist? Alatas verweist hier auf die Ethiken der großen Weltreligionen, nämlich des Judentums, des Christentums, des Islams, des Hinduismus und des Buddhismus. Auch die fundamentalen Werte der säkularen westlichen Philosophie sollten als Maßstab mit herangezogen werden. Ein klassisches Beispiel für diesen Wert-Maßstab sind nach Alatas die »Zehn Gebote«; sie helfen zu entscheiden, ob Korruption als Bestechung, Amtsmißbrauch oder Nepotismus im religiösen Sinn Sünde genannt werden kann.

## 2. Die verschiedenen Ursachen der Korruption und ihre Auswirkungen

Die Gier nach Dingen, die man, weil sie andere haben, auch gerne haben möchte, der Wunsch nach dem »Süßen« und nach Macht, diese Verbindung von »sweetness and power«[5] ist wohl die tiefste Ursache für Korruption, wie *Ibn Khaldun* uns zu lehren nicht müde wird. Wir werden uns aus Raumgründen im folgenden vornehmlich auf Asien konzentrieren.

In China weiß man seit alters: »Willst du das Land in Ordnung bringen, so mußt du zuerst die Provinzen in Ordnung bringen. Willst du die Provinzen in Ordnung bringen, so mußt du zuerst die Städte in Ordnung bringen. Willst du die Städte in Ordnung bringen, so mußt du zuerst die Familien in Ordnung bringen. Willst du die Familien in Ordnung bringen, so mußt du zuerst deine Familie in Ordnung bringen. Willst du deine Familie in Ordnung bringen, so mußt du zunächst dich selbst in Ordnung bringen.«[6] Das gilt auch in bezug auf die Bekämpfung der Korruption.

Sehr beeindruckend beschreibt *Léon Bloy* in seinem Buch »Die Armut und die Gier«[7] eine der Ursachen der Korruption. Für Bloy ist das verbürgerlichte und deshalb salzlos gewordene Christentum seiner Zeit eine Art korrumpiertes Christentum. Dieses salzlos gewordene Christentum verachtet er und stellt es in einer Predigt, die in dem genannten Roman abgedruckt ist[8], an den Pranger. Aus dieser Predigt wird deutlich, daß Bloy die menschliche Gier, die bei Reichen und Armen gleicherweise anzutreffen ist, als wichtigste Ursache der Korruption erkennt.

Diese allen Menschen anhaftende Gier, die beim einen stärker, beim anderen weniger stark ausgeprägt ist, finden wir auch wieder in einem anderen Zusammenhang bei *Nikos Kazantzakis* in seiner »Griechischen Passion«.[9] Auch in diesem Roman ist die Gier die eigentliche Ursache der Korruption: Das Haben-Wollen kann zur Sucht werden; wir nennen das dann in unserer Sprache »Habsucht«. In Kazantzakis' Roman wird erzählt, wie der Gemeinderat eines nordgriechischen Dorfes die Darsteller für das im kommenden Jahr geplante Passionsspiel auswählt. Als eine von den Türken vertriebene Gemeinde im Dorf um Hilfe und Aufnahme bittet, wird das geplante Passionsspiel plötzlich zum blutigen Ernst: Die Auseinandersetzung zwischen den reichen einheimischen Bauern (denen sich auch der selbstgerechte Dorfpriester anschließt) und den Passionsspielern führt schließlich dazu, daß der Christusdarsteller Manolios von der (vom Dorfpriester) aufgehetzten Menge in der Kirche brutal erschlagen wird. Einige Tage zuvor hatte Manolios die Bauern zur Barmherzigkeit für die Flüchtlinge und ihren Priester Fotis aufgerufen. Doch nur wenige waren bereit zu helfen. Die meisten stimmten den Worten des Priesters Grigoris zu: »Gott hat Reiche und Arme geschaffen, weh dem, der diese Ordnung zu stören sucht!«

Neben der Hab-Sucht (bzw. Habgier) ist der materielle Überfluß eine wichtige Ursache der Korruption. *Lewis Mumford*[10] weist darauf hin, daß bereits im Reich der alten Pharaonen die Erfüllung aller Wünsche nur Langeweile produzierte und die Leere des Reichtums, der meint, alles kaufen zu können. Diese uralte Erfahrung lebt noch heute weiter.

Für *S. H. Alatas*[11] sind die Ursachen der Korruption vornehmlich im Fehlen einer starken, gefestigten und selbstsicheren Regierung zu suchen. Die Japaner und Chinesen haben dafür ein altes Sprichwort: »Das Schiff richtet sich nach dem Wind.«

In die gleiche Richtung gehen auch die aufgrund langer Beobachtungen gemachten Erfahrungen des schwedischen Entwicklungshilfeexperten *Gunnar Myrdal*[12], der als Ursache der Korruption im weitesten Sinn die »unangemessene oder selbstsüchtige Ausübung von Macht und Einfluß, die mit einem öffentlichen Amt oder einer besonderen Position im öffentlichen Leben verbunden sind«, sieht.

*Tibor Mende* beobachtete in den Jahren vor 1958 in Pakistan, daß wahrscheinlich kein anderes Element des öffentlichen Lebens dort so viel zum Zusammenbruch und zur Demoralisierung des einfachen Menschen beigetragen habe wie die Korruption. Was auch immer an wirtschaftlichem Erfolg durch Entwicklungshilfe erreicht worden sei, sei durch die Folgen der Korruption wieder zerstört worden: Sie wurde zum Haupthindernis der wirtschaftlichen Entwicklung.[13] Das Problem der Korruption ist deshalb von lebenswichtiger Bedeutung für die jeweilige Regierung, denn die Korruption zerfrißt die Gesellschaft, hindert den nötigen Fortschritt der Industrie, der Landwirtschaft und anderer Bereiche der Gesellschaft.

Meist ist die Korruption eng verbunden mit autoritären Regierungen, die moralisch so schwach sind, daß sie der Korruption nicht wehren können, obwohl sie immer wieder Antikorruptionskampagnen starten. Ein klassisches Beispiel dafür war *Ferdinand Marcos* auf den Philippinen.[14] Völlig »legal« überwies Marcos einige hundert Millionen (manche behaupten 1-2 Milliarden) US-Dollar Staatsgelder durch Bestechung, Amtsmißbrauch und »political payment« auf seine Auslandskonten.

Die Korruption ist nicht nur ein »Kind des Kapitalismus« und mit diesem untrennbar verbunden; die »chinesische Krebskrankheit der Wirtschaft«, die bereits die Mandschu-Dynastie in den wirtschaftlichen Ruin geführt hatte und auch nach der Errichtung der chinesischen Republik (1911) keineswegs besiegt worden war, wurde zwar durch die Kommunisten so stark eingedämmt, daß sie im wirtschaftlichen Leben fast bedeutungslos wurde. Das war jedoch nur möglich, weil die Kommunisten ihren Mitgliedern ein feines Gefühl dafür eingepflanzt hatten, daß Korruption eine gesellschaftliche Sünde (ein todeswürdiges Verbrechen) sei. Die Kommunistische Partei führte einen gnadenlosen Krieg gegen sie, weil sie darin die wichtigste Ursache für die Armut des Landes sah und sie als das bedeutendste Hindernis der wirtschaftlichen Entwicklung erkannt hatte. Die Partei disziplinierte ihre Mitglieder und »übte in der ganzen Verwaltung einen ständigen Druck gegen die Korruption aus«[15]. Sie verhängte harte Strafen, gegen den Korrumpierenden ebenso wie gegen den, der sich korrumpieren ließ. Aktive und passive Bestechung galten wie bei den Taiping-Revolutionären[16] des vergangenen Jahrhunderts als »eine Todsünde«.

Ganz im Gegensatz dazu versuchten einige schwache Militärregierungen in Südostasien zwar unter dem offiziellen Slogan »Kampf der Korruption« ihre eigene Stellung zu festigen, verhalfen aber schon bald der Korruption zu neuer Blüte, denn es fehlte das Gefühl für die Gerechtigkeit und somit der Widerstand gegen die Ungerechtigkeit. So konnte die Korruption gedeihen wie die Blume im geschützten Gewächshaus. Lange Zeit bestand (und besteht im Grunde noch immer) ein »Tabu über Forschung in Südasien«[17] in bezug auf die Korruption. Die Gründe dafür sind vielfältig, gehen aber in die gleiche Richtung: Die westlichen Regierungen und vor allem die Wirtschaftsunternehmen »stehen im Bunde mit korrupten Elementen in Südasien«[18], und zwar in einem großen Ausmaß. Deshalb konnte Korruption in den sogenannten »schwachen Staaten«[19] kräftig gedeihen.

Die vielfach zu beobachtenden Formen sozialer Disziplinlosigkeit sind ein Zeichen des »schwachen Staates«, der unzulängliche Gesetze entwickelt und nur halbherzig auf die Durchführung dieser kaum ausreichenden Gesetze achtet. Die Beamten können nicht – und wollen meist auch nicht! – gesetzliche Anordnungen durchsetzen, und es bestehen zudem noch häufig geheime Abkommen zwischen den zuständigen Beamten und den mächtigen Reichen.

Gunnar Myrdal beobachtet: »Laxheit und Willkür in einer als ›schwacher Staat‹ charakterisierten Gemeinschaft können und werden aus persönlicher Gewinnsucht von Personen ausgebeutet werden, in deren Händen die wirtschaftliche, soziale und politische Macht liegt; während die durch den ›schwachen Staat‹ geschaffenen Möglichkeiten für Ausbeutungen großen Stils natürlich nur dem Zugriff der oberen Klassen unterliegen, finden selbst Personen auf der unteren Sprosse der sozialen Leiter Gelegenheit für kleine persönliche Vorteile; aber einmal abgesehen von jenen persönlichen Interessen ist in einem schwachen Staat in allen Schichten eine viel stärkere Verbreitung einer allgemeinen Haltung bei den Menschen anzutreffen, sich den staatlichen Anordnungen und ihrer Durchführung zu widersetzen.«[20]

Die Regierungsform ist dabei relativ unwichtig. Militärdiktaturen sind nicht weniger korrupt als parlamentarisch regierte Länder. Die Korruption finden wir deshalb in Südostasien sowohl in Indonesien und Thailand (autoritär regierte Länder) als auch in Sri-Lanka und Indien (parlamentarische Demokratien).

Warum wird die Korruption tabuisiert? Man kann wohl heute Hunderte von Büchern und Artikeln über Entwicklung und Unterentwicklung lesen, ohne auch nur einmal dem Stichwort »Korruption« zu begegnen.[21] Es fehlt auch in den kirchlichen Debatten über Entwicklungsfragen. Die »Theologie der Entwicklung« des Ökumenischen Rates kommt völlig ohne dieses Stichwort aus.[22] Und selbst wenn wir bei Soziologen oder Nationalökonomen etwas zu diesem Thema hören, dann sind es oft nur Ausflüchte oder sogar falsche Angaben.[23]

Überhaupt erfährt man zu diesem Thema mehr in privaten Gesprächen und meist zu vorgerückter Stunde nach zungenlösendem Alkoholgenuß. Die Amerikaner, an Korruption in ihrer eigenen Gesellschaft länger gewöhnt und deshalb auch eher bereit, über dieses Thema zu schreiben, scheuen sich nicht, bewußt falsche Erkenntnisse über Ursachen und Wirkungen der Korruption zu verbreiten, indem sie behaupten, Bestechung sei »ein notwendiges und harmloses Schmiermittel für eine beschwerliche Administration«[24]. Sie verdrehen dabei die Wahrheit, denn es ist unleugbar, daß die Korruption eine der Ursachen dafür ist, daß die staatliche Verwaltung nicht funktioniert und immer schwerfälliger wird. Völliges Desinteresse finden wir auch unter Wissenschaftlern der sogenannten »Dritten Welt«.

Es gibt einige Ausnahmen. Der Außenminister von Singapur *S. Rajaratnam* ruft zum Kampf der »Bürokratie gegen Kleptokratie«[25] auf.

In einer Rede vor Gewerkschaftlern und Staatsbediensteten stellte er fest, daß es für den Staat gefährlich sei, wenn die Nationalökonomen dieses Thema tabuisierten: »Es ist erstaunlich, wie sonst ausgezeichnete Untersuchungen über Entwicklungsprobleme in Asien und Afrika jeden ernstlichen Hinweis auf die Tatsache der Korruption meiden. Es ist nicht so, daß die Autoren von ihrer Existenz nichts wissen, sondern ihre Relevanz für die Frage der politischen Stabilität und der raschen ökonomischen Entwicklung scheint noch nicht in vollem Umfange erkannt worden zu sein. Es kann auch sein, daß eine ernsthafte gründliche Untersuchung dieses Gegenstandes unterblieben ist aus Furcht, man könnte damit die Gefühle der Asiaten beleidigen.«
Rajaratnam zitiert einige der wenigen Autoren, die dieses Thema angeschnitten haben, und erwähnt, daß es diesen Autoren zufolge ein unwissenschaftlicher »Moralismus« sei, zu glauben, die Korruption wirke zerstörerisch. Er fährt fort: »Das Bestechen der Bürokratie, so argumentieren sie, kann in Entwicklungsländern die bürokratische Effizienz, Neuerungen und eine rasche wirtschaftliche Entwicklung fördern ... (Aber) der überzeugende Beweis, daß die Korruption die Wirtschaftsentwicklung unterstütze oder die politische Stabilität stärke, ist noch zu liefern... Korruption (sagt einer dieser Autoren) ist nicht eine Masse loser Phänomene, sondern ein politisches System, das mit genügender Genauigkeit von den Machthabern gesteuert werden kann. Seine Beteuerung, daß mit genügender Genauigkeit gesteuert werden kann, steht jedoch im Widerspruch zu den Fakten, wie wir sie in Asien kennen. Eine Kleptokratie steuert sich selbst, ob das nun die jeweiligen Machthaber wollen oder nicht, in eine stetig wachsende Korruption und schließlich in ein wirtschaftliches und politisches Chaos. So nämlich hat sich das Leben der Gesellschaft in Asien während der letzten beiden Jahrzehnte abgespielt.«[26]
Warum eigentlich, so muß man fragen, zeigen ausgerechnet die »Fachleute« kein Interesse, obwohl die anderen Menschen gerade Zeitungsartikel über Korruption besonders aufmerksam lesen? Sollten die betroffenen Wissenschaftler vielleicht deshalb kein Interesse an dem Thema haben, weil sie selber involviert sind? Ist es wie bei den in periodischen Abständen von den verschiedenen Parlamenten betriebenen Antikorruptionskampagnen, in denen auch neue Gesetze erlassen und die »kleinen Leute« bestraft werden, damit die »großen Täter« um so besser der Strafe entgehen können?

Besonders aktiv sind die Geschäftsleute bei der Förderung der Korruptionspraktiken unter Politikern, höheren Beamten und anderen an den Schaltstellen der Macht Sitzenden. Öffentlich ist darüber selten etwas zu vernehmen, jedoch kann in privaten Gesprächen leicht in Erfahrung gebracht werden, daß es bereits zu den Selbstverständlichkeiten der konkurrierenden Wirtschaftsunternehmen gehört, Bestechungsgelder an höhere Beamte und Politiker zu bezahlen, um erfolgreich einen Geschäftsabschluß verbuchen zu können.[27] Die beträchtlichen Summen sind einkalkuliert im Preis. Sie erscheinen zwar nicht in den Büchern, aber gerne erzählt man die charmanten Geschichten von der »Frau Zehnprozent«, und jedermann weiß, daß es sich dabei um die Frau des indonesischen Präsidenten *Suharto* handelt. Myrdal führt hierzu aus: »Wenn auch kaum eine ausländische Gesellschaft sich ganz und gar jeglicher Bestechung enthalten kann, so bestehen doch hinsichtlich der Bestechungsbereitschaft gewaltige Unterschiede, nicht nur unter den verschiedenen Gesellschaften, sondern auch hinsichtlich der Nationalität. Unter den westlichen Nationen sagt man gewöhnlich den französischen, den amerikanischen und besonders den westdeutschen Gesellschaften nach, die geringsten Hemmungen zu haben, Bestechungsgelder zu verteilen. Japanische Firmen sollen sogar noch bereitwilliger sein. Andererseits habe ich noch nie die Behauptung gehört, daß von den Handelsvertretungen der kommunistischen Länder Bestechungen angeboten oder gezahlt worden seien. (...) Daß die von den westlichen Regierungen und insbesondere von den Vereinigten Staaten gewährten Zuschüsse sehr oft in den Kanälen einer Korruption großen Stils verschwanden, besonders in Ländern wie Laos, Südvietnam, Thailand und sogar den Philippinen, ist allgemein bekannt; in der offenen amerikanischen Art ist darüber nicht nur in der Presse, sondern auch auf Anfragen im Kongreß berichtet worden.
Offenbar konnten aber die Internationale Bank für Wiederaufbau und Entwicklung, der Internationale Währungsfonds und andere Organe innerhalb der Vereinten Nationen im großen und ganzen vermeiden, ihre Mittel in die Hände der Korruption zu spielen — ausgenommen dann, wenn die Hilfsmittel in Form von Waren gewährt werden, die manchmal auf dem schwarzen Markt auftauchten, anstatt ihre geplanten Empfänger zu erreichen. Die Weltbank insbesondere hat in wachsendem Maße ihren Einfluß dahin geltend gemacht, daß ihre

Kredite so verwendet wurden, daß ein fairer Wettbewerb unter den Lieferanten aufrechterhalten werden konnte.«[28]

Die Frage, ob durch Korruption der einzelne sich selbst bereichert oder ob er es für andere tut, ist (so Myrdal) in bezug auf Südostasien, Afrika und andere Teile der Welt relativ unwichtig. Denn gemäß dem übernommenen Erbe der alten Gesellschaftsordnungen wird die Machtstellung in der Regel genutzt, um »einen Gewinn für die Familie oder für die Gemeinschaft«[29] zu bewirken. Das kann die hohe Stellung eines Ministers sein, eines Mitgliedes der gesetzgebenden Körperschaft oder eines höheren Beamten, dessen Zustimmung oder Mitarbeit erforderlich ist, um eine Lizenz zu erhalten oder einen Geschäftsabschluß zu erreichen. Oder es kann die niedrige Stellung eines kleinen Angestellten sein, der den Durchgang einer Bewerbung, die Benutzung eines Transportmittels oder das prompte Öffnen der Schranken an der Eisenbahnlinie verzögern oder verhindern kann. Wenn man die gegenwärtige Korruption in Südostasien erklären will, muß man das aus der traditionellen Gesellschaft übernommene Erbe einbeziehen. Theoretisch bleibt man damit jedoch im Bereich der sozialen Statik.

Der Anstieg der Korruption, über den gewöhnlich berichtet wird — und der ein Land wie Indonesien, das während der Kolonialzeit fast völlig frei von Korruption war, in den vergangenen Jahren in ein durch und durch korruptes Land verwandelt hat —, muß mit Hilfe dynamischer Begriffe erklärt werden. Praktisch alles, was sich in der Unabhängigkeitsära ereignete, rief größere Korruptionsanreize und -möglichkeiten hervor, insbesondere Schiebungen größeren Stils seitens der Politiker und höheren Beamten, die sich nach unten hin in kleineren Bestechungen fortsetzen.[30]

In Südostasien erblühte die Korruption nach dem Selbständigwerden der ehemaligen Kolonien, denn die alten Kolonialbeamten mußten (wenn auch in unterschiedlichem Maße) durch neue einheimische und wesentlich schlechter bezahlte Beamte ersetzt werden. Das konnte nicht ohne Konsequenzen bleiben. Neue Vorschriften, »selbst eine Brutstätte der Korruption« (G. Myrdal[31]), sorgten für die Verbreitung der Korruption in den meisten selbständig gewordenen Ländern Südostasiens; und dies wiederum stärkte das Interesse an der Aufrechterhaltung dieser neuen, die Korruption fördernden Verordnungen.

Der »Teufelskreis« der Korruptionsentwicklung begann: Die Verbreitung der Korruption machte diese noch interessanter für korrupte Politiker, unehrliche Beamte, die beide durch die Bestechungsgelder ihre unzureichenden Gehälter aufbessern konnten, aber sie stärkte gleichzeitig auch das Interesse der Geschäftsleute, die nun durch aktive Bestechung ihre Geschäfte ausdehnen konnten. Als neue Variante kamen die Versuchungen durch das Privatkapital hinzu[32], das nun nicht mehr unter der Kontrolle meist unbestechlicher Beamter der kolonialen Mutterländer stand, sondern den eher skrupellosen Geschäftsleuten aus der westlichen Welt Tür und Tor öffnete. Nun kontrollierten einheimische Beamte in Indonesien, Indien, Sri-Lanka und anderen Ländern Südostasiens beispielsweise den Geldverkehr; und diese Beamten hatten weniger Hemmungen, sie fürchteten keine Bestrafungen (die Ausführung der Gesetze konnten sie sowieso selber kontrollieren!); sie hatten in der Regel auch kein Schuldgefühl. Ihre Lehrmeister im Westen hatten ihnen ja den Profit als höchstes Gut des Lebens vor Augen gestellt. Ein allgemeiner Zynismus machte sich unter der neuen Elite breit.[33]

Die Eliten machten die Korruption zur »folklore of corruption«[34]. Die Wirkungen dieser zynischen Mißachtung sind bekannt: Nun wird die Korruption, die Sünde, zur Normalität, Unrecht wird in Recht verdreht. Die Korruption erreicht eine neue Qualität[35], sie wird »legal«. Bereits Nehru meinte: »Von den Dächern nur immer herabzurufen, daß jeder korrupt ist, schafft eine Atmosphäre der Korruption. Die Leute haben das Gefühl, in einem Klima der Korruption zu leben, und werden selbst korrupt. Der Mann auf der Straße sagt sich: ›Gut, wenn jeder korrupt zu sein scheint, warum sollte ich nicht auch korrupt sein.‹ Daß ein solches Klima geschaffen wird, das gerade muß verhindert werden.«[36]

Nehru zog wie viele Politiker aber die falschen Konsequenzen und unterschätzte (wie die meisten Politiker bis zum heutigen Tag) die Tragweite der Korruption: Sie ist letztlich Selbstbetrug und verzögert oder verhindert die Entwicklung einer wirtschaftlich unterentwickelten Gesellschaft. Vor allem auch die Verwaltung hat darunter zu leiden, »daß die Korruption den Prozeß der Entscheidungen und der Bearbeitungen auf allen Ebenen erschwert. Sie erhöht die Notwendigkeit der Überprüfung unehrlicher Beamter, und gleichzeitig bewirkt sie, daß die integren Beamten nur widerwillig eigene Entscheidungen treffen.

Aus beiden Richtungen wirken Kräfte, die dem Verwaltungsapparat eine umständliche und zähflüssige Arbeitsweise aufzwingen. Der Einfluß der Korruption, der die Räder der Verwaltung verlangsamt und eine vernünftige Delegierung der Befugnisse verhindert, ist besonders nachteilig in Südasien. Denn hier sind einerseits sachkundige Verwaltungsfachleute sehr knapp, andererseits hängt diese Knappheit mit der Tendenz zusammen, eine Vielzahl öffentlicher Vorschriften einzuführen, die aufgrund ihrer uneindeutigen Konstruktion die Notwendigkeit administrativer Ermessensentscheidungen erhöhen. Wenn gewöhnlich behauptet wird, die ›exzessive Bürokratie‹ in diesen Ländern sei ein Erbe aus kolonialen Zeiten, dann ist das nur ein Teil der Wahrheit. Die tendenziell zunehmende Korruption ist weitgehend an diesem Phänomen schuld.«[37]
Die neuen Regierungen in Südostasien verbreiten neue Werte. Sie wirken den alten jahrtausendelang herrschenden Traditionen oft entgegen und bilden ein Gegenmodell zu diesen. Die Korruption brachte aber eine gegen die nationale Konsolidierung wirkende neue Verhaltensform ins Spiel. Die zwei gegensätzlichen Kräfte bekämpften sich. Die Korruption wurde zur eigentlichen Gefahr. Das nur den eigenen Vorteil suchende Eigeninteresse machte sich zum Herrn über das althergebrachte Interesse, vornehmlich der Gesellschaft und der Großfamilie zu dienen. Die Korruption hatte eine doppelte Wirkung: Zerstörung der traditionellen Lebensweise (das Individuum ist Teil der größeren Einheit der Großfamilie) und Sanktionierung des Egoismus.
Obwohl die oben berichteten Beobachtungen vornehmlich auf den Raum Südostasiens beschränkt sind, kann doch ohne Übertreibung gesagt werden, daß in anderen Teilen der Welt keine wesentlichen Abweichungen zu verzeichnen sind. In Asien wie in Afrika und Südamerika und unübersehbar deutlich auch in Europa gilt das Gesetz: Der »schwache Staat« ist die beste Pflanzschule der Korruption.[38]
Auf eine andere wichtige Ursache der Korruption macht Theodor Schober, der langjährige Präsident des Diakonischen Werkes der Evangelischen Kirche in Deutschland, aufmerksam[39]:
»Aber was sollen diese jungen Leute von einer Gesellschaft halten, in der bei nicht wenigen einflußreichen Persönlichkeiten die Ehre abgewirtschaftet zu haben scheint? Mangelnde Steuerehrlichkeit auch bei Großverdienern, überdimensional gestiegene Honorarforderungen,

Korruption bis in obere Etagen, hochkarätige Berater, Scheinverträge und dubiose Einnahmesteigerungen von ›Gutachtenproduzenten‹ und das bedenkenlose Festhalten an hochbezahlten Überstunden bei gleichzeitiger unbewältigter Arbeitslosenmisere? Schon diese wenigen Andeutungen — wobei es sich bei den bekanntgewordenen Skandalen wohl nur um die Spitze eines Eisberges handelt! — scheinen doch zu signalisieren: Der Anstandspegel unserer Gesellschaft ist bedenklich abgesunken. Der Ehrbegriff hat sich derart nebulös zersetzt, daß viele zu dem Urteil kommen, die Gewissen sind dehnbar geworden! Und was das Schlimme ist: Die darin Verstrickten empfinden ihr Verhalten oft gar nicht mehr als Unrecht! So entsteht allmählich eine Vertrauenskrise... Allmählich wird es vielen klar: Der Appell an das Gutsein der Menschen reicht nicht aus, um eine wirkliche Sanierung des vielfach gestörten Vertrauens zu erzielen. Die im Menschen vermuteten Selbstheilungskräfte versagen angesichts des schon weit fortgeschrittenen Krankheitsprozesses. Der ›gute Mensch‹ auf sich allein gestellt ist viel zu schwach, um der Bestimmung Gottes zu entsprechen, die Krone der Schöpfung zu sein. Er braucht eine Hilfe von außen, einen Beistand extra nos.«

Schober sieht also im veränderten Wertesystem eine Ursache für die schnell um sich greifende Korruption; da es sich hier um eine »soziale (strukturelle) Sünde« handelt, hilft der Verweis auf individuelle ethische Werte nicht viel.

Für die »unterentwickelten« Länder insbesondere gilt jedoch, daß die Korruption dort zusätzlich durch die Einflußnahme der »entwickelten« Länder des Westens vorangetrieben wird. Die vom Westen geförderte Korruption muß deshalb auch dort im Westen bekämpft werden. Die ethischen Grundsätze des christlichen Gedankengutes verurteilen die Korruption als Sünde. Die sich auf die christlichen Werte berufenden »christlichen Parteien« müssen sich deshalb auch endlich entscheiden, ob sie sich den biblisch begründeten Werten oder den ideologischen Werten eines sogenannten westlichen »Christentums« (gemeint ist letztlich Kapitalismus) beugen wollen.

## 3. Charakteristische Merkmale der Korruption

*S. H. Alatas*[40] sieht die folgenden charakteristischen Merkmale der Korruption:

1. Die Korruption involviert immer *mehr als eine Person*. Das unterscheidet sie vom Diebstahl oder der Veruntreuung, dem Betrug, beispielsweise einer falschen Angabe auf Reisen und entsprechend falscher Eintragung in die Reisedokumente, die Rechnungen im Hotel — in der Regel nach Absprachen mit den betroffenen Personen im Hotel bzw. auf Reisen. Daß die Korruption immer mehrere Personen involviert, bedeutet in ethischen Kategorien ausgedrückt: Sie ist eine *»soziale Sünde«*, sie ist immer gesellschaftsrelevant. Sie ist ein Vergehen (eine Sünde) gegen die Gemeinschaft.
2. Die Korruption ist gekennzeichnet durch *Geheimnistuerei*. Nur wenn ein Mächtiger es sich erlauben kann (weil die Korruption so weit verbreitet und so tief im Volk verwurzelt ist, daß alle sie als normal betrachten), wird er in aller Öffentlichkeit sich zur Korruption stellen. Normalerweise bleibt die Korruption im Dunkeln; man findet Ausflüchte und bekennt sich nicht zu ihr.
3. Die Korruption enthält ein Element der gegenseitigen Verpflichtung und des *gegenseitigen* Verdienens: einer korrumpiert, der andere läßt sich korrumpieren; beide verdienen dabei auf Kosten der Allgemeinheit oder eines Dritten.
4. Die Korrupten versuchen in der Regel, diese Aktivitäten zu *tarnen*, indem sie eine Gesetzesform als Rechtfertigung vortäuschen. Sie vermeiden jede offene Übertretung des Gesetzes. Nach außen soll alles legal erscheinen; wenn notwendig, werden sogar neue Gesetze erzwungen, um »sauber« dastehen zu können: Das ist die »Recht-fertigung« der Korruption.
5. Diejenigen, die an der Korruption beteiligt sind, sind auch diejenigen, die *mächtig* genug sind, Entscheidungen zu beeinflussen. Zur Korruption gehört also immer eine gewisse Macht. Geld und Macht sind die Geschwister der Korruption.
6. Jede Art von Korruption geht mit *Betrug* oder *Täuschung* einher, normalerweise des öffentlichen Bereichs, der Behörden oder der Gesellschaft. Diese Form der Korruption treffen wir meistens unter Regierungsbeamten oder anderen behördlichen Einrichtungen an. Ein klassisches Beispiel dafür ist die Bestechung der Wähler

durch Wahlkampfkandidaten. Wählerkauf ist also eine andere Form der Korruption, die wir bereits im 18. Jahrhundert in England und Frankreich finden. Das Gesetz verbietet zwar derlei Praktiken in nahezu allen Ländern dieser Erde; sie werden dennoch allüberall angewendet.

7. Jede Form der Korruption ist ein *Verrat des Vertrauens*, eine Form des Vertrauensbruchs. Und insofern hat Korruption immer auch etwas mit *Religion* zu tun. Denn zum Wesen der Religion gehört das Vertrauen. Die Korruption ist also eine Herausforderung an den Glauben, dessen Wurzel das Vertrauen ist.
8. Jede Form von Korruption hat eine *doppelt sich widersprechende Konsequenz*: Wird beispielsweise ein Regierungsbeamter bestochen, um eine Lizenz zur Eröffnung eines Geschäftes zu vergeben, dann wird diese Handlung amtlich vollzogen (der Beamte gibt die Genehmigung), zugleich aber erzielt der Beamte einen persönlichen Gewinn, obwohl er diesen Dienst von Amts wegen (ohne weitere Zahlungen) erledigen müßte. Die Ausstellung eines durch Bestechung erworbenen Dokuments ist also widersprüchlich. Das gleiche gilt auch für den, der Bestechungsgeld gibt.
9. Eine korrupte Handlung *vergewaltigt die Norm der Pflicht* und *der Verantwortung* innerhalb der gesellschaftlichen Ordnung. Dieses Vergehen basiert auf der wohlüberlegten Absicht der Überordnung des spezifischen (eigenen) Interesses über die allgemeinen Interessen des Wohls.[41]

S. H. Alatas kommt aufgrund dreißigjähriger Beobachtung des Phänomens der Korruption zum Ergebnis, daß man zwar zu den obengenannten Merkmalen noch einige weitere hinzufügen könne, doch genügten sie, um von Korruption zu reden.[42]

Als entscheidend unter den aufgeführten Merkmalen erscheint uns wie Alatas das letztgenannte: daß der eigene Vorteil (der persönliche Gewinn) auf Kosten des allgemeinen Wohls erzielt wird.[43] Der Korrupte benutzt dafür Methoden, die für ihn auf die eine oder andere Weise vorteilhaft sind. Das kann sogar sehr legal sein und keineswegs immer ein Verstoß gegen bestehende Gesetze, ist aber dennoch Sünde:

Liebe, die christliche Haupttugend, sucht das Wohl des anderen. Ihr Gegenstück ist die Habgier; sie ist eine der Todsünden im Neuen Testament.

# II. Korruption und Macht

Die Redewendung: »Macht macht Macht!« weist deutlich auf den engen Zusammenhang von »machen« und Macht. Die »Macher« unserer Zeit sind die eigentlichen Machthaber, denn sie haben die Macht, ihren Willen durchzusetzen — und gerade sie sind besonders häufig in Korruptionsaffären verwickelt. Dies verweist auf einen tieferen Zusammenhang zwischen Macht und Korruption: Macht bietet nicht einfach nur die Möglichkeit, sich an Korruption zu beteiligen, sondern stellt zugleich auch einen Anreiz dazu dar.

## 1. Macht korrumpiert — Macht ist böse

Die »Korruption der Macht« sehen *A. A. Rogow* und *H. D. Lasswell* als die eigentliche Quelle aller Formen von Korruption.[1] Der englische *Lord Acton* formulierte 1887 ohne genauere Bestimmung: »Macht hat die Tendenz zu korrumpieren, und absolute Macht korrumpiert absolut.«[2] Dieser Ausspruch wurde zu einem anerkannten, fundamentalen Axiom, zu einem nicht mehr hinterfragten Gesetz in der Korruptionsforschung. Die Überzeugung machte sich überall breit, daß Machthaber und Institutionen in Verbindung mit der Macht »ziemlich bösartig werden«[3]. Und je größer die Macht sei, desto größer sei auch die damit verbundene Bösartigkeit.

Rogow und Lasswell verknüpfen mit der Korruption zwei Faktoren: Machthaber tendieren dahin, die *Macht behalten* zu wollen, und werten diese höher als alle anderen Werte, eingeschlossen Redlichkeit und Verantwortungsbewußtsein. Sie mißbrauchen ihre Machtposition und rechtfertigen ihre unmoralischen Aktionen durch ihre Autorität und Positionen, denn, um mit Actons eigenen Worten zu reden: »Das Amt heiligt seinen Träger.«[4]

Bereits *Thomas Hobbes* hatte darauf hingewiesen, daß die Menschen ununterbrochen und ruhelos danach trachteten, Macht zu bereits vorhandener Macht hinzuzugewinnen, bis der Tod dem Machthunger ein Ende bereite.[5] Desgleichen glaubte auch Lord Acton, daß man keinem Menschen und keiner Institution wirklich vertrauen könne, da die Machthaber sich alle durch eine korrupte Sinnesweise auszeichneten.

Der zweite Faktor, der Korruption begünstige, bezieht sich nach Rogow und Lasswell auf das Verhalten im Amt, das durch den Wunsch nach persönlichen *materiellen Vorteilen* motiviert sei. Macht korrumpiere deshalb, weil die Machthaber kraft ihres Amtes mit einem Maximum von Versuchung und Möglichkeiten ausgestattet seien, sich »die eigenen Taschen zu füllen auf Kosten öffentlicher Ausgaben«[6]. Macht korrumpiere in diesen zwei Kategorien, denn es sei, so meinte Acton, längst deutlich geworden, daß der Moralkodex, dem die Machthaber verpflichtet seien, Käuflichkeit nicht ausschließe.

Die Geschichte zeigt, daß Macht Menschen korrumpiert. Das hat bereits *Swift* 1729 in einem Brief an Bolingbroke zum Ausdruck gebracht, in dem er schrieb, daß jede menschliche Kreatur, die Macht habe, am Ende dahin komme, das Amt ganz und gar nach den Prinzipien der Korruption auszuüben.[7]

Lord Acton geht davon aus, daß jede Form von Macht den Keim des Bösen in sich trage und die Machthaber schließlich infiziere. Selbst die höchste Moral könne sie davor nicht bewahren. Das mache die Geschichte des Papsttums während der Reformationszeit deutlich, die *Mandell Creighton* in fünf Bänden darstellte. Diese Geschichte wurde Anlaß für die genannte Erkenntnis Actons, daß totale Macht total korrumpiere. Die Päpste hätten entgegen ihren christlichen Prinzipien ein »System der Verfolgung« kreiert und jeden, der ihnen widerstand, mit Todesstrafe und Verdammnisurteilen bedroht. Sie hätten ein neues System des Vorgehens gegen Gegner eingeführt, das bisher in der Menschheitsgeschichte unbekannt gewesen sei. Doch das korrumpierende Machtprinzip gelte nicht nur in bezug auf die Päpste; selbst Calvin habe der Versuchung der Macht nicht widerstehen können, wie die Affäre Servetus zeige. Acton kommt zur Erkenntnis: »Große Männer sind fast immer schlechte Menschen«[8], auch wenn sie nur Einfluß ausüben und keine Autorität der Macht haben. Wieviel schlimmer, so meint er, müsse es dann sein, wenn zur Autorität noch die Korruption komme. Es sei deshalb die schlimmste Häresie, zu sagen, das Amt heilige den Amtsinhaber.

Acton bekennt: »Mein Dogma ist die generelle Bosheit der Menschen mit Autorität«[9], und er möchte auch die Reformatoren davon nicht ausnehmen, genausowenig wie mächtige Könige und Revolutionäre.

Die Korruption der Macht ist für Acton ein theologisches Problem. Und als solches muß es auch behandelt werden.

Die Verbindung von Macht und Korruption wurde in der politischen Wissenschaft der Griechen und Römer nicht zureichend behandelt. Zwar wußten auch Plato und Aristoteles von tyrannischen und korrupten Herrschern zu berichten; aber Plato beispielsweise ging davon aus, daß der weise Philosoph, der um das Gute wisse, immun gegen den Einfluß der Korruption sei.[10]

Den Zusammenhang von Macht und Korruption finden wir dagegen ausführlich reflektiert bei den christlichen Theologen des Altertums. Sie wiesen darauf hin, daß Herrscher und normale Menschen gleicherweise Macht hoch werteten und den Gewinn über alles andere setzten und daß Mächtige und weniger Mächtige unterschiedslos ihre eigenen Interessen durchsetzen und vergrößern wollten, um ihre eigene Position zu festigen.

Der Kirchenvater *Augustinus* ist überzeugt, daß die Lust nach Macht die Geschichte der »irdischen Stadt« und das politische Leben bestimme. Als Beispiel diente ihm die Sage von Romulus und Remus, den Gründern Roms. Aus ihr schloß er, daß Machthungrige nicht nur fähig seien, korrupte Handlungen zu vollziehen, sondern auch Mord oder sogar Brudermord.

Acht Jahrhunderte später kam *Thomas von Aquino*[11] zu einem ähnlichen Ergebnis und folgerte daraus, daß es wichtig sei, die Macht zu zähmen. Dies sei, so meinte er, nur möglich durch die totale Unterordnung unter das Wort Gottes und die Lehren der Kirche. Die Konsequenz der biblischen Erkenntnis, daß das »Herz des Menschen böse ist von Jugend auf«, die Augustinus zusammenfaßte in dem Satz »homo corruptus est«, wurde im Mittelalter zur allgemein akzeptierten Überzeugung auch in bezug auf die Politik. Deshalb richtete sich das Denken auf die Frage, wie die Korruption der Macht eingeschränkt werden könne.

Damit begann ein neuer Abschnitt in der politischen Wissenschaft. Bereits ein Jahrhundert vor der Publikation von *Montesquieus* »Spirit of Laws« (1748), der die Gewaltenteilung forderte, war die Trennung der Gewalten »geheiligt in der politischen Theorie«, stellen Rogow und Lasswell fest.[12] Die Ursprünge des Gedankens der Gewaltenteilung als Versuch der Einschränkung der Korruption der Macht können bis auf die Landung der Puritaner in Massachusetts und von dort bis zu *Calvin* zurückverfolgt worden. Johannes Calvin schlägt in seiner »Institutio« (1536) vor, die Macht der Mächtigen in Schranken zu halten:

»Gar leicht kann das *Königtum in Tyrannei* abgleiten, nicht viel schwerer entartet die *Macht der Vornehmsten* zur *Parteiherrschaft weniger*, ... weil es sehr selten vorkommt, daß die Könige sich so viel Maß auferlegen, daß ihr Wille niemals von Recht und Gerechtigkeit abweicht, und weil sie ferner auch sehr selten mit solchem Scharfsinn und solcher Vorsicht begabt sind, daß jeder einzelne König soviel sieht, wie es zureichend ist. So bringt es also die Gebrechlichkeit und Mangelhaftigkeit der Menschen mit sich, daß es sicher und erträglich ist, wenn *andere* das Steuerruder halten, so daß sie also einander gegenseitig beistehen, sich gegenseitig belehren und ermahnen und, wenn sich einer mehr als billig erhebt, *mehrere* Aufseher und Meister da sind, um seine Willkür im Zaume zu halten. Das hat einerseits die *Erfahrung selbst* allezeit bewiesen, andererseits hat es auch der Herr mit seiner Autorität bekräftigt, indem er bei den Israeliten, als er sie, bis er in David das Ebenbild Christi hervortreten ließ, in dem bestmöglichen Zustand halten wollte, eine Aristokratie einrichtete, die an die bürgerliche Regierungsform angrenzt.«[13]

Die Gewaltentrennung, die Calvin der Boshaftigkeit der Menschen wegen vorschlug, wurde dann in späteren Zeiten durch verschiedene politische Philosophen zum Prinzip ausgebaut. *Harrington* schrieb sein »The Oceana« 1656, und etwa drei Jahrzehnte später folgte *Lokkes* »Two Treatises on Government«, die einen großen Einfluß auf Montesquieu hatten.

Diese Gedanken fanden dann ihren Niederschlag in verschiedenen Verfassungen des frühen kolonialen Amerika.[14] Das Mißtrauen gegen die Macht und politische Prinzipien, die die Macht in Schranken halten sollten und die schließlich zur Gewaltentrennung führten, wurden lange vor dem Verfassungskonvent im Jahr 1787 entwickelt. Die Lehre von der Gewaltentrennung war um 1776 ein Grundprinzip politischer Weisheit. Ausgangspunkt war die theologische Erkenntnis von der Verderbnis des Menschen, die Calvin auf die politischen Verhältnisse seiner Zeit übertragen hatte. Das Wort Gottes, verbunden mit geschichtlicher Erfahrung, wie wir es bei Calvin und den Neu-England-Puritanern finden, wurde nicht mehr hinterfragt, sondern als neue Ordnung selbstverständlich zum neuen Gesetz.

Die Frage war nun nicht mehr, wie Macht gerechtfertigt werden konnte, sondern wie sie geteilt werden sollte, und zwar so, daß der Despotismus eingeschränkt und eine effektive Regierung ohne Tendenz zur Korruption ermöglicht werden konnte. Die Antwort war die Gewaltenteilung, die dann durch Harrington, Locke und Montesquieu zum politischen Programm ausgebaut wurde. Harrington vor allem verband dabei die politische Macht mit der wirtschaftlichen und argumentierte überzeugend, daß die politische Stabilität von einer egalitären Verteilung des Besitzes abhängig sei, wobei jedoch das Wohl aller keineswegs an ökonomische Bedingungen allein geknüpft werden dürfe, sondern auch rechtlich in einer Verfassung verankert werden müsse. Dies mündete dann schließlich in die Dreiteilung der Gewalten. Den Primat hatte dabei die Herrschaft des Gesetzes. Die Kontrolle der Macht galt als oberstes Gebot. Das »Oberhaus« und das »Unterhaus« standen sich gleichberechtigt gegenüber, und als dritter Partner der Gewaltenteilung kam der Magistrat hinzu, der die Gesetze ausführen sollte.

Ausgangspunkt der modernen Verfassungen war also die Überzeugung, daß die Ursünde als reale soziale Sünde in den Strukturen gezähmt werden müsse, weil die menschliche Natur »korrupt« sei. Allen optimistischen Strömungen zum Trotz hatte sich Calvins Lehre der Ursünde durchgesetzt, weil Amerikaner die menschliche Schwachheit in bezug auf politische Dinge akzeptiert hatten.[15]

Rogow und Lasswell kommen bei ihrer Untersuchung über den engen Zusammenhang von Macht und Rechtschaffenheit zum Ergebnis, daß die Erfahrung, Macht tendiere zur Korruption, schließlich zur Gewaltenteilung geführt habe, weil es keinen anderen Weg gebe.[16] Die Konzentration der Macht sollte aus christlicher Grundüberzeugung verhindert bzw. eingeschränkt werden. Unsere modernen Verfassungen sind heute wieder, durch eine neue, noch nie dagewesene Form der Machtkonzentration bei Großkonzernen, gefährdet. Die ökonomische Korruption hat heute ein anderes Gesicht; sie ist aber noch wie zu Calvins Zeiten eine Herausforderung. Als Kriterium gilt dabei auch heute noch, daß die Verletzung des Allgemeininteresses zugunsten individueller Vorteile als korrupte Handlung bezeichnet werden muß.

Über den Zusammenhang von Macht und Korruption schreibt *Jacob Burckhardt* in seinen »Weltgeschichtlichen Betrachtungen«[17]: »Und nun ist die Macht an sich böse, gleichviel wer sie ausübt. Sie ist kein Beharren, sondern eine Gier und eo ipso unerfüllbar, daher in sich unglücklich und muß also andere unglücklich machen. Unfehlbar gerät man dabei in die Hände sowohl ehrgeiziger und erhaltungsbedürftiger Dynastien als einzelner ›großer Männer‹ usw., das heißt solcher Kräfte, welchen gerade an dem Weiterblühen der Kultur am wenigsten gelegen ist. Aber wer die Macht will und wer die Kultur will, vielleicht sind beide blinde Werkzeuge eines Dritten, noch Unbekannten.«

Burckhardt fordert die »freiwillige Beschränkung der Macht zugunsten des lokalen und Kulturlebens«.[18] Daß Macht *an sich böse* ist, zeigt die Richtung an. Zwar fehlt das Wort »korrumpieren«, aber der Gedanke ist ausgedrückt. Das Böse und die Korruption sind hier dekkungsgleich: Korruption ist böse und somit Gegenstück zum Guten. Burckhardt meint: »Es kommt im einzelnen nicht darauf an, in welchen Schattierungen die Begriffe ›gut‹ und ›böse‹ modifiziert sind (denn dies hängt von der jeweiligen Kultur und Religion ab), sondern darauf, ob man denselben, so wie sie sind, mit Aufopferung der Selbstsucht pflichtgemäß nachlebe oder nicht.«[19] Das Böse »ist die Gewalt, das Recht des Stärkeren über den Schwächeren, vorgebildet schon in demjenigen Kampf ums Dasein, welcher die ganze Natur, Tierwelt wie Pflanzenwelt, erfüllt, weitergeführt in der Menschheit durch Mord und Raub in den früheren Zeiten, durch Verdrängung resp. Vertilgung oder Knechtung schwächerer Rassen, schwächerer Völker innerhalb derselben Rasse, schwächerer Staatenbildungen, schwächerer gesellschaftlicher Schichten innerhalb desselben Staates und Volkes«[20]. Stärke ist keine Legitimation der Macht, denn der Stärkere ist »noch lange nicht der Bessere«[21]. Allerdings, so meint Burckhardt weiter, gebe es auch die Hoffnung, daß die heilenden Kräfte einer Kultur das Böse doch noch in ein Gutes verwandeln könnten, wie das Beispiel des römischen Weltreiches zeige. Doch »das Böse herrscht bisweilen lange als *Böses* auf Erden, nicht bloß bei Fatimiden und Assassinen. Der Fürst dieser Welt ist laut der christlichen Lehre Satan. Nichts Unchristlicheres, als der Tugend eine dauernde Herrschaft, einen materiellen Gotteslohn auf Erden zu verheißen, wie die Kirchenschriftsteller den christlichen Kaisern versprachen.

Aber das herrschende Böse hat eine hohe Bedeutung: nur neben ihm gibt es ein uneigennütziges Gutes. Es wäre ein unerträglicher Anblick, wenn infolge konsequenter Belohnung des Guten und Bestrafung des Bösen hienieden die Bösen sich alle aus Zweckmäßigkeit anfingen gut aufzuführen; denn unvermeidlich vorhanden und innerlich böse wären sie ja doch. Man könnte in die Stimmung kommen, den Himmel wieder um eine Straflosigkeit der Bösen auf Erden zu bitten, nur damit dieselben wenigstens ihre wahren Züge wieder an den Tag legten. Es ist schon so Verstellung genug in der Welt.«[22]

Das »herrschende Böse« wird heute oft als »die Macht der Sachzwänge« beschrieben. Man versteht dann darunter »die Tendenz moderner Wirtschaft und Politik, die Bürger womöglich in den Griff zu bekommen«[23].

*J. M. Lochman* warnt mit Recht vor einem vorschnellen Gleichsetzen der Sachzwänge mit ihrer »dämonisierenden« Beurteilung, obwohl diese nicht unbegründet sei. Aber man dürfe nicht einfach die Gebiete der Wirtschaft und Politik vorschnell vom Eigentlichen des Menschen trennen, denn biblisch gebe es keine Trennung des Menschen in eine äußere und eine innere Welt. Eine solche Trennung hält Lochman für »ethisch problematisch, weil sie ... den Menschen in seiner Verantwortung privatisiert — und moralisch überfordert«.[24]

Nicht die Sachen an sich zwingen den Menschen, sondern »das Interesse von *Menschen* an Gewinn und Macht darüber, was mit den Sachen geschieht und wie etwas zu funktionieren hat«, meint mit Recht *D. Schellong.*[25] Der Zwang kann leicht zum Fetisch werden. Die »böse Welt« wird zur Welt der Sachzwänge, und der Gute zieht sich aus ihr zurück und überläßt die korrupte Welt sich selber. Genau das aber darf nach christlicher Lehre nicht stattfinden, denn die Welt ist Gottes Eigentum. Jesus hat diese Welt »entfatalisiert« und sie der Herrschaft des Reiches Gottes unterstellt:

»Tatsächlich ist im Advent Jesu Christi — unvergleichbar dann am Ostermorgen — ein solcher Tag der Freiheit angebrochen. Die Welt der Menschen wurde entfatalisiert. Dies war die befreiende Pointe des Reich-Gottes-Glaubens bereits im Neuen Testament und in der von daher angeregten missionarischen Praxis der jungen Kirche.

Die meisten Menschen der hellenistischen Zeit lebten im Schatten der fatalistischen Zwänge, ausgeliefert der Übermacht von schicksalhaften Mächten und Gewalten. Die Apostel bezogen die Reich-Gottes-Botschaft auf diese Fatalitäten. Sie bestritten ihre Existenz und die daraus resultierenden Gefährdungen unseres Lebens keineswegs.

Doch sie erkannten: der Kraft des Reiches Gottes sind diese Mächte auf die Dauer nicht gewachsen.
Jesus Christus hat sich als Herr der Mächte erwiesen. So ist in ihm die Macht des Schicksals gebrochen. Im Blick auf ihn sind wir also keine Sklaven mehr, sondern die Freigelassenen der Schöpfung. Unsere Welt ist keine schicksalhaft dominierte, unveränderlich versiegelte Wirklichkeit. Erneuerung der Herzen und Zustände ist in der Perspektive des Reiches Gottes möglich; Umkehr und Glauben tun not.«[26]

Weil die Korruption oft resignierend als Sachzwang hingenommen wird, müssen gerade Christen aufgrund ihres Glaubens gegen diese »Zwänge« ankämpfen, denn Umkehr ist die Frucht des Glaubens und der »Tugenden des Reiches«! Kampf gegen die Korruption, die Auswirkungen des Bösen, ist christliche Pflicht. Einen Weg aus der Gefahr zu suchen ist wichtiger als das fatalistische Hinnehmen der gesellschaftsbedingten und korruptionsfördernden Sachzwänge, denn das Reich Gottes ist »Gerechtigkeit und Frieden und Freude im heiligen Geist«. Die Macht Gottes aber hat ihr Symbol im Kreuz als Zeichen des zur Ohnmacht des Gekreuzigten sich bekennenden Gottes.

J. M. Lochman ist der Meinung, daß am Kreuz Jesu für Paulus und für das ganze Neue Testament die letztgültige »Umwertung aller Werte«, zugespitzt und pointiert die »Revolution im Machtbegriff« geschehe. Die Macht Gottes schließt Lochman zufolge menschliche Ohnmacht nicht aus, »... sondern umgreift sie, nimmt sie auf. Sie ist die Macht, welche in der Ohnmacht mächtig ist; die Kraft der sich für andere hingebenden, aufopfernden Liebe, wie sie der Mann aus Nazareth bis ans Ende bewahrt und bewährt hat. Diese Liebe erweist sich am Ostermorgen als stärker denn der Tod: Die wahre ›Kraft unzerstörbaren Lebens‹, die Macht Gottes im eminenten Sinn, ist die Liebe Christi.«[27]

Die Stellungnahmen Nietzsches[28] und Burckhardts[29] zum Thema Macht stimmen darin überein, daß beide sehen (aber verschieden beurteilen): Die Gier nach einer sich immer mehr steigernden Macht wächst sich schließlich zur Übermacht aus. Darin haben beide recht behalten, wie die Geschichte des 20. Jahrhunderts deutlich zeigt. Das übersteigerte Machtstreben führt zu immer neuen Katastrophen. Und hier müßte, so meint *Lochman*, die christliche Theologie sich besonders herausgefordert fühlen und ihren Auftrag zur »Entmytholo-

gisierung der Macht«[30] sehr ernst nehmen. Orientierung kann hier die biblische Botschaft geben. Die Propheten, die Sündenfallgeschichte und die Geschichte vom Turmbau zu Babel demaskieren diese Machtgier des Menschen als Sünde. Lochman schreibt:
»Der Traum der Omnipotenz wird als sündhaftes Mißverständnis menschlicher Bedingung entdeckt und als zerstörerisch und selbstzerstörerisch aufgewiesen. Darum ›entmythologisieren‹ die Propheten und Apostel diesen Traum, drängen auf kritische Nüchternheit im Umgang mit der Macht. Immer wieder wird — zum Teil heftig polemisch — die Alternative angezeigt, um aus dem Todesrausch der entschränkten Macht aufzurütteln. Vor allem wird die Kirche zur klaren Entscheidung aufgerufen: Gerade sie soll sich an die andere, an die Macht Gottes erinnern und sie im Wort und Verhalten bezeugen. ›Nicht durch Heeresmacht und nicht durch Gewalt, sondern durch meinen Geist! spicht der Herr der Heerscharen‹ (Sach. 4,6; vgl. auch Ps. 20,8; Spr. 21,31 u. a.). Und im Neuen Testament wird im Lobpreis Marias die Geschichte Jesu gleich bei seiner Ankündigung als Widerspruch der Macht Gottes gegen alle selbstherrliche Macht der Herren der Erde vorgestellt: ›Er hat Macht geübt mit seinem Arm, er hat zerstreut, die hochmütig sind, er hat Gewaltige von den Thronen gestoßen und Niedrige erhöht ...‹ (Luk. 1,51 f.). Kein Zweifel: der Lobpreis der Kraft Gottes (auch unsere Doxologie) hat seine kritische Spitze.«[31]
Der menschlichen Macht stellt die Bibel die »Macht der Liebe, Macht der Gnade«[32] gegenüber. Diese Macht hat ihr Zentrum am Kreuz. Die Macht der Liebe Gottes wurde in Jesus manifest und zeigte sich als Gegenmacht der Korruption, denn sie sucht nicht das Eigene, sondern das Wohl des anderen. Diese letzte Macht ist für den Glauben, wie Lochman meint, »Orientierungspunkt in der Welt der Mächte. Sie wurde im Leben Jesu vorgelebt und vorgelitten, sie wurde in seiner Lehre, vor allem wohl in der Bergpredigt und in dem Doppelgebot der Liebe, eindrücklich artikuliert. Ihr gilt es nachzufolgen.«[33]
In ähnliche Richtung weist auch der Hinweis des indischen Ökonomen *S. L. Parmar*, der davon ausgeht, daß »die Strukturen der Ungerechtigkeit« immun seien gegen alle Arten sentimentaler Aufrufe. Macht könne Liebe nur dadurch zum Ausdruck bringen, daß sie die Gerechtigkeit fördere. Der erste Schritt zur Entwicklung solcher Macht sei Widerstand gegen Ungerechtigkeit; »die Gerechtigkeit

soll«, so lehrt uns die Bibel, »strömen wie ein unversiegbarer Bach«[34]. Die Gegenmacht zur Korruption der Macht ist die Gerechtigkeit Gottes, die in der Unbestechlichkeit Gottes fundiert ist. Recht und Liebe sind deshalb Grundforderungen, um die Korruption der Macht einzudämmen oder, mit Calvins Wort, zu »zähmen«; denn »nicht das Heil der Macht, sondern die Macht des Heils ist die Hoffnung, die nicht zuschanden werden läßt« (Röm. 5,5), und diese ruht in Gottes Macht.[35]

Die Korruption der Macht soll im folgenden zunächst an zwei Beispielen aufgezeigt werden: dem Sozialismus und dem Nationalsozialismus. Daß auch die Kirche als Machtinstitution im Lauf ihrer Geschichte sehr oft der Korruption verfallen ist, wird uns bei der ideen- und sachgeschichtlichen Betrachtung der Korruption (s.u.S. 63ff.) noch beschäftigen.

## 2. Macht, Korruption und Sozialismus

Klarer als alle anderen Sozialisten erkannte Leonard Ragaz[36] die Gefahr der Korruption der Macht für die sozialistische Bewegung. Der gewaltsame Weg, den Lenin bei der russischen Revolution im Jahr 1917 einschlug, bedeutete für Ragaz, daß der »Dämon der Gewalt« nun auch den Sozialismus auf einen Irrweg geführt habe. In einem Schreiben an Leo Trotzki im Dezember 1917 wies er darauf hin, daß dem Frieden nicht dadurch gedient sei, daß »eine revolutionär-proletarische Regierung ausschließlich mit den Vertretern der bürgerlichen und kapitalistischen Gewalt verhandelt«[37]. Hinter dieser Ablehnung der Gewalt stand eine geschichtstheologische Schau vom Reich Gottes und dem Reich der Gewalt, die sich nach Ragaz wie feindliche Brüder gegenüberstehen. Daß nun auch in Rußland die sozialistische Bewegung sich dieses »Dämons« der Gewalt bediente, war für Ragaz ein »Teufelswunder«, denn der Sozialismus gebrauchte damit die gleichen Mittel wie der Kapitalismus: »Dieser blinde Sozialismus, der im Grunde keiner ist, verbündet sich mit der Macht, die eigentlich seine Todfeindin sein müßte, verhilft dieser zum Sieg und wird von ihr vernichtet... In Rußland ist der Sozialismus an der Untreue gegen seine eigene Sache zugrundegegangen«, schreibt Ragaz[38] im November 1917 in »Neue Wege«. Sozialismus im Bunde mit absoluter Macht und unter Anwendung brutaler Gewalt bedeutete für Ragaz eine »Schändung der Idee des Sozialismus«.

Früher als andere erkannte Ragaz aufgrund seiner theologischen Einsicht und der Kriegserfahrungen von 1914, daß Macht auch den Marxismus-Leninismus korrumpieren werde, eine Einsicht, die heute für jedermann sichtbar geworden ist.[39] Absolute Macht, auch im Gewand der Diktatur des Proletariats, das in Rußland sowieso nur in einer unbedeutenden Minderheit vorhanden war, tendiert zur Korruption der Macht und hat bald Bestechung, Amts- und Machtmißbrauch und Nepotismus im Gefolge. Daß die sozialistische Revolution in Rußland von den allerersten Anfängen an eng mit der Korruption in der geläufigen Form der Bestechung verbunden war, konnte Ragaz nicht ahnen. »Der plombierte Zug«[40] ist bis heute ein oft von sozialistischen Historikern in der Sowjetunion schamhaft verschwiegenes Ereignis geblieben.

Bereits im Winter 1914/15, als der Weltkrieg im Westen zu einem Stellungskrieg erstarrt war, beschloß die deutsche Heeresleitung, die in Rußland aufflackernde revolutionäre Bewegung zu unterstützen. Eine wichtige Hilfe war dabei *Alexander Helphand*, der bereits 1905 zusammen mit Leo Trotzki im Präsidium des Petersburger revolutionären Arbeiterrates saß und seit 1910 in Konstantinopel als russischer Emigrant unter dem Pseudonym Parvus lebte. Den deutschen Behörden war er wohlbekannt, denn unter diesem Namen hatte A. Helphand bereits im Jahr 1900 in München revolutionäre Artikel geschrieben.

Über den deutschen Botschafter Freiherr von Wangenheim kam der sozialistische Revolutionär Parvus nun in Verbindung mit offiziellen Stellen im Deutschen Reich. Sein vorgelegtes Memorandum, das den Weg zu einer erfolgreichen Revolution in Rußland beschrieb, wurde akzeptiert und durch die deutsche Heeresleitung zusammen mit einer in den skandinavischen Ländern aufgebauten Spionageorganisation unterstützt.

Die Sabotageaktionen und Streiks hatten jedoch genauso wenig wie die von Skandinavien aus organisierten Flugblattaktionen durchschlagenden Erfolg. Dieser kam erst, als nach der Abdankung des Zaren Nikolaus II. im März 1917 die revolutionäre Bewegung in Rußland durch weitere 5 Millionen Mark unterstützt und die in der Schweiz lebenden führenden Bolschewiki in plombierten Waggons über Deutschland und Schweden nach Petersburg transportiert worden waren.

*Lenin* und *Trotzki* sorgten dann in Rußland, unterstützt durch weitere Millionen in Goldmark aus dem Fonds des Kaisers, für den erwünschten Durchbruch. Der russische Sonderfrieden konnte am 3. März 1918 geschlossen werden, der Bürgerkrieg in Rußland endete dann damit, daß der noch im März 1917 armselig in Zürich lebende Lenin acht Monate später die Herrschaft über ein Sechstel unserer Erde und (damals) 160 Millionen Menschen übernehmen konnte. Ohne die Bestechungsgelder der deutschen Heeresleitung wären Lenin und seine Genossen nicht rechtzeitig in Rußland eingetroffen — die Weltgeschichte hätte dann wohl einen anderen Verlauf genommen. Des deutschen Kaisers Millionen waren wesentlich mit daran beteiligt, daß das 20. Jahrhundert die Gewalt in einem Ausmaß erlebte, das alles Seitherige in den Schatten stellte. *A. Sturminger* berichtet darüber folgendes: »An der Finanzierung der Bolschewiki durch die Deutschen kann es keinen Zweifel geben. Am 3. Dezember 1917 schickte Staatssekretär Richard von Kühlmann ein Telegramm an seinen Verbindungsoffizier bei der Obersten Heeresleitung, das dem Kaiser zur Kenntnis gebracht werden sollte. Darin heißt es, daß ›die Bolschewisten, erst seitdem sie von uns einen ständigen Strom von Geldern über verschiedene Kanäle erhielten, in der Lage waren, ihr Hauptorgan Prawda aufzubauen, energische Propaganda zu betreiben und die ursprünglich schmale Basis ihrer Partei zu erweitern‹.«[41]

Die Gelder liefen, soviel wird aus den heute zugänglichen Akten des Auswärtigen Amtes deutlich, zum größten Teil über den bereits genannten Alexander Helphand alias Parvus. Und es waren recht ansehnliche Summen. Aus den Akten des Auswärtigen Amtes zum Ersten Weltkrieg ersehen wir (aus einer Begleitnotiz, die auf den 5. Februar 1918 datiert ist), daß für Rußland Mittel in Höhe von 40 580 997 Goldmark zur Verfügung gestellt worden sein sollen. Von diesen seien bis zum 31. Januar 1918 effektiv 26 566 122 Goldmark verbraucht worden. Am Tag nach Lenins Machtergreifung, im November 1917, so erfahren wir aus anderen Dokumenten, gab das Schatzamt 15 Millionen von diesem Teilbetrag frei; das bedeutet, daß vor der Zeit der Machtergreifung der Bolschewiken in Rußland etwa 11 500 000 Goldmark in die bolschewistische Bewegung investiert worden waren, nach heutiger Währung etwa 460 Millionen DM.

Daß die Sowjets die »Kaiser-Millionen« zur Unterstützung der Revolution in Rußland bis heute bestreiten, ist verständlich, denn sie passen nicht in das Bild und werden deshalb als bürgerliche Lüge verdammt.[42] »Aber in Wirklichkeit war es so, daß Lenin das deutsche Geld zwar annahm, aber deswegen nicht von seinen revolutionären Idealen abließ ... Man darf behaupten, daß er es ohne die Finanzierung durch die Deutschen nicht hätte verwirklichen können«, konstatiert Sturminger.[43]
So ist von Anfang an die Korruption mit der gewaltsamen kommunistischen Weltrevolution verbunden, und bis heute hat sich daran nichts geändert. Ragaz war auch in dieser Hinsicht ein prophetischer Sozialist, wenn er die Ereignisse in Rußland als »Schändung der Idee des Sozialismus« bezeichnete.

## 3. Macht und Korruption im Nationalsozialismus

Macht und Korruption gingen auch im Nationalsozialismus von Anfang an Hand in Hand. Die Korruption gehörte als eine Art von »systemstabilisierender Instabilität« auf der unteren (und bald auch der höchsten!) Ebene des Herrschaftsapparates zum Wesen des Nationalsozialismus. Adolf Hitler war sich dessen sehr wohl bewußt. In einem Gespräch mit Hermann Rauschning äußerte er sich auf die Frage, warum er im nationalsozialistischen Herrschaftsapparat die Korruption nicht von Beginn an radikal unterbinde, mit dem Hinweis, daß durch die Förderung der Selbstbereicherung, die ja sehr häufig mit der Korruption verbunden ist, ein großer Vorteil für die Stabilisierung der eigenen Herrschaft entstehe. Wer nämlich die Verbrechen unzuverlässiger Funktionäre kenne, der habe diese Funktionäre besser in der Hand. Die untergeordneten Führungskader könnten durch ein System der gegenseitigen Spionage und Denunziation besser überwacht werden: »Jeder ist in der Macht eines jeden anderen, und niemand ist mehr sein eigener Herr. Das ist das erwünschte Resultat der Losung: ›Bereichert euch!‹«[44]
Bereichert haben sich viele Funktionäre des Nationalsozialismus durch ihre korrupten Handlungen. »Der weitaus Korrupteste von den NS-Männern war *Hermann Göring*, das wußte auch Hitler und ließ darüber auch keinen Zweifel.« Der »Reichsvorstand der deutschen

Industrie« schenkte Göring sein »Karinhall«. Dieser nahm es selbstverständlich an. Ganz anders — so Speer — sei die Sache bei *Josef Goebbels* gewesen. »Er war nicht korrupt, so weit es sich um rein materielle Dinge handelte«, er sei, wie so viele Männer, nur »bestechlich« gewesen durch schöne Frauen. *Himmler* — sagte Speer — sei in diesem Zusammenhang uninteressant, »er war nicht korrupt.«[45]

In bezug auf Korruption arbeiteten die beiden unversöhnlichen Erzfeinde, das kommunistische Rußland unter Stalin und das nationalsozialistische Deutschland unter Hitler, eng zusammen. *F. E. Sommer* berichtet darüber[46]:

»Am 28. September 1939 flog Ribbentrop zum zweitenmal nach Moskau, um einen deutsch-sowjetischen Grenz- und Freundschaftsvertrag zu unterzeichnen. In einem zweiten geheimen Zusatzprotokoll fiel in Abänderung des ersten gemäß dem Wunsche Stalins das Gebiet des litauischen Staates im Austausch gegen die Wojewodschaften Lublin und Warschau in die Interessensphäre der UdSSR, mit Ausnahme allerdings des an Ostpreußen angrenzenden sog. ›Mariampol‹-Zipfels...

Daß der polnische ›Suwalki-Zipfel‹, der an Ostpreußen angeschlossen werden sollte, für Ribbentrop nicht nur eine Grenzkorrektur darstellte, geht aus einem Privat-Dienstschreiben des Chefs des Protokolls an Botschafter von der Schulenburg vom 19. Oktober 1939 hervor. Darin heißt es, Ribbentrop habe ›bei der Festlegung der endgültigen Demarkationslinie‹ (bei seinem zweiten Moskau-Besuch) einen besonderen Wert darauf gelegt, daß der Bezirk Suwalki an Deutschland kommt...

(Er) sei hierbei davon ausgegangen, daß (dort) die sehr wertvollen Forsten von Augustowo gelegen sind, in denen angeblich kapitale Rothirsche wachsen sollten... Stalin hatte dem Wunsch des Ministers mit der Bemerkung entsprochen, das Gebiet solle Deutschland wegen der guten Hirsche für seinen Reichsaußenminister zugesprochen werden.‹ Dörnberg sei daraufhin nach Polen gereist, ›um die Sicherstellung unserer Interessen in jeglicher Hinsicht sicherzustellen‹.«

Daß selbst mitten im »Krieg auf Leben und Tod« der damalige deutsche Außenminister nach ergiebigen Jagdgründen Ausschau hielt und sein russischer Gegner Stalin dem Wunsch mit Gebietsabtretungen entsprach, zeigt besser als viele andere Dinge den Zynismus dieser beiden Herrschaftssysteme.

Im Gegensatz zu der bis heute noch immer weitverbreiteten Legende, daß *Adolf Hitler* selber nicht korrupt gewesen sei und »einfach« gelebt habe, muß man aufgrund des heutigen Wissensstandes bei ihm von einer persönlichen Bereicherung unglaublichen Ausmaßes sprechen.[47] Mit Recht schreibt *Wulf C. Schwarzwäller*, daß Hitler zu den reichsten Männern der Welt gehörte. Seine riesigen Einnahmen kamen nicht nur aus dem Verkauf seines Buches »Mein Kampf«, sondern aus vielen anderen, fast unversiegbaren Quellen wie dem »Urheberrecht« auf Briefmarken und vor allem der auf Krupps Vorschlag 1934 hin realisierten »Adolf-Hitler-Spende« der »Vereinigung der Deutschen Arbeitgeberverbände«. Diese Spenden standen »Hitler *privat und persönlich* zur Verfügung« und betrugen nach kompetenter Schätzung nahezu hundert Millionen Mark pro Jahr.[48]

Schon in den Anfangsjahren seiner politischen Laufbahn hatte ihm *Helene Bechstein*, die Frau des Klavierfabrikanten Carl Bechstein, immer wieder finanzielle Zuwendungen zukommen lassen. Später unterstützte vor allem der Industrielle *Flick* die politischen Bemühungen Hitlers. Als vorzügliche Geldquelle erwies sich auch die Schweiz, wo besonders *Dr. Emil Ganßer*, der ein prominenter Nazifreund war, gute Vorarbeit leistete.

Zwar betrug Hitlers offizielles Einkommen im Jahr 1929 nur 15 448 Mark, doch verfügte er über fast unerschöpfliche andere Geldquellen, die nie öffentlich bekannt wurden. »*Fritz Thyssen* war der Mann, der nicht nur der Nazi-Partei, sondern auch Hitler persönlich mehr Geld zukommen ließ als jede andere Einzelperson.«[49]

Diese Gelder verwaltete für Hitler sein Intimus *Martin Bormann*, der dafür nur Hitler Rechenschaft abzulegen hatte. »Niemand kontrollierte, was mit den Hunderten von Millionen geschah, die durch Bormanns Hände liefen. Nach Schätzung war es mehr als eine Milliarde Mark, die über Hitlers privates, von Bormann verwaltetes Spendenkonto lief.«[50]

Besonders gravierend war die *Korruption in den Konzentrationslagern* des Dritten Reiches. *Eugen Kogon*, der selber einige Jahre in einem Konzentrationslager verbracht hat, berichtet, daß die Nationalsozialisten auf eine Anordnung Himmlers hin im Sommer 1943 Bordelle im Konzentrationslager unter dem Namen »Sonderbau« einrichteten. Der Zweck dieser Einrichtungen war die Bespitzelung der Häftlinge. »Korruption aller Art bis zu Paketdiebstählen u. a. hat der

Sonderbau genug ins Lager gebracht«, weiß Kogon; besonders die beiden SS-Aufseherinnen hätten sich dabei hervorgetan.[51]
Er verweist darauf, daß die Korruption auch in der Verwaltung und der Finanzierung der SS-Wirtschaft geherrscht habe.[52] Die durch Preisschwindel via Häftlingskantinen und Privatgeschenke an die SS-Führerschaft erzielten Korruptionsgelder gingen in Millionenhöhe. Allein der Lagerkommandant Koch verdiente durch seine »schwarze Kasse« Hunderttausende, nicht mitgerechnet die teuren Geschenke an Frau Koch. Eine besonders gute Geldquelle für die SS-Verwaltung, so berichtet Eugen Kogon[53], waren die *Rüstungsbetriebe*. Allein im Konzentrationslager Buchenwald hätten die Einnahmen aus den Häftlingsverleihgeschäften monatlich 1,5 bis 2 Millionen RM erbracht. Viele Führer hatten Direktionsstellen in solchen Werken wie beispielsweise SS-Oberführer Pister, der zeitweise Kommandant von Buchenwald war und Direktor der Deutschen Ausrüstungs-Werke mit dem entsprechenden Gehalt und Tantiemen. Ein SS-Arzt ließ sich von zwei Häftlingen seine Dissertation schreiben und bestand, nachdem er die Arbeit auswendig gelernt hatte, sein »Examen an der Universität Freiburg i. B. mit Auszeichnung«.[54]
Der frühere Sekretär des »Comité International des Camps«, *Hermann Langbein*, der selber mehr als vier Jahre in verschiedenen Konzentrationslagern verbrachte, berichtet darüber[55]:
»In allen Lagern steigerte sich die Korruption bis ins Groteske. SS-Angehörige ließen in Lagerwerkstätten Häftlinge für sich arbeiten. Je höher der Rang und je größer der Einfluß, um so umfangreicher waren die Bestellungen. Rohstoffe, die als Mangelware nur für die Rüstungsindustrie freigegeben waren, wurden ungeniert dazu verwendet. Auch ein Häftling, der sein Leben bewahren wollte, mußte ›organisieren‹, wie der allgemein übliche Ausdruck für das Aneignen von Gütern aus Vorratsräumen, Magazinen oder Küchen lautete, denn die offiziell verteilten Rationen waren zu gering. Man unterschied zwischen Diebstahl und ›Organisation‹. Vergriff sich jemand am Eigentum eines Mithäftlings, so wurde er von seinen Kameraden hart bestraft. ›Organisieren‹ galt hingegen als ehrenhaft und anerkennenswert . . .
So bildete sich ein regelrechtes Bestechungssystem aufgrund des Faustrechts. In ihren Arbeitskommandos hielten sich die Kapos ganze Gruppen von Häftlingen, die für sie ›organisieren‹ mußten . . .

Die SS hatte unter den Häftlingen Vertrauensleute, die gegen eine Bestechung vermittelten, daß eine Meldung unterblieb. Die Korruption ging so weit, daß eine Meldung aufgehalten werden konnte, wenn sie schon beim Lagerkommandanten angelangt war, falls man über genug Gold und Geld verfügte.«

Das Ausmaß der Korruption im Vernichtungslager Auschwitz beschrieb der SS-Obersturmbannführer *Höß* (der selber mit beiden Händen kräftig zugriff, um sich zu bereichern) vor den Richtern des Nürnberger Prozesses mit folgenden Worten[56]:

»Für das Lager entstanden durch die Judenwertsachen nicht abzustellende, ungeheure Schwierigkeiten. Demoralisierend für die SS-Angehörigen, die nicht immer so stark waren, um sich den Verlockungen der leicht zu erreichenden jüdischen Wertsachen zu entziehen. Auch die Todesstrafe und schwerste Freiheitsstrafen konnten nicht genug abschrecken. Den Häftlingen eröffneten sich durch die Judenwertsachen ungeahnte Möglichkeiten. Die meisten Fluchten sind wohl damit in Verbindung zu bringen. Durch das leicht zu erlangende Geld oder Uhren, Ringe usw. wurde mit SS-Angehörigen und Zivilarbeitern alles eingehandelt. Alkohol, Rauchwaren, Lebensmittel, falsche Papiere, Waffen und Munition waren das Alltägliche. In Birkenau verschafften sich die männlichen Häftlinge nachts Zugang ins Frauenlager, sie erkauften sich sogar einige Aufseherinnen. Dadurch litt natürlich auch die allgemeine Lagerdiszplin. Die im Besitz von Wertsachen waren, konnten sich bessere Arbeitsplätze, konnten sich die Zuneigung der Kapos und Blockältesten erkaufen, ja sogar Daueraufenthalt im Revier mit bester Versorgung. Trotz schärfster Kontrolle konnten diese Zustände nicht abgestellt werden. Das Judengold wurde dem Lager zum Verhängnis.«

# III. Korruption in traditioneller, ideen- und sachgeschichtlicher Perspektive

## 1. Korruption und traditionelle Werte

Der Begriff Korruption enthält u. a., daß »ein Beamter ... Geschenke annimmt, die ihm durch eine Privatperson gegeben worden sind mit der klaren Absicht, ihn zu veranlassen, besondere Rücksicht auf die Interessen des Gebers zu nehmen.«[1]
Der Volksmund drückt das dann so aus: »Eine Hand wäscht die andere.« Diese Form von Korruption nennen wir Bestechung oder Amtsmißbrauch[2] oder in neuerer Zeit »politische Zahlungen«, wenn das »schmutzige Geld« durch »Waschanlagen«[3]»gereinigt« und als Parteispende legal verbucht wird. Dabei werden zur »Geldwaschung« gern fromme Institutionen, Hilfswerke zur Bekämpfung der Not in der Dritten Welt benutzt. Zur Korruption des Geldes kommt die Korrumpierung der Werte.[4]
Diese können wir heute weltweit beobachten. Eine Ausnahme scheinen nur die »primitiven Gesellschaften« zu bilden, in denen das Wertgefühl noch erhalten und das Allgemeinwohl höchster Wertmaßstab ist, so daß die Gruppe, der Stamm (die Gesellschaft) immer höher steht als das Privatinteresse. Doch selbst in diesen Gesellschaften sind die Verhältnisse nicht ganz eindeutig. Man muß wohl *C. Leys* zustimmen, wenn er sagt, daß die uralte Form des »giftgiving« (das Überreichen eines Geschenks an den Höhergestellten) als Ausdruck der Verehrung nicht gleichzusetzen ist mit Bestechung.[5]Leys glaubt, daß diese Form des Geschenkegebens selbst heute, da das traditionelle Huhn durch eine moderne Banknote ersetzt wird, im Grund noch immer die tief im Leben verwurzelte Erinnerung des Respektes gegenüber dem Höhergestellten und weniger die Unterordnung des öffentlichen Interesses unter die eigenen privaten Interessen ausdrücke. Andererseits fördert aber diese uralte Form, die wir in nahezu allen Gesellschaften Asiens und Afrikas finden, die Anfälligkeit für Bestechung. Auch andere »Überbleibsel« einer traditionell geprägten Gesellschaft können dazu beitragen, daß die Korruption ungebrochen in

die neue Zeit hinübergetragen wird. Mit Recht betont *Wertheim*[6] in bezug auf Indonesien, daß die alten Dorfhäuptlinge dort noch lange nach dem Zweiten Weltkrieg für ihre Tätigkeit keine finanzielle Unterstützung von der Regierung erhielten. Sie waren also darauf angewiesen, auf irgendeine Weise ihren Lebensunterhalt zu verdienen, teils, indem sie Geschenke annahmen, teils, indem ungeschriebene Gesetze befolgt wurden, nach denen man einen Teil der Ernte als Abgaben an die Häuptlinge entrichtete.[7]

Selbstverständlich sorgten mächtige Familien dafür, daß ihre Angehörigen in Positionen kamen, die unter dem Machteinfluß des Häuptlings standen. Es war keine Seltenheit, daß in einem Büro oft ausschließlich Glieder einer einzigen Familie saßen. Die Verpflichtung der Großfamilie gegenüber war so wichtig, daß man gar nicht verstehen konnte, wie jemand diese geheiligte Form der gegenseitigen Unterstützung in Frage stellen oder gar als kriminellen Akt bezeichnen konnte.[8]

Im strenggläubigen kommunistischen Nordkorea versucht der altgediente Revolutionsführer Kim seinen Sohn als Nachfolger zu installieren. Und selbst in dem so fortschrittsgläubigen Singapur ist heute der Sohn des »Vaters von Singapur« der aussichtsreichste Nachfolger seines Vaters.[9] Ebenso in Taiwan.[10] Dort löste im Jahr 1975 Chiang Ching-Kuo seinen Vater Chiang Kai-Shek als Regierungschef ab. Er war von seinem Vater seit vielen Jahren auf diese neue Aufgabe vorbereitet worden. Selbst Mao Zedong in China konnte nicht verhindern, daß seine Frau Chiang[11] versuchte, an der Spitze der »Viererbande« die Macht nach dem Tod ihres Mannes zu übernehmen.

Schon in alten Zeiten kannte man in den traditionellen Stämmen in Afrika die Gefahr der Bestechlichkeit. Deshalb hatten die Shenu in Nigeria lange vor der Ankunft der Engländer ein Edikt erlassen, demzufolge die alte Tradition der Übergabe der Gaisuwa (Geschenken) an einen Übergeordneten anläßlich eines Besuches verboten worden war.[12] Später änderte sich die Situation jedoch. Die alten Formen des Geschenkegebens lebten wieder auf. Und bald wurde daraus Korruption.

Die Korruption kann also durchaus auch dort bereits ihr Wesen treiben, wo traditionelle Werte scheinbar noch intakt sind. Eine Untersuchung verschiedenster Fälle der Korruption in den unterschiedlichsten Ländern[13] zeigt, daß unabhängig von der Regierungsform die

Korruption überall latent vorhanden ist. Bleibt sie unerkannt und unkontrolliert, wird sie bestimmt ausbrechen.

## 2. Korruption in der neuzeitlichen Gesellschaftsphilosophie

Auch von politisch-soziologischen Denkern der Neuzeit ist vielfach erkannt worden, daß die Korruption, so sehr sie ein gesellschaftsbedingtes Phänomen ist, ihre tiefere Ursache in der Korruption ideeller und sachlicher Werte hat. Aus diesem Grund müssen bei der Untersuchung von Korruption in historischen Bewegungen wie dem Kapitalismus, dem Sozialismus und dem Christentum neben den soziologischen auch die ideen- und sachgeschichtlichen Aspekte in Betracht gezogen werden.

Den Aspekt ideeller Werte betont z. B. *Adam Smith.*[14] Er sieht eine der wichtigsten Ursachen für das Entstehen von Korruption in der Unterwürfigkeit, die er als »Korruption unserer moralischen Gefühle« anprangert. Von den unteren Schichten gehe ein heftiges Bestreben aus, die eigene desolate Lage zu verbessern, selbst um den Preis der Heuchelei. Doch dies geschehe nicht in erster Linie aus dem Streben nach Erleichterung des materiellen Lebens, sondern vielmehr aus dem tiefen Wunsch, die Aufmerksamkeit und Billigung der Menschen, von denen man abhängig ist, auf sich zu ziehen. Angst vor der Verachtung und Scham wegen der Armut seien die eigentlichen Triebfedern der Korruption. Weil die unteren Schichten für sich selber Prestige suchen, sind sie gerne bereit, sich den Reichen zu unterwerfen und ihnen zu dienen, denn sie hoffen, sich so die Reichen und Mächtigen auf irgendeine Weise zu verpflichten. Die Erwartung, materielle Vorteile und besonderen Nutzen aus dem Wohlwollen der Reichen zu ziehen, sei genausowenig wie die Erleichterung des Lebens das Grundmotiv des Willens zum Aufstieg, sondern eher der krampfhafte Versuch des Untertanen, das Lächeln seines Königs als hinreichenden Lohn für seine Dienstleistungen zu gewinnen. So wie die unteren Schichten die Reichen und Mächtigen bewunderten, so neigten andererseits die oberen Schichten dazu, durch vornehmes Betragen, durch besonderes Hervorheben von Titeln, Rang und Würde ihre soziale Überlegenheit zu demonstrieren. Die demütige Bescheidenheit der

Armen und die stolze Selbstsicherheit der Reichen pervertieren nach A. Smith gleichermaßen die moralischen Gefühle. Und diese Pervertierung sei der Anfang der Korruption.
Die genannten Formen der Unterwürfigkeit können zur Gewohnheit und Routine werden. Diese aber hat bereits *Jean-Jacques Rousseau*-[15]als wegen ihrer Wirkungen auf das gesellschaftliche System äußerst gefährliche Einstellungen erkannt. Die Gewohnheit ist nach Rousseau deshalb für die wachsende Ungleichheit unter den Menschen so gefährlich, weil sie der Emanzipation der Menschen entgegenwirkt. Die Mächtigen und die Ohnmächtigen sind sich darin einig, daß beide den Staat als ihr Eigentum ansehen und entsprechend behandeln: die einen befehlen, die anderen gehorchen; beide gewöhnen sich dabei an die Abhängigkeit. Abhängigkeit aber ist das Gegenstück verantwortlicher Freiheit, die unabhängiges Denken erst ermöglicht. Von hier ist der Schritt zur »individuellen Dekadenz« nicht mehr weit.
*Niccolo Machiavelli* (1469-1527) war der erste, der diese Theorie zu einer klassischen Ausprägung brachte. Korruption war für ihn zwar ein überall vorfindbarer krankhafter Zustand des Staatskörpers, andererseits aber auch ein Prozeß, der seine Ursache in der Untergrabung der »virtus« des Bürgers habe. Tugendhaftigkeit sei bei Menschen an sich schon selten, denn die meisten seien schwach und korruptionsanfällig. Wenn dann aber auch noch die seltenen charismatischen Tugendgestalten, die allein ein verbindliches Wertsystem schaffen könnten, verdorben würden, dann bestehe keine Hoffnung mehr. Andererseits, so meint Machiavelli, könne durch die beeindruckende Persönlichkeit eines Führers die korrumpierte »virtus« der Bürger wiederhergestellt werden. Fehlen diese Persönlichkeiten, dann sei der Weg ins Unglück unaufhaltsam.
Die Erosion der Leitwerte einer Kultur als Konsequenz der Integration neuer Territorien und neuer kultureller Traditionen in einen bereits bestehenden Staatsverband behandelt *Montesquieu* (1689-1755) in seinem Werk über die Größe und den Fall der Römer. In der Analyse des Aufstiegs und des Niedergangs der Römer spielt die Korruption eine große Rolle. Die Ausweitung der Macht Roms über weite Gebiete habe, so glaubt Montesquieu, sein moralisches Rückgrat verbogen und die verfassungsgemäße Ordnung zerstört, die ursprünglich die Ausdehnung des römischen Reiches erst ermöglichte.
Die immer größere Ausdehnung habe die Möglichkeit geschaffen,

daß im Kolonialsystem korruptionsanfällige Personen sich haben breitmachen können, denn die Verwaltung der Provinzen habe genug Gelegenheiten geboten, sich schnell zu bereichern. Andererseits sei aber die Struktur des römischen Wahlrechts wesentlich an der schnellen Ausdehnung der Korruption mitbeteiligt gewesen. Gewählt wurde auch in späteren Zeiten noch immer in Rom. Also mußten die Kandidaten die teuren Reisen in die Hauptstadt unternehmen und große Beträge zur Bestechung der römischen Wähler ausgeben. Montesquieu kommt zum Ergebnis, »daß das römische Weltreich durch den enormen Reichtum an Pfründen, welche es als Folge seiner Expansion für Zwecke der Korrumpierung zur Verfügung hatte, sich selbst hinsichtlich seiner ursprünglichen Ordnung korrumpierte«[16].
Eine »systembedingte Deformation«[17] sieht *Karl Marx* wie schon *Rousseau* als Ursache des Phänomens der Korruption an. Für beide ist nicht die territoriale Ausdehnung und die damit verbundene wirtschaftliche und kulturelle Veränderung wesentlich für die Entstehung und die Ausbreitung der Korruption, sondern das sozialökonomische System verderbe den Menschen. Nicht der Mensch an sich sei korrupt, sondern seine Umwelt, das politisch-ökonomische System samt dem dazugehörenden Überbau korrumpiere ihn und verändere ihn zu seinem Nachteil. Die Gleichheit ist nach Rousseau das der menschlichen Natur Gemäße, und die guten Gesetze seien so ausgerichtet, daß diese Gleichheit gegenüber den verderblichen Einflüssen der um die Macht ringenden Individuen verteidigt werden könne. Die Korruption ist für ihn eine notwendige Folge des Kampfes um die Macht, und dieser Kampf habe wiederum seinen Grund in der Unnatürlichkeit der sozialen Ungleichheit.
Die Geschichte nach Rousseau und Marx hat uns jedoch gelehrt, daß auch in sozialistischen Systemen, die das Privateigentum an den Produktionsmitteln und damit einen wesentlichen Faktor der Ungleichheit abgeschafft haben, die Korruption durchaus noch vorhanden ist, ja sogar kräftig blüht, denn strukturelle Machtdifferenzen schaffen auch in der sozialistischen Bürokratie genügend Raum für Korruption, da auch diese hierarchisch strukturiert ist und deshalb den Faktor Ungleichheit nicht beseitigt hat.[18]
Das gleiche trifft aber auch auf das System des Kapitalismus zu. Bereits der Philosoph der Französischen Revolution *Paul Thiry d'Holbach* (1723-1789) stellt die Frage: »Kann denn eine bestechliche, la-

sterhafte, korrumpierte Nation lange ihre Freiheit bewahren?«[19] Und noch ehe er seine Frage beantwortet, setzt er ergänzend im gleichen Zusammenhang hinzu: »Sie macht mit dieser Freiheit nur solange ein Aufheben, als sie ihr die Mittel verschafft, sich zu bereichern.« In der Zwischenzeit ist diese Frage noch öfter gestellt worden, nicht nur durch den Manchester-Liberalismus, sondern gerade in den letzten Jahren angesichts der großen Skandale im amerikanischen Kongreß und in anderen westlichen Demokratien.

Für die puritanische Richtung des Kapitalismus bedeutet die Korruption eine Aktion gegen den guten Geist des wahren Kapitalismus, während andere Richtungen dieser Wirtschaftsform darin nur ein mehr oder minder probates Mittel zur Profitvergrößerung sehen; einige gehen sogar so weit zu sagen, daß die Korruption das Operationsfeld für die Konkurrenz schaffe, weil der Meistbietende sich im allgemeinen Vorteile schaffen könne, die von Regierungsseite gar nicht vorgesehen worden seien. So könne sich beispielsweise jemand durch Bestechung in den Besitz einer Lizenz bringen, die er sonst nicht erhalten würde. Korruption könne demnach also auch positive Seiten haben, zumindest auf unterer Ebene[20]. Eine Untersuchung der Korruption auf der höheren Regierungsebene wird allerdings einen solchen Schluß nicht zulassen können, wie der bereits erwähnte Skandal des amerikanischen Kongresses[21] deutlich zeigt.

Nach *Karl Acham* besteht die Paradoxie des Kapitalismus darin, daß das kapitalistische Wirtschaftssystem von seinen Mitgliedern erwarte, sich im Arbeitsleben gemäß einer Pflichtethik zu verhalten, sich aber in der Konsumsphäre an der hedonistischen Genußethik zu orientieren; er sieht die Korruption also im System begründet.[22]

Wie der Kapitalismus sei auch der Sozialismus der Gefahr der inneren Korruption erlegen, meint *Robert Michels* in seiner Untersuchung der Soziologie des Parteiwesens[23]. Die ursprünglich klare Eingrenzung des Begriffes Arbeiter und damit verbunden auch des Sozialismus sei immer weiter ausgedehnt worden, so daß am Ende selbst die Generaldirektoren bei Krupp und die preußischen Ministerpräsidenten, wenn sie sich nur »klassenbewußt« gegeben hätten, als Sozialisten hätten bezeichnet werden können. Es seien viele Politiker im Laufe der Zeit Sozialisten geworden, um auf diese Weise einen Platz im Parlament oder einen Lehrstuhl auf der Hochschule zu bekommen. Darunter gelitten habe jedoch die ursprüngliche Form des Sozialismus, die »Arbeiterpraxis und ... die Verfassung, welche sie sich gegeben«[24]. Die eigentliche Korrumpierung des Sozialismus sei eingetreten, als die Opportunisten reine Lippenbekenntnisse zum wahren Sozialismus abgegeben, selber aber den zur Macht gelangten Sozialismus als »Steigbügel zum Schwung auf das goldene Kalb« benutzt hätten.

Besonders deutlich kann man das am »real existierenden Sozialismus« beobachten. Dem Streikkomitee der Danziger Werftarbeiter fiel im Sommer 1980 eine Liste in die Hände, die ersichtlich machte, daß der Besitz des Präsidenten des staatlichen Komitees für Rundfunk und Fernsehen, Maciej Szcepanski, Höhen erreichte, die man im kapitalistischen Westen nur bei höchsten Managern findet; es waren alles illegal erworbene Gelder, die dem polnischen Manager ein Leben ermöglichten, das »geradezu etwas vom Flair eines maghrebinischen Großfürsten«[25] an sich hatte.

Ganz zufällig war das nicht. Ähnliche Fälle finden wir auch in der Sowjetunion und anderen sozialistischen Staaten. Sie beweisen nur, was der polnische Soziologe *Stanislaw Ossowski* bereits 1957 zeigte, daß die Herausbildung einer neuen Klasse besonders Privilegierter, die ein wesentlich höheres Einkommen als andere haben, unweigerlich zur Klassenhierarchie führe. Ossowski sah darin den Keim der Korruption des Sozialismus[26], denn die gleiche Titulierung der Bürger als »Genosse« gewähre noch keine wirkliche Gleichheit, vor allem wenn die einen über ein unbeschränktes Bankkonto (und Devisen) verfügten, sich besonderer Läden und Dienstleistungen bedienen könnten und ihre Kinder in eigene Kindergärten schickten. Die »revolutionäre Diktatur des Proletariats« erwähnte Karl Marx nur in den »Randglossen zum Programm der deutschen Arbeiterpartei«, ohne genauer auf die Zeitumstände einzugehen. Aber gerade diese nur für einen Übergang gedachten Machtstrukturen verhindern das Entstehen des Sozialismus, denn Mächtige wollen nicht auf ihre Macht verzichten. Das sei, meint Robert Michels, so, wie »den Krieg als die tauglichste Waffe des Friedens oder den Alkohol zur Bekämpfung des Alkoholismus zu verwenden«.[27]

Hier gilt die berechtigte Warnung *Max Horkheimers*, mehr Mißtrauen walten zu lassen, denn die leitenden sozialistischen Funktionäre »rationalisieren ihre Unmenschlichkeit. Zwischen ihnen und den Frommen besteht die Ähnlichkeit, daß beide durch ›höhere‹ Erwägungen ein gutes Gewissen haben, wenn sie dich hilflos stehen lassen.«[28] Horkheimer warnt davor, den Hinweis auf das Ganze (des Sozialismus) dafür zu benutzen, sich eigene Vorteile zu verschaffen. Die Selbstkorrumpierung des Sozialismus ist im eigenen Wesen der Macht angesiedelt.

## 3. Korruption und Christentum

Eine ähnliche Gefahr sieht *Ferdinand Kürnberger* auch in bezug auf das Christentum. Die Römer, so meint er, hätten sich nicht vor der christlichen Dogmatik gefürchtet, sondern vor der christlichen Lebensführung und vor allem vor dem Prinzip der *Seelsorge*. Sie hätten damals eine untrennbare Einheit zwischen Gemeinde und Priester, dem Priester und dem Bischof sowie dem Bischof und dem Metropoliten gesehen. Das einigende Band des liebenden Gehorsams und der Solidarität, in der einer für den anderen einstand, sei die »gefürchtete Waffe« der Christen gewesen, und angesichts dieser Solidarität seien den Heiden die Haare zu Berge gestanden, denn: »Ihre eigene Verfassung hatte nichts entfernt Ähnliches.«[29]

Doch gerade diese solidarische Form christlichen Lebens, die auch auf finanzwirtschaftliche Bevorratung angewandt wurde, konnte leicht korrumpiert werden und wurde es auch.

Aus dem Jahr 853 haben wir den ältesten Beleg für einen *Ablaß*, der damals als Truppenwerbemittel bekannt war und sich später zu einem Mittel des Gelderwerbs wandelte. Er entwickelte sich zu einer oft geübten Form von Besteuerung der Gläubigen bis zur Degenerationsform des 1477 schließlich institutionalisierten Totenablasses, der die Seelen bereits Verstorbener aus dem Fegefeuer retten sollte. Damit begann eine Korruption zentraler Werte des Christentums. Sie führte schließlich dazu, daß kirchliche Pfründen im Hochmittelalter zu reinen Einnahmequellen wurden und bald gar zum Streitpunkt zwischen Staat und Kirche. Damit aber wanderte auch die Korruption vom weltlichen in den geistlichen Bereich: Der Ämterkauf[30] wurde zur *Simonie*[31], und später, bis in unsere Tage hinein, entwickelte sich die verhängnisvolle (in totalitären politischen Ordnungen bis heute anzutreffende) Verknüpfung öffentlicher Ämter mit einer Überzeugung, einer Ideologie oder einem Glauben.

Der im Altertum weitverbreitete Brauch des Ämterkaufs hat wohl seine Ursprünge in der homerischen Gesellschaft, die man als eine »geschenkgebende Gesellschaft« beschreiben kann. Gegenseitiges Geschenkegeben und -empfangen waren für das Funktionieren der Gesellschaft konstitutiv. *Wolfgang Schuller* sieht darin »die Funktion, sich gegenseitig anzuerkennen, miteinander überhaupt in Verkehr zu treten und durch Art und Ausmaß der Geschenke ... auch gegenseitige Beziehungen zu bestimmen«; das sei keine Korruption gewesen, weil das Geschenkegeben, trotz der klaren Absicht, Wohlwollen zu erzeugen, nicht »in Konkurrenz stand zu anderen Verhaltens- und Umgangsformen, die auf anderen, sagen wir, sachlicheren oder Gleichbehandlungskriterien beruhen«[32].

Der Schritt zur Korruption war jedoch nur klein, und bereits in den alten Mythen finden wir den Übergang vom Geschenk zur Bestechung beschrieben. In der nachhomerischen Zeit sind die »geschenkefressenden Könige« schon als Inbegriff der Korruption bekannt und werden durch Hesiod auch deswegen angeklagt. Die Spartaner waren nicht besser, wie uns Herodot in vielen Geschichten kundtut.[33]

Aristoteles ging ganz selbstverständlich davon aus, daß die höchsten spartanischen Beamten, die Ephoren und Geronten, bestechlich seien, ja daß selbst arme Leute der Versuchung nicht widerstehen könnten.[34] Kein Wunder, daß wir deshalb auch in dieser Zeit schon die ersten Bestimmungen finden, die den Ämterkauf verbieten, nachdem allgemein bekannt geworden war, daß die Stadtstaaten einen regelrechten Handel mit Ämtern betrieben hatten.

Etwas komplizierter war es in Rom. Das personal strukturierte Klientelsystem war so weit verbreitet, daß es allgemein anerkannt und nicht mehr als Bestechungswesen betrachtet wurde. Die Angesehenen hatten vor Gericht selbstverständlich »gratia«, und zwar in einem solchen Ausmaß, daß Rechtsprechung »ohne Ansehen der Person« nicht mehr möglich war — sie wurden automatisch freigesprochen. Gegen diese Art von Korruption kämpfte das Christentum der vorkonstantinischen Zeit aufgrund seiner dogmatischen und ethischen Überzeugungen heftig an. Doch wie wir bereits im Zusammenhang mit dem Sozialismus gesehen haben, unterlag auch das Christentum der ideellen Erosion; *Karl Acham* stellte fest: »So wurde schließlich aus der Religion Christi, die gerade für die Armen und Einfachen bestimmt zu sein schien, die römische Demokratie, die Lehre vom Got-

tesgnadentum und die in manchen Perioden und Regionen geradezu kastenhafte Ordnung einer ständisch gegliederten Gesellschaft.«[35]
Diesen Umschwung, als Folge eines eigentümlichen dialektischen Mechanismus, führt Karl Acham darauf zurück, daß die Versuchung, sich korrumpieren zu lassen, besonders dann wachse, »wenn der Besitz ideologischer oder glaubensmäßiger Qualifikationen mit erheblichen wirtschaftlichen Vorteilen verbunden ist«[36]. Die Korruption sei in diesem Fall dysfunktional, weil das Glaubenssystem für den Bestand der Machtstruktur zwar lebensnotwendig sei, aber durch ökonomische Motivation in seinem Bestand einem Erosionsprozeß ausgesetzt sei. Dem wirke entgegen, daß umgekehrt auch die erworbene ökonomische Potenz ein Mittel sei, die Gegner der eigenen Ideologie durch Pfründen gefügig zu machen.
Nach Acham besteht somit eine Folge der Korruption darin, die zum Glauben neu Hinzugewonnenen dazu zu bringen, »das Glaubenssystem nicht zu verändern, das für den Bestand der Machtstruktur lebenswichtig ist«[37].
Die Geschichte der Kirche kennt viele Beispiele dafür, daß ehemalige Gegner des christlichen Glaubens als Anwälte oder Repräsentanten eines weltanschaulich-kulturellen Subsystems anerkannt und in die neue soziale Hierarchie integriert wurden. Das römische Papsttum ist ein Beispiel, die Übernahme der Verwaltungsorganisation und des Rechtssystems der Römer durch das »Heilige Römische Reich Deutscher Nation« ist ein anderes. Gerade der Prozeß der Übernahme alter Werte bewirkte jedoch die ideelle Erosion des Christentums. Die steigende Zahl der Christen, die aus ganz anderen Motiven als die früheren Christen zum Glauben kamen, zwang die Christen, ihren Glauben zu definieren und die Kernbereiche als unaufgebbare Mindestforderung zu beschreiben. Die »ursprüngliche« Lehre wurde nun zum Idealziel, die landesüblichen Lebensformen, die früher abgelehnt worden waren, weil mit dem Evangelium unvereinbar, konnten jetzt für »christlich« erklärt werden.[38]
Warnte Jesus in den Evangelien vor den Reichen, so wurden nun die Reichen durchaus akzeptiert, nachdem die Lebensbedingungen der Kirche sich so verändert hatten, daß Reiche und Mächtige sich in größerer Zahl in der christlichen Gemeinde einfanden. Während in der Zeit der Verfolgung der Kirche sich nur Menschen zum Glauben bekannten, die die Glaubensüberzeugung höher bewerteten als die ei-

gensüchtigen materiellen Interessen, änderte sich das mit der »Machtübernahme« des Christentums unter Konstantin; nun kamen Leute, für welche die Annahme der christlichen Religion vor allem »ein taugliches Mittel zur Befriedigung eigennütziger Interessen darstellte«, meint Acham.[39] Die Korrumpierung des richtigen Glaubens zum Opportunismus eines großen Teils der Gläubigen teilt das Christentum mit anderen weltanschaulichen und politischen Bewegungen. Besonders auffällig ist nach Acham jedoch die Korrumpierung der *Jenseits-Konzeption.*[40] Diese sei ein speziell christlicher Glaubensinhalt, und an ihr könne man deutlich die Korrumpierung des Glaubens sehen. Neu gegenüber den heidnischen Religionen sei das Postulat der Christen gewesen, daß im Jenseits die absolute Gerechtigkeit durch Gott selber hergestellt werde; so konnten die Christen im Diesseits in ungerechten Strukturen leben, da die endgültige Aufrichtung der gerechten Gesellschaft ja noch kommen werde.

*Stanislaw Ossowski* sieht zwei Hauptströme der christlichen Bewegung, die sich teilweise gegenseitig ausschlossen, zum Teil aber eng verbunden lebten. Das sei einerseits das »Christentum der herrschenden Kirche« gewesen, »in dem die Lehre Christi die bestehende Ordnung vor der Gefahr der egalitären und freiheitlichen Bestrebung schützt«, und andererseits das revolutionäre Christentum, das Christentum der mittelalterlichen Ketzer und der Bauernbewegung, für welches »die Lehre Christi aus denselben von der offiziellen Kirche sanktionierten Schriften zur Rebellion gegen die privilegierten Klassen, die Kirche und den Staat führt«.[41]

Die genannten zwei Richtungen haben auch ihre spezifischen Ethiken entwickelt. Nicht die Veränderung der sozialen Zustände dieser Erde sei das, worum es gehe, sondern die jenseitsorientierte Gesinnung, sagen die einen, denn, so der Schweizer Theologe *Otto Karper*: »Man mißversteht das Grundverhältnis des Evangeliums zu den sozialen und politischen Ordnungen, wenn man ihm irgendeine Reformtendenz gegenüber äußeren Zuständen unterlegt. Eine neue Gesinnung, nicht eine neue Gesellschaftsordnung, will das Evangelium bringen«; die gegebenen Ordnungen seien Gottes Fügung, und man müsse sie ertragen, denn sie seien eine »Folge der Ursünde«, und es sei ganz natürlich, daß Christen unter Bedrängnis zu leiden hätten. »Und es ist dies die Grundeinstellung der religiösen Menschen zu diesem saeculum. Die Resignation, Ergebung ist ihr wesentlich.«[42]

Gefährlich wird diese Theologie dann, wenn sie die beiden in der Bibel durchaus nebeneinander her laufenden Stränge verabsolutiert und zur ausschließlichen ethischen Anweisung fürs Diesseits erklärt. Dann können wie im spanischen Reich des Mittelalters die gewaltsamen Eroberungen südamerikanischer Gebiete »christlich« gerechtfertigt werden; das Zwangsarbeitersystem und die Versklavung der Indianer wurden biblisch sanktioniert, während die ebenfalls biblisch begründete gegenteilige Meinung des Theologen *Las Casas*, des Anwalts der Indianer, nicht zum Durchbruch kam.[43]

Beide Strömungen sind nicht nur im katholischen Bereich anzutreffen, sondern spalten auch die protestantische Richtung in ein »evangelikales« und ein »ökumenisches« Lager. Die Amtskirche hat nach Acham aus der Flucht in den Quietismus »oftmals durchaus materielle Vorteile gezogen. In vielen Perioden hat sich die Kirche als eine den verschiedenartigsten Herrschern gegenüber willfährige Agentur erwiesen, die das Andenken an ihren Gründer nach ihrem Bilde formte und zweifellos jenen *Christus* vergessen machte, der die Händler aus dem Tempel trieb, weil er sich als typischer Reformer über die Korruption empörte, die zum Volksbrauch geworden war.«[44]

Die Korruption hat also im Christentum einen dialektischen Prozeß durchlaufen. Die Korrumpierung der »Dazugekommenen« hat auch eine Form der Selbstkorruption, d. h. Korruption der eigenen ethischen Forderungen zur Folge gehabt. Die korrumpierende Aktivität fällt auf diejenigen zurück, die korrumpieren, und zerbricht schließlich das ideologische Fundament, von dem aus mit den Mitteln der Korruption die anderen verdorben worden sind. *Eric Hoffer* formuliert das so: »Sobald eine Massenbewegung Menschen anzuziehen beginnt, die an ihre Karriere denken, ist das ein Zeichen, daß sie ihre Sturm- und Drangperiode schon hinter sich hat, daß sie nicht länger eine neue Welt formt, sondern eine gegenwärtige besitzt und konserviert.«[45] Die Bewegung wird dadurch zum geschäftlichen Unternehmen und ist nicht mehr länger eine Bewegung. Die Sorgen sind entsprechend aufs Überleben gerichtet — und damit hat der eigentliche Akt der inneren Korruption der Werte bereits begonnen. Das gilt grundsätzlich für alle genannten Bewegungen, den Kapitalismus, den Sozialismus und das Christentum. Aus machtpolitischen Gründen können Moral und Intellektualität so korrumpiert werden, daß sie den eigenen Vorteilen entsprechen. Die Widersprüche im Kapitalismus zeigen sich beispielsweise darin, daß das ursprüngliche Theorem von der alle Probleme lösenden »unsichtbaren Hand«, die *Adam Smith* in seinem berühmten Werk »Wealth of Nations« als Garant des kommenden Weltfriedens schildert, später dadurch umgewandelt wird, daß im Zusammenhang mit der unheiligen Allianz von Kapitalismus und Imperialismus die Potentaten der »rückständigen Diktaturen« durch Korruption willfährig gemacht werden für das »Wirtschaftssystem der alliierten kapitalistischen Staaten«. Der Weltfrieden soll geschaffen werden auf Kosten der Armen und zum Vorteil der Reichen.[46]

Die hedonistische Genußethik korrumpiert Moral und Intellektualität und formt die protestantische Pflichtethik, die ursprünglich ihr Gegenpol sein sollte, dergestalt um, daß Arbeit zum neuen Götzen und Konsum zum Lebenszweck wird. Die Fülle des Angebots lenkt den Menschen immer mehr ab von dem, was eigentlich nottut. Wir sehen heute weltweit: »Große Teile der Menschheit leiden an durchaus vermeidbarem Hunger und durchaus vermeidbaren Krankheiten, während in den ›entwickelten Ländern‹ eine hedonistische Individualmoral kultiviert wird, die sich, um nicht suspekt zu erscheinen, eilfertig das Mäntelchen des individualistischen Humanismus und der liberalistischen ›Selbstverwirklichung‹ umhängt. So korrumpiert die Ideologie eines eigentümlich verstandenen Individualismus die als Indikatoren einer noch intakten Moralität anzusprechenden Regungen des schlechten Gewissens.«[47]

# IV. Erscheinungsformen der Korruption

## 1. Korruption und Recht

Im deutschsprachigen Raum gibt es noch keinen rechtsdogmatisch ausgeprägten Begriff für »Korruption«, stellt *Peter J. Schick* in seiner Untersuchung »Die Korruption im Spiegel des Strafrechts«[1] fest. »In keinem Stichwortverzeichnis eines Kommentars, Lehrbuches, Systems des Strafrechts; weder in der BRD noch in der DDR, noch in Österreich«[2] finden wir den Begriff Korruption verzeichnet. Eine Ausnahme bildet die Schweiz. Dort finden wir »corruption« wenigstens im französischen Text des Strafgesetzbuches[3], und Strathenwarth[4] verweist in seinem Lehrbuch unter dem Stichwort »Korruption« auf »Bestechung«. Im romanischen und teilweise auch angloamerikanischen Sprachraum wird dagegen »Korruption« als Synonym für »Bestechung« öfter verwendet.
Für Schick ist klar, daß Strafrechtler und Kriminologen den Begriff »Korruption« als »Neuland« ansehen müssen.[5] Die personelle Verquickung in Verwaltung, Politik und Wirtschaft, die immer enger wurde, sieht Schick als eine der wichtigsten Ursachen für das Anwachsen der Korruption in der Verwaltung, und seine Vermutung geht dahin, daß das »alte Proporzsystem bei der Postenvergabe im öffentlichen und halböffentlichen Dienst eine Wurzel der Korruption sein mag«[6]. Die »Postenvergabe« selber sei bereits ein »Bestechungsmittel«, und er vermutet, daß die »Korruption systemimmanent, ja sogar gesellschaftsimmanent« sei.[7]
Abhilfe könne bis zu einem gewissen Grad die Kontrolle schaffen, aber »selbstverständliche Ethik ist besser«, meint Landeshauptmann Dr. Krainer.[8] Doch dazu braucht man, nach Schick, eine genauere Beschreibung und exaktere kriminalpolitische Vorschläge, als bisher gemacht worden seien[9], denn: »Erfordert der Kampf gegen die Wirtschaftskriminalität und die Korruption eine ›Rundumverteidigung auf allen Linien‹, so muß sich der Kriminalpolitiker auch auf andere Rechtsgebiete wagen. Das Strafrecht kann immer nur *ein* — strategisch allerdings äußerst wichtiger — Verteidigungsfaktor unter vielen anderen sein.«[10]

Da Korruption jedoch keine Grenzen kennt, hat sie auch eine internationale Komponente. *Henn-Juri Uibopuu* untersucht deshalb die »Korruption im Spiegel der internationalen Praxis und des Völkerrechts«[11]. Als »mögliche Konstellationen internationaler Korruption«[12] sieht er Leistungen, die gegeben und empfangen werden[13] von einem Staat an einen anderen, von einem Staat an Parteien eines anderen Staates, von Unternehmen an den Staat, von einem Staat an Staatsrepräsentanten oder -funktionäre und von Unternehmen an Staatsfunktionäre.[14] Besonders deutlich wird das Ausmaß der internationalen Korruption an der Bestechung von Staatsfunktionären der verschiedensten Länder durch multinationale Unternehmen:

»Die wohl häufigste Fallgruppe der internationalen Korruption dürfte die Konstellation Unternehmen — Staatsfunktionär betreffen. Die spektakulärste Reihe von Vorwürfen der Bestechung auf dieser internationalen Ebene in den letzten Jahren stellten Beschuldigungen gegen die Lockheed Aircraft Corporation dar, Verkäufe ihrer Produkte durch Geldleistungen an ausländische Staatsmänner bewirkt zu haben. In diese Affäre waren der niederländische Prinz Bernhard sowie der ehemalige japanische Premierminister Tanaka[15] verwickelt. Im Zusammenhang mit internationalem Waffenhandel wird oft der Name Adam Kaschoggi erwähnt, der sich vom saudiarabischen Mittelsmann zum internationalen Konzernherrn hinaufgearbeitet hat und sich dabei korrupter Praktiken bedient haben soll.[16] Gut in Erinnerung ist aber auch noch der ›Kaufmann des Todes‹ Sir Basil Zaharoff, der vor dem Ersten Weltkrieg der bedeutendste internationale Waffenhändler war und nicht davor zurückschreckte, Kriege anzuzetteln, um dann beide Kriegsparteien mit Waffen beliefern zu können.

Der Grund für die Häufigkeit internationaler Korruption gerade im Waffenhandel mag darin liegen, daß der Umfang des Geschäftes hohe Einsätze rechtfertigt. Die Absatzmärkte sind jedoch begrenzt, und staatliche Entscheidungsprozesse vollziehen sich hier auf verschiedenen Ebenen, die aus Gründen des Schutzes von Staatsgeheimnissen nicht transparent sein können. Daher kann der Vorwurf unsachlicher Entscheidungen eher entstehen.

Bestechungsaffären sind jedoch nicht nur auf den Waffenhandel beschränkt. Vertreter der Firma Massey Ferguson haben offen zugegeben, daß ihre Firma regelmäßig hohe Regierungsvertreter der Dritten Welt bestochen habe, um den Umsatz zu heben.[17] Die Gulf Oil Corporation hatte der führenden Partei in Südkorea 3 Millionen Dollar zukommen lassen, nachdem der Parteichef dem Generaldirektor der Gesellschaft mitgeteilt hatte, daß ›... die Fortsetzung der Prosperität (der Gesellschaft) von einer 10-Millionen-Spende an die Partei abhänge‹[18]. In einem anderen Fall wird berichtet, daß Honduras gedroht hatte, die Steuern der ›United Brands‹ zu verdoppeln, und darauf ihr Geschäftsführer angeboten hatte, einige tausend Dollar zu zahlen. Nachdem diese Zahlung vom Präsidenten von Honduras abgelehnt wurde, bot der Wirtschaftsminister an, für eine Zahlung von 5 Millionen die Steuern zu senken.«[19]

Hinzu kommt die Bestechung von Beamten und Funktionären großer internationaler Organisationen.[20] H. J. Uibopuu kommt zu dem zusammenfassenden Ergebnis:

»Das Instrumentarium, welches das Völkerrecht zur Bekämpfung internationaler Korruption zur Verfügung stellt, ist äußerst mager und nur auf sehr spezielle Fälle anwendbar, nämlich diejenigen der Bestechung eines Staatsvertreters beim Abschluß eines Vertrages und der Bestechung internationaler Beamter. Eine Lösung unseres Problems durch eine internationale Konvention und der Versuch einiger Staaten, innerhalb ihres Strafrechts der internationalen Korruption Herr zu werden, sind jedoch einer Diskussion wert.

Dazu kommt noch der Ansatz auf der Ebene von Empfehlungen internationaler Organisationen sowohl bei Staaten als auch bei Unternehmen, die Bewußtseinsbildung bezüglich der moralischen Verwerflichkeit korrupter Praktiken als wettbewerbsverzerrendes Element zu fördern, aber auch die staatliche Rechtsetzung in diesem Sinne zu beeinflussen. Es könnte hier zu einer Harmonisierung der innerstaatlichen Rechtsvorschriften kommen, was sicherlich bereits einen Erfolg darstellt. Der Erfolg der Bekämpfung internationaler Korruption wird jedoch weitgehend vom Wohlwollen der Staaten abhängen, sich internationalen Verpflichtungen zu unterwerfen und diese im innerstaatlichen Bereich auch durchzusetzen. Dazu müßte aber auch die Bereitschaft transnationaler Unternehmen kommen, ihr Geschäftsethos zu heben und konzernintern Anti-Korruptionsregeln zu erlassen.«[21]

Die Forderung nach einer internationalen Gesetzgebung in bezug auf die Korruption erhebt *Peter Fischer* in seiner Untersuchung »Korruption im internationalen Wirtschaftsverkehr im Zusammenhang mit der Tätigkeit transnationaler Unternehmen«[22]. Fischer verweist dar-

auf, daß »seit den historisch nachweisbaren internationalen Beziehungen« die »*Wirtschaftsbeziehungen* im Rahmen derselben eine entscheidende Rolle« gespielt hätten[23] und daß die Bestechung ein Teil dieser Beziehungen gewesen sei. Das erste uns bekannte »Beispiel einer durch ein ausländisches Privatunternehmen vorgenommenen Zahlung zu politischen Zwecken«[24] ist die Wahl Karls V. zum römisch-deutschen Kaiser am 28. Juni 1519. Jakob Fugger habe damals an die Kurfürsten den Betrag von (umgerechnet) 116 109 756 österreichischen Schilling als Bestechungsgelder ausbezahlt.[25] Von Bedeutung war in diesem Zusammenhang auch der Vertrag vom 1. November 1530, den Ferdinand I. mit den Fuggern abschloß und in dem dieser bekennt, die Fugger hätten »auf sein Romischen Khuniglichen Cron ... ain treffliche Summa gelts« aufgebracht, die dann dem »Cardinal und Erzbischof zu Mainz Pfalzgraf Ludwigen und Marggraf Joachim von Brandenburg« ausbezahlt worden sei.[26] Die »Parteispende« betrachtete man offensichtlich als legitim, denn sonst hätte man sie wohl kaum in einem feierlichen Vertrag urkundlich hinterlegt. Wir sehen also, daß Korruption im internationalen Völkerhandel eine ganz unterschiedliche Rechtsbeurteilung erfuhr.
Diese Praxis wird auch bis in unsere Zeit hinein weitergepflegt. Das zeigen die Praktiken der transnationalen Erdölgesellschaften im Mittleren Osten. Zuhagir Mikdashi kommt im Zusammenhang der Analysen der finanziellen Ölkonzessionen im Iran zum Ergebnis: »Die Konzessionäre verschafften sich Zutritt in Persien, ›indem sie die Einwilligung persischer Notabeln, einschließlich des Schahs selbst, kauften‹.«[27] Ähnliches könnte auch über andere Länder berichet werden.
Auffallend ist in diesem Zusammenhang ebenfalls, daß es in der internationalen Terminologie bis jetzt noch keine einheitliche und fest umrissene Definition des Begriffes Korruption gibt. So viel jedoch ist klar, daß der Oberbegriff Korruption (corrupt practices) in den internationalen Dokumenten »bribery«, »kickback« und »payoff« sowie »graft« enthält, also den »Mißbrauch einer Funktion durch Handlungen und Unterlassungen« und »das Erlangen eines Vorteils für sich oder für andere« einschließt und »daß Außenstehende von Mißbrauch und Vorteil nichts erfahren«[28].
»Bestechung« und »Erpressung« sind dabei häufig eng miteinander verbunden. Die »Commission on Ethical Practices« der Internationalen Handelskammer in Paris hat sich am 29. November 1977 darauf

geeinigt, daß Erpressung und Bestechung in geschäftlichen Transaktionen bekämpft werden sollten, und sie betonte ausdrücklich im 1. Teil des Dokuments:

»Die öffentliche Meinung hat manchmal zu der Annahme geneigt, daß Korruption generell von Unternehmen ausgeht. Diese Annahme trifft nicht zu, und sie ignoriert den oft subtilen, aber wirksamen Druck, den Empfänger von Bestechungsgeschenken oder Agenten, die in ihrem Namen handeln, ausüben.

Die Wahrheit ist, daß Bestechung in zahlreichen Fällen die *Reaktion auf Erpressung* ist. Unternehmen haben nur zu oft, in vielen Ländern, die Erfahrung gemacht, daß keine andere Wahl blieb, als entweder an Erpresser oder fürs Geschäftemachen zu zahlen. Zumindest ist es wahr zu sagen, daß es keine Bestechungsgeschenke gäbe, wenn es keine bereitwilligen und oft fordernden Empfänger gäbe.«[29]

Zu den allgemein bekannten Vergehen der Bestechung und Erpressung gehören auch sogenannte »kickbacks«, die »Rückzahlungen für erbrachte Geldleistungen an jene Personen, die unmittelbar mit den betreffenden kommerziellen Transaktionen befaßt waren und rechtlich darauf keinen Anspruch haben«[30]. Darunter fallen auch »politische Zahlungen« (»political payoffs« oder »payoffs« genannt)[31] und die vor allem in der UNO-Terminologie als »illicit payments«[32] bezeichneten Zahlungen.

Nachdem in der Völkerrechtswissenschaft dem Problem der Korruption lange Zeit kaum Beachtung geschenkt worden war, änderte sich das in der Mitte der siebziger Jahre. Nun fragt man plötzlich nach den »Ursachen der internationalen Korruption«[33] und beginnt mit gezielten Untersuchungen. Die bis jetzt umfassendste Studie unter dem Titel »Dealing with questionable business practices«[34] verweist allerdings nur darauf, daß korrupte Praktiken und rechtswidrige Zahlungen zu verurteilen seien, ohne genauere Vorschläge zu machen. Immerhin wurde jedoch eine Kommission eingesetzt, die die Sache weiter untersuchen soll.

Fischer kommt zu dem Ergebnis, »daß das Problem der korrupten Praktiken in den internationalen Wirtschaftsbeziehungen ein weltweites, d. h. nicht auf einen Staat bzw. auf eine Staatengruppe beschränktes ist. Eine Lösung im Sinne der Bekämpfung und Eindämmung internationaler Korruption kann daher nur dann wirksam werden, wenn weltweit dazu geeignete Maßnahmen getroffen werden.

Wegen der Komplexität der Problematik und der Verschiedenheit der involvierten Akteure kann eine zielführende rechtliche Lösung nur dann erreicht werden, wenn in allen betroffenen Regelungsbereichen eine solche Lösung zur Bekämpfung der internationalen Korruption versucht wird. Es sind dies das nationale Recht des Heimatstaates des Investors, das nationale Recht des Anlagestaates und das interne ›Recht‹ des transnationalen Unternehmens.«[35]

Ein Beispiel sinnvoller Bemühungen, die Korruption im internationalen Wirtschaftsverkehr zu bekämpfen, ist für Fischer der Ansatz der »Internationalen Handelskammer«, denn diese 1920 in Paris als »Zusammenschluß der hauptsächlichen Wirtschaftskräfte in den angeschlossenen Ländern« ins Leben gerufene Organisation[36] nahm am 29. November 1977 folgende Verpflichtung in bezug auf die Bekämpfung der Korruption an:

»Grundregeln sind:
- Niemand darf Bestechungsgelder verlangen oder annehmen. (Art. 1)
- Kein Unternehmen darf, weder direkt noch indirekt, Bestechungsgelder zum Zwecke der Eröffnung oder Weiterführung seiner wirtschaftlichen Tätigkeit anbieten oder zahlen, und jedwede diesbezügliche Forderung muß zurückgewiesen werden. (Art. 2)
- Unternehmen sollen Maßnahmen zur Verhinderung von ›kickbacks‹ treffen. (Art. 3)
- Provisionen an Vertreter gelten als angemessene Entschädigung für deren Dienstleistungen, doch es darf kein Teil dieses Betrages als Bestechungsgeld an Dritte ›weitergeleitet‹ werden oder sonstwie in Widerspruch zum vorliegenden Verhaltenskodex verwendet werden. (Art. 4)
- Jede finanzielle Transaktion muß in den Geschäftsbüchern vermerkt (Art. 5) und durch unabhängige Buchprüfer kontrolliert werden. (Art. 7)

Weitere Maßnahmen zur Durchsetzung sind:
- Der letztlich Verantwortliche für die Einhaltung dieser Richtlinien soll ›geeignete Schritte‹ zur Verhinderung der Verletzung dieses Verhaltenskodexes unternehmen, insbesondere periodisch seine Einhaltung überprüfen und geeignete Maßnahmen gegen jeden Direktor oder Angestellten, der den Kodex verletzt, ergreifen.

– Angestellte, die ein den Betrag von 50 000 US-Dollar übersteigendes Jahresgehalt beziehen und mit Regierungsstellen Kontakt haben, sollen von ihren Unternehmen in ihrer Geschäftsgebarung besonders überprüft werden: Diese Dokumente sollen sowohl Buchprüfern als auch, auf besonderen Antrag, zuständigen Staatsstellen (etwa Finanzämtern) zur Verfügung gestellt werden. (Art. 8)
– Politische Zahlungen dürfen nur dann geleistet werden, wenn es die Rechtsordnung des Gastgeberlandes gestattet. (Art. 9)
– Die Internationale Handelskammer empfiehlt die Aufstellung von internen Richtlinien (sog. ›Company Codes‹), die sich an den allgemeinen Handelskammerrichtlinien zu orientieren haben (Art. 10), und errichtet gleichzeitig ein ›Panel‹, das der Auslegung und Weiterentwicklung der vorliegenden ›Rules of Conduct to Combat Extortion and Bribery‹ dienen soll.«[37]

Doch das könne nur ein erster Schritt sein. Zu den staatlichen Maßnahmen müßten auch im Geschäftsethos transnationaler Unternehmen verankerte Grundsätze kommen, die korrupte Praktiken verurteilen. Als ein Beispiel dafür nennt Fischer den Verhaltenskodex der »International Business Machines» (IBM), des an achter Stelle unter den 500 größten Industriekonzernen der USA stehenden Unternehmens. Dort heißt es unter dem Titel »Spenden an politische Parteien und fragwürdige Zahlungen«:

»Die IBM leistet keine Spenden oder Zahlungen weder an politische Parteien oder Kandidaten noch an Regierungsvertreter, Beamte oder sonst irgend jemanden. Dies ist ein weltweit gültiger Geschäftsgrundsatz. Wenn man wegen einer nach Ihrer Ansicht fragwürdigen Zuwendung an Sie herantritt, so melden Sie dies so schnell wie möglich Ihrem Vorgesetzten.

In vielen Ländern sind Spenden von Unternehmen an politische Parteien rechtswidrig, in anderen Ländern sind sie rechtlich zulässig. Sie werden von der IBM weder im einen noch im anderen Fall gegeben. Die IBM erbringt auch keine anderen Leistungen, die als Spenden angesehen werden könnten. So wird das Unternehmen Ihnen entsprechend den betrieblichen Erfordernissen lediglich unbezahlte Freizeit in angemessener Höhe gewähren, wenn Sie für einen politischen Kandidaten Wahlkampfhilfe leisten wollen. Die IBM begrüßt es, wenn ihre Mitarbeiter sich mit politischen Fragen auseinandersetzen. Dies muß jedoch in ihrer Freizeit und auf eigene Kosten geschehen.

Würde die IBM Sie weiterbezahlen, während Sie Wahlkampfhilfe leisten, könnte Ihr Gehalt als Spende für den Kandidaten oder die Partei angesehen werden, die Sie unterstützen.«[38]
Dieses konzerninterne Vorgehen, verbunden mit innerstaatlichen und völkerrechtlichen Akten zur Bekämpfung der weltweiten Korruption in den internationalen Wirtschaftsbeziehungen, ist ein erfreuliches Beispiel, das auch andere Konzerne zur Nachahmung ermuntern sollte.

## 2. Korruption und Medien

Ein wichtiges Kennzeichen der Korruption ist die Geheimniskrämerei. Die Korruption liebt das »Dunkle«. Dunkel bedeutet hier die Verborgenheit, die nach Martin Heidegger das Gegenstück zur Wahrheit ist, zu dem, was offen zutage liegt. Nichts fürchten die Korrupten mehr als das »Sagen, wie etwas in Wirklichkeit ist« (Dietrich Bonhoeffer). Wahrheit und Korruption vertragen sich nicht.
Die Stellung der Kommunikationsmedien der modernen Gesellschaft zur Wahrheit dagegen ist nicht so eindeutig: Sie können prinzipiell ebenso als Mittel dienen, »die Wahrheit zu sagen« und die Korruption zu bekämpfen, wie als Mittel einer korrupten »Technik« der Verschleierung der Wahrheit. Diesen Zusammenhängen wollen wir nun nachgehen.
*Hans Heinz Fabris*[39] kommt in seiner Untersuchung über die Massenmedien in Österreich aufgrund eingehender Forschungen zum Ergebnis, daß diese als Instrument der »Skandalisierung« von Korruptionsfällen eine »vierte Gewalt« im Staat sein könne, vorausgesetzt, die Reporter erfüllen ihre Aufgabe als »investigative« Journalisten. »Die Rolle der Medien bei der Aufklärung dubioser oder ungesetzlicher Vorgänge in Politik und Wirtschaft und dem Zwischenbereich von beiden« sei wichtig, selbst dann, wenn politische Zielsetzungen damit verbunden seien, heißt es in einem Leitartikel der »Arbeiter-Zeitung« vom 13. September 1980.
Die »Skandalisierung« von Korruptionsfällen hat ihr Vorbild in den bereits erwähnten »Muckrakers« (»Ausmistern«) in der zweiten Hälfte des 19. Jahrhunderts in den USA[40], die das Aufkommen der Korruption in den schnell wachsenden Städten journalistisch be-

kämpften. Im Zusammenhang mit der Watergate-Affäre nahmen die Journalisten *Woodward* und *Bernstein*[41] von der »Washington Post« diese Tradition auf und wurden zu den Begründern des modernen »Muckraking«[42] in den Vereinigten Staaten von Amerika.

Im Zusammenhang mit dem Krieg in Vietnam hatte *Daniel Elsberg* der Öffentlichkeit die sogenannten »Pentagon-Papiere« zugespielt, in denen die Aktivitäten des CIA bekannt gemacht wurden. Die Berichte in der »Washington Post« und der »New York Times«, die dann auch — weniger enthusiastisch allerdings — vom Fernsehen aufgenommen wurden, führten schließlich zum Rücktritt Präsident Nixons.

In den USA hatte die Presse bereits in der Vergangenheit eine wichtige Rolle bei der Aufklärung von Korruptionsfällen gespielt. So kämpfte die »New York Times« gegen den »Tweed Ring«, und das »San Francisco Bulletin« half bei der Niederschlagung der sogenannten »Ruef Machine«. Andere Zeitungen folgten und deckten ähnliche Skandale auf.

Doch es gab auch gegenteilige Erfahrungen. Die Presse weigerte sich, von den ihr wohlbekannten Verbindungen des Präsidenten F. D. Roosevelt mit den »Bossen der Unterwelt« zu berichten, und die »New York Times« hielt bewußt die sogenannte »Serpico-Geschichte«, die damals die New Yorker Presse erschütterte, zurück. Genausowenig berichteten die Chicagoer Zeitungen über die offensichtliche Korruption des Bürgermeisters Daley. Die Gründe dafür sind vielfältig und nicht zuletzt darin zu suchen, daß Bestechungsgelder auch an Journalisten bezahlt worden sind, damit sie nicht berichten.

Ein hoffnungsvolles Zeichen sind in den USA die neueren Entwicklungen der »Investigation Reporters«; W. Moore ist einer davon. Eine gründliche Untersuchung, »Kefauver Committee and the Politics of Crime« in den Jahren 1950 bis 1952[43], regte viele andere zu ähnlichen Untersuchungen an.

*H. H. Fabris* ist der Überzeugung, daß vor allem im Bereich der Wirtschaftsunternehmen mehr Öffentlichkeit hergestellt werden müsse, um der Korruption rechtzeitig vorbeugen zu können. »Was in den Betrieben und Unternehmen vor sich geht, beeinflußt die gesellschaftliche Entwicklung mehr als politische Entscheidungen« (K. Fierles).[44] Viele Arbeitnehmer haben zwar Einblick in die »dunklen Geschäfte«, dürfen jedoch des Betriebsgeheimnisses wegen davon nichts berichten. Sie sind durch Treuepflicht daran gehindert, korruptionsverdächtige Verhaltensweisen an die Öffentlichkeit zu bringen, und werden auf diese Weise zum Instrument der Korruption. Manche stehen in einem Interessenkonflikt zwischen dem Informationsbedürfnis der Öffentlichkeit und den Geheimhaltungsinteressen der Unternehmensleitung. Zwar gibt es in den meisten Staaten keine klaren Rechtsverhältnisse, doch in der Praxis der Rechtsprechung wurde vor allem in den Arbeitsgerichten »eine faktische Verschwiegenheitspflicht entwickelt, die dazu geführt hat, daß Informationen aus den Betrieben in der Regel nur mittelbar über die Unternehmensleitung und nicht von den dort Beschäftigten zu erhalten sind«[45].

*Fierles* fordert deshalb eine klarere Regelung der Verschwiegenheitspflicht der Arbeitnehmer[46], damit Informationen, die für die Allgemeinheit wichtig sind, weil sie beispielsweise die Umweltgefährdung oder allgemein relevante Korruptionsfälle betreffen, leichter an die Öffentlichkeit gelangen können. Doch dies setzt natürlich auch eine strengere Kontrolle der Medien voraus; und diese kann nur von den Medien selber kommen. Deshalb müsse, meint H. H. Fabris, zur »äußeren« Medienfreiheit auch eine »innere« kommen, was auch bedeutet, daß »dissidente Journalisten« nicht gezwungen werden dürften, gegen ihre Überzeugung zu berichten, daß andererseits aber auch eine Einrichtung der Medien-Selbstkontrolle vonnöten sei.[47] Und da das Problem der Korruption auch ein Problem des Journalismus selber sei, wie viele Beispiele zeigen, müsse auf die »Ethik des Journalismus« größerer Wert als seither gelegt werden.[48]

Dies ist besonders notwendig angesichts der immer weiter um sich greifenden »Technik des politischen Lügens«[49], die im Zusammenhang mit der »Watergate-Affäre« in den USA ans Licht gekommen ist, aber inzwischen auch andere Teile der Welt erreicht hat.

### *Die »Technik des politischen Lügens«*

*Jacques Ellul*[50] definiert »Technik« auf eine besondere Weise. Er unterscheidet »Technik der Maschinen« und »Technologie« und versteht unter »Technik« die Totalität der Methoden, die aufgrund rationaler Denkschemata erreicht werden und absolute Effizienz haben. Das sei eine neue Erscheinung in der menschlichen Entwicklung. Technik wird von Ellul folgendermaßen charakterisiert: »Die Ziele wurden

identisch mit der Perfektion der Mittel, Methoden... Die Mittel sind der Zweck: Das ist das Kennzeichen der technologischen Ära.«[51]
Die sieben Charakteristika der »Technik« im Sinne Elluls (Rationalität, Künstlichkeit, Automatismus, Selbstvermehrung, Monismus, Universalismus und Autonomie)[52] produzieren seiner Ansicht nach eine neue Art von Moralität. Während der traditionelle Moralist das Ziel als die Mittel bestimmend kannte, werde nun die Frage nach dem Guten, der Wahrheit und der Richtigkeit hinfällig, denn die neue Moral identifiziere das Ziel mit den Mitteln. Die »technologische Moral« schließe alle moralischen Fragen aus, denn das »Normale« trete an die Stelle des Moralischen. Eine weitere Folge sei, daß Erfolg und Fehler synonym würden mit gut und böse. Der Erfolg werde zu einer Tugend, und diese sei erkennbar am Erfolg.
Zur »Technik« gehört nach Ellul die Propaganda; beide seien »siamesische Zwillinge«[53]. Die Propaganda rechtfertige jedes Mittel, wenn es nur dem Ziel, dem Erfolg diene. Deshalb werde ohne Scham gelogen, wenn es »notwendig« sei, und Tatsachen würden verdreht, wenn dies dem Erfolg diene. Der Propagandist sei pragmatisch in seinem Vorgehen und gebrauche, was immer nützlich sei, auf dem Weg zum Erfolg; die Propaganda sei »Technik«. Da der moderne Mensch nur Fakten anerkenne, würden die Fakten den alten Werten übergeordnet. Ihren eigentlichen Platz habe die Propaganda im Zentrum der wachsenden Mächte der staatlichen und administrativen Technik[54] und nutze als totale Propaganda alle erlaubten und unerlaubten Mittel, um ihr Ziel zu erreichen.
In eine ähnliche Richtung gehen auch die Untersuchungen von *Lewis Mumford*[55], der die Technik im Zusammenhang mit der menschlichen Entwicklung untersucht. Er stimmt mit Ellul darin überein, daß die moderne Technologie viele schädliche Ergebnisse erzeuge. Die menschliche Kommunikation und Verbindung sei wichtiger als das Verhältnis des Menschen zu den Maschinen, dennoch hätte letzteres die erste nahezu zum Erliegen gebracht[56], denn das »Pentagon der Macht« wolle sich alles unterordnen. Deshalb müsse die Technologie vor ihren hauptsächlichen Ausbeutern, der Großindustrie und den Militärs, gerettet werden.
Elluls Gedanken führt der Biologe *René Dubos* in seinem Werk »So Human an Animal«[57] weiter. Der Mensch, wesentlich geformt in der Frühzeit, sei nicht geschaffen für die technologische Welt, obwohl er

sich jeder natürlichen Umgebung problemlos angleichen könne. Es sei deshalb für den Menschen eine Frage des Überlebens, sich der Gefahren der Technik bewußt zu werden.

*Wahrheit und Lüge in philosophischer und theologischer Sicht*

Bereits Ende des 18. Jahrhunderts antwortete *Immanuel Kant*[58] auf einen 1797 von *Benjamin Constant* geschriebenen Artikel »Von den politischen Gegenwirkungen«, der das Problem der Wahrheit behandelt. Constant vertrat die These, daß es Pflicht sei, die Wahrheit zu sagen; aber der Begriff der Pflicht sei untrennbar verbunden mit dem des Rechts. Deshalb gelte diese Pflicht nur, wenn der andere das Recht auf Wahrheit habe. »Kein Mensch aber hat Recht auf eine Wahrheit, die anderen Menschen schadet.« Kant dagegen vertrat die Meinung, Lügen seien immer unmoralisch; auf lange Sicht gesehen seien sie sogar schädigend, denn sie würden das Vertrauen der Menschen untergraben. Der einzige Ausweg sei das Schweigen; aber die Wahrheit müsse unbedingt gesagt werden, auch auf die Gefahr hin, damit den anderen Menschen in Schwierigkeiten zu bringen.[59]

*Dietrich Bonhoeffer* geht in seiner Ethik unter der Überschrift »Was heißt die Wahrheit sagen?«[60] auf das Problem der Lüge ein. Die Wahrheit gegenüber Gott zu sagen bedeute auch, da Christus Mensch geworden ist, die Lüge den Menschen gegenüber zu vermeiden: »Die Wahrheit sagen« sei aber »nicht nur eine Sache der Gesinnung, sondern auch der richtigen Erkenntnis und des ernsthaften Bedenkens der wirklichen Verhältnisse.«[61] Deshalb müsse der Mensch erst lernen, die Wahrheit zu sagen, denn es gehe darum, *das Wirkliche* in Worten anzusprechen:

»Das einzelne Wort ist immer Teil eines Wirklichkeitsganzen, das im Wort zum Ausdruck kommen will. Je nachdem, zu wem ich spreche, von wem ich spreche, von wem ich gefragt bin, worüber ich spreche, muß mein Wort, wenn es wahrheitsgemäß sein will, ein verschiedenes sein. Das wahrheitsgemäße Wort ist nicht eine in sich konstante Größe, sondern ist so lebendig wie das Leben selbst. Wo es sich vom Leben und von der Beziehung zum konkreten anderen Menschen löst, wo die ›Wahrheit gesagt wird‹ ohne Beachtung dessen, zu wem ich sie sage, dort hat sie nur den Schein, aber nicht das Wesen der Wahrheit.«[62]

Es gebe eine »Satansweisheit«, die darin bestehe, unter dem Schein der Wahrheit alles zu leugnen, was wirklich sei. Diese falsche Wahrheit lebe vom Haß gegen das Wirkliche, nämlich die von Gott geschaffene und geliebte Welt; die göttliche Wahrheit dagegen richte alles Geschaffene aus Liebe; Gottes Wahrheit sei Mensch geworden und sei lebendig im Wirklichen, während die Satansweisheit der Tod alles Wirklichen sei.

Auch die allgemein gegebene Definition, daß »der bewußte Widerspruch zwischen Denken und Sagen Lüge sei, ist völlig unzulänglich«[63], denn das Wesen der Lüge liegt nach Bonhoeffer sehr viel tiefer. Sie gründe in der Entzweiung, in der Sünde. »Lüge ist demzufolge die Verneinung, Leugnung und wissentliche und willentliche Zerstörung der Wirklichkeit, wie sie von Gott geschaffen ist und in Gott besteht, und zwar soweit dies durch Worte und durch Schweigen geschieht.«[64] Die menschlichen Worte dürfen, sollen sie mehr sein, weder den Sündenfall noch das schöpferische und versöhnende Wort Gottes, das alle Entzweiung überwindet, verleugnen.

In einem Brief vom Dezember 1943 kommt Bonhoeffer noch einmal auf das Thema Wahrheit und Lüge zurück und meint: »In statu corruptionis sollen viele Dinge im Menschen verhüllt bleiben, und das Böse, wenn man es schon nicht ausrotten kann, soll jedenfalls verhüllt werden.«[65] Gewiß soll im Sinne der Wahrhaftigkeit nicht alles, was ist, aufgedeckt werden, wie Bonhoeffer im gleichen Zusammenhang sagt, aber die Korruption muß aufgedeckt werden, denn sie ist als Auswirkung des Bösen Sünde und darf nicht im falsch verstandenen Sinn einer Aussage Kants verschleiert werden. Kant meint, wer die Bedeutung des Scheins in der Welt verkenne und bestreite, der sei ein Hochverräter an der Menschheit.[66] Deshalb kann auch *Friedrich Nietzsches* Wort, daß jeder tiefe Geist eine Maske brauche, nicht als Entschuldigung dienen, denn »die Wahrheit (in bezug auf die Korruption) sagen« bedeutet nach Bonhoeffer »sagen, wie etwas in Wirklichkeit ist«[67]. An anderer Stelle geht Nietzsche auf die »unschuldige Korruption« ein und meint: »In allen Institutionen, in welche nicht die scharfe Luft der öffentlichen Kritik hineinweht, wächst eine unschuldige Korruption auf, wie ein Pilz (also zum Beispiel in gelehrten Körperschaften und Senaten).«[68]

In einem völlig anderen Sinn als Nietzsche und tiefer hatte schon *Augustinus*[69] das Problem der Lüge und Wahrheit verstanden. In seiner

Abhandlung »Über das Lügen« beschreibt er den Unterschied zwischen Lügen und Nicht-Lügen und stellt dabei die Seriosität der Lüge heraus. Dabei konzentriert er sich auf den wesentlichen Charakter der beteiligten Personen und kommt zum Ergebnis, daß das eigentliche Problem in der menschlichen Natur liege.[70] Die menschlichen Begierden schafften eine Desorientierung des Willens, die sich manifestiere im Streben des Menschen nach Gütern und in seinem Verlangen, seine Wünsche zu erfüllen. Das könne zwar gut sein für den einzelnen, aber gleichzeitig Böses für andere zur Folge haben. Der Mensch sei eben beides, gut und böse zur gleichen Zeit, und müsse von seiner »Sünde« erlöst werden, denn er befinde sich in einem »gefallenen Status« (in statu corruptionis). Die Trennung zwischen der menschlichen Natur und seiner spirituell intendierten Natur sei die eigentliche Sünde, und diese könne nur überwunden werden, wenn das Herz Ruhe finde in Gott, was zur Folge habe, daß der Mensch nicht mehr lüge, weil Gott keine Lügen kenne.[71]

### *Die Auswirkung der Lügentechnik auf die Korruption*

Das Wesen der »Technik«, haben wir von Ellul gelernt, besteht darin, daß der Erfolg alle Mittel heiligt und, als höchste Tugend, allen anderen übergeordnet ist. Im Fall des amerikanischen Präsidenten *Nixon* bedeutete das, daß sein persönlicher Erfolg als Norm aller Handlungen oberstes Gesetz war, und entsprechend wurden alle Widerstände mit Hilfe der Lüge beseitigt. Dazu hatte er sich die besten Spezialisten geholt. Als aber die Angst um die eigene Stellung immer größer wurde und die Presse, vor der sich Nixon am meisten fürchtete, ihn immer heftiger und direkter angriff, halfen die Lügen nicht mehr, denn: »Rationalität verschwindet, wenn Furcht im Spiel ist.«[72] Die »Lügenmaschine« arbeitete nun gegen ihn selber, denn er konnte sie nicht mehr stoppen. Niemand stellte die Frage, ob die Handlungen rechtens seien, und am Ende wurde auch das Gesetz ein Opfer der »Norm« des Erfolgs und der Machterhaltung. Die amoralischen Entscheidungen wurden normal und hatten zur Folge, daß nicht mehr gefragt wurde, ob eine Entscheidung getroffen werden sollte, sondern nur noch, *wie*. Nixon ist kein Sonderfall, wie gerade die Gegenwart zeigt.[72] Die »Technik« des Lügens gilt auch heute noch bei vielen als »normal« und ist eine »Tugend«. Deshalb meint *Rasberry*, daß das

vielleicht größte und augenfälligste Forschungsgebiet im Bereich der Unternehmen und der Verwaltungen liegt[73], weil gerade dort, besonders auf dem Gebiet des internationalen Handels, die Bestechung außergewöhnlich hoch sei. Dabei sei besonders wichtig, herauszufinden, in welchem Ausmaß korrupte Handlungen getätigt würden und ob und in welchem Ausmaß die »Technik des Lügens« existiere.[74]
Daß auch heute noch die »Technik« des Lügens kräftig blühe, könne nicht geleugnet werden, denn ein Blick in die Tageszeitung, das Hören des Radios und das Verfolgen der Tagesschau im Fernsehen gäben Beweise genug dafür. Da aber gerade diese »Technik« destruktive Folgen habe und unser politisches System zu zerstören im Begriff sei, müßten die Verantwortlichen dagegen ankämpfen, damit diese Methoden nicht länger ein aktiver Teil politischer Strategie seien.
Nixons Fall habe deutlich gezeigt, wohin es führe, wenn die »normale« Handlungsweise die Stelle der »Moral« einnehme.[75] Nixon konnte deshalb seine Fehler gar nicht einsehen und hat bis heute niemals seine Schuld zugegeben und seine korrupten Handlungen nicht als falsch anerkannt, denn er verstand sein Verhalten und das seiner Mitarbeiter als »normal« und somit als »rechtens«. Ein Verhalten, das wir auch bei vielen europäischen und besonders bei deutschen Politikern finden, die die »Technik« des Lügens ebenfalls als »normal« und deshalb als moralisch unanfechtbar verstehen.[76]
In Deutschland wurde dieses Verhalten vor allem in der Barschel-Affäre sehr deutlich demonstriert. Zu Beginn gab Barschel noch sein Ehrenwort — über eine eidesstattliche Versicherung hinaus — und erklärte am 18. September 1987 den Bürgerinnen und Bürgern des Landes Schleswig-Holstein und der gesamten Öffentlichkeit, »daß die gegen mich erhobenen Vorwürfe haltlos sind«. Wenige Wochen später wurde dann die erste Lüge entlarvt, und bald stellte sich heraus, daß die gegen Barschel erhobenen Korruptionsanklagen alle berechtigt waren. Wie Nixon war auch Barschel überzeugt, ein »Opfer« der Machenschaften anderer zu sein.

## 3. Korruption und Politik

Obwohl die Korruption ein weltweites Phänomen ist und auch zu allen Zeiten existierte, gibt es relativ wenige Untersuchungen darüber in der vergleichenden Politikwissenschaft. *Peter Gerlich*[77] nennt zwei Gründe dafür: Einmal gedeihe die Korruption ihrer Natur entsprechend im Verborgenen und sei deshalb »weniger leicht zu beschreiben, (zu) analysieren und (zu) klassifizieren als etwa Parteisysteme oder Wahlverhalten«[78]. Andererseits wolle man sie aber auch nicht wahrnehmen, sondern verdränge sie am liebsten, denn es gelte auch hier das Motto, daß nicht sein kann, was nicht sein darf. Deshalb werde die Korruption, wenn überhaupt, nur als ein Phänomen anderer Länder beschrieben.

Das hat tiefgehende Gründe. Sie sind nicht nur psychologischer Natur[79] — das natürlich auch! —, sondern hängen zusammen mit der Korruption der Macht. Die Mächtigen haben auch das Sagen in bezug auf die Karriere, und deshalb ist es förderlicher für die Laufbahn, wenn überhaupt, dann nur die Korruption der »anderen«, die weniger gefährlich werden können, bloßzustellen.[80]

Dessenungeachtet gibt es eine lange Tradition der politisch ausgerichteten Sozialwissenschaft, sich mit der Korruption in der Politik, die man in alten Zeiten auch den »Verfall der politischen Systeme in ihrer Gesamtheit« nannte, auseinanderzusetzen, sie zu beschreiben und zu analysieren. Seit Aristoteles haben sich in der Tat, wie C. F. Friedrich zeigt[81], fast alle Klassiker der politischen Philosophie mit dieser Frage beschäftigt.

Wir konzentrieren uns im folgenden mehr auf die empirisch-analytische Richtung der Politikwissenschaft und stellen einer Beschreibung der Korruption geschichtemachender deutscher Politiker das Beispiel Englands gegenüber, das paradigmatisch die Möglichkeiten im Kampf gegen die politische Korruption aufzeigt.

### *Bismarcks »Reptilienfonds«*

Die deutschen Kirchen haben sich mit dem Problem der Korruption kaum befaßt. Die enge Verbindung von Thron und Altar hinderte sie in den vergangenen Jahrhunderten, die Korruption als theologisches Problem zu erkennen. Selbst im streng protestantischen Preußen, das sich durch eine relativ »saubere« Verwaltung auszeichnete[82], hatte der pietistisch geprägte *Otto von Bismarck*[83] keine Bedenken, seinen »Reptilienfonds«[84] einzurichten, mit dem er später deutsche Könige »kaufte«, damit sie der Gründung des Deutschen Reiches unter Kai-

ser Wilhelm I. zustimmten. In einer am 30. Januar 1869 im Haus der Abgeordneten gehaltenen Rede heißt es am Ende:
»Überall, wo Fäulnis ist, stellt sich ein Leben ein, welches man nicht mit reinen Glacéhandschuhen anfassen kann. Dieser Thatsache gegenüber sprechen Sie doch nicht von Spionirwesen! Ich bin nicht zum Spion geboren meiner ganzen Natur nach; aber ich glaube, wir verdienen Ihren Dank, wenn wir uns dazu hergeben, bösartige Reptilien zu verfolgen bis in ihre Höhlen hinein, um zu beobachten, was sie treiben. Damit ist nicht gesagt, daß wir eine halbe Million geheimer Fonds brauchen können; ich hätte keine Verwendung dafür und möchte die Verantwortung für solche Summen nicht übernehmen. Es werden sich andere Verwendungen finden, die Ihre nachträgliche Genehmigung und Zustimmung finden werden. Auf dem Hessischen Hofvermögen haften, wie man sagt, Verpflichtungen dem Land gegenüber, Baupflichten, die übernommen worden sind. Es wird eine Ehrenpflicht der Regierung sein, wenn sie in dem Besitz der Fonds ist, solche Schulden zu tilgen, aber machen Sie uns aus dem bedauerlichen Zwange, daß wir Gelder auch zu anderen Zwecken verwenden müssen, keinen Vorwurf; probiren Sie selbst erst, ob Sie Pech anfassen können, ohne sich zu besudeln!«[85]
»Fäulnis« ist ein anderes Wort für Korruption. Und in der Tat hat Bismarck mit seinem zuerst als Witz kolportierten und später in die Umgangssprache aufgenommenen »Reptilienfonds« ein klassisches Beispiel politischer Korruption geliefert. Für die Gelder war er nur dem König verantwortlich. Diese Gelder stammten aus der Kriegsschuldzahlung der 1866 besiegten Länder und wurden nur teilweise an die betreffenden Könige als Abfindung ausbezahlt. Die auf Umwegen später nach Westdeutschland gelangten Unterlagen, »Quittungen aus den Akten des Welfenfonds, Enthüllungen ...«, die im 19. Jahrhundert gerade noch zurückgehalten werden konnten, machen deutlich, daß der »Reptilienfonds« Bismarck zur speziellen Verfügung stand, um widerspenstige Gegner zu »kaufen«.
Vor allem die Bestechung König Ludwigs II. von Bayern[86] wurde mit diesen Geldern ermöglicht. Bismarck hatte den »nervus rerum« erkannt, der es ihm ermöglichte, den widerstrebenden Bayernkönig zur Wahl Kaiser Wilhelms I. zu »überreden« — das Geld. Die ursprünglich verlangten Millionen wurden schließlich nach harten Verhandlungen auf 300 000 Mark jährlich herabgedrückt; doch davon kamen

nur 270 000 jährlich (1871-1884) nach Bayern, denn Graf Holstein zweigte dafür jeweils 10 Prozent Vermittlungsgebühr ab. »Der bayrische König hat sich — aus welchen Gründen auch immer — bestechen lassen, und er war ein Stipendiat von Bismarcks Gnaden.«[87]
Daß Bismarck dabei kein ganz reines Gewissen hatte, zeigt die Tatsache, daß er angeordnet hatte, keine schriftlichen Belege über die diversen Geldtransaktionen zu hinterlassen; aber er scheiterte dabei an der Gewissenhaftigkeit der preußischen Staatsbeamten, die, wenigstens teilweise, die Belege sammelten.
Von seiten der Kirchen jedoch fühlte sich niemand veranlaßt, der Sache nachzugehen.

### *Die Korruption bei den Parlamentswahlen in England im 18./19. Jahrhundert*

Daß die politische Korruption erfolgreich bekämpft werden kann, wenn entsprechende Kontrollen und ein anderes politisches Bewußtsein entstehen, zeigt beispielhaft die Geschichte Englands.
*Ronald Wraith* und *Edgar Simpkins* haben in ihrer Untersuchung über die Korruption in England im 18. und 19. Jahrhundert[88] gezeigt, daß die weit verbreitete »Krankheit« geheilt werden kann. Die Korruption war in England damals besonders im Zusammenhang mit den Parlamentswahlen weit verbreitet. Ein Beispiel mag das illustrieren: Im Jahr 1835 erschien in »The Courier« eine Anzeige[89], deren Inhalt lautete, daß ein Platz im Parlament gekauft werden könne, ein Besitz, »der genügend Einfluß an das jeweilige Mitglied« gebe. Einfluß bedeutete hier vor allem Geld-Fluß! Das war damals keine Ausnahme, sondern durchaus »normal«, denn der Inserent gab seinen Namen mit Titel und Adresse an: Mr. Witham, Solicitor, No. 8 Gray's Inn Square, London.
Bestechung und Ämterkauf waren bereits im 17. Jahrhundert im Zusammenhang mit der Parlamentswahl so weit verbreitet, daß niemand sich darüber aufregte, sondern alle es als »normal« empfanden. Der Kauf von Parlamentssitzen war eine gut organisierte Einrichtung zu der Zeit, als das englische Parlament eine gewisse Bedeutung erlangte.
Im Jahr 1768 kam der Bürgermeister von Oxford zusammen mit zwei Parlamentsmitgliedern ins Gefängnis, weil er von diesen verlangt

hatte, 3670 £ der Stadtschulden zu bezahlen, und sie darauf eingegangen waren. In den wenigen Wochen, die beide im Gefängnis verbrachten, gelang es ihnen beinahe, das Gebiet »of the Borough« (ihren Wahlkreis) an den Baron von Marlborough und den Earl of Abingdon zu verkaufen. Das Unternehmen scheiterte nur, weil ein städtischer Angestellter die Transaktion an die Öffentlichkeit brachte[90], indem er die alle Details enthaltenden Bücher entführte und an die Gegner weitergab.

In verschiedenen Briefen an seinen Sohn beklagte sich noch 1867 und 1868 Lord Chesterfield, daß der durchschnittliche Preis für einen Wahlkreis von 2500 £ auf mindestens 30 000 £ gestiegen sei. Der Hauptgrund seien die »Leute aus Indien«, die durch brutale Ausbeutung der Inder zu großem Reichtum gekommen waren.[91]

Parlamentssitze wurden damals an den Meistbietenden versteigert. Bestechung spielte dabei eine große Rolle. In Irland hatten die Landbesitzer eine solche Macht über die Parlamentswahlen, daß etwa zwei Drittel der Mitglieder durch 50 bis 60 einflußreiche Patrone[92] ihren Parlamentssitz erhielten; die Wähler wurden einfach »gekauft«. »In den Bezirken, wo es Gegenkandidaten oder freie Wähler gab, nahmen die Bestechung, die Korruption und das Trinken gleicherweise phantastische Ausmaße an. Ein Dubliner Kandidat berichtete, daß er sich einem dreimonatigen Training in starkem Trinken unterziehen mußte, bevor er sich der Wählerschaft stellte.«[93]

Eine Änderung der Verhältnisse kam durch die folgenden Einflüsse, die schließlich das System der Parlamentswahlen durch Korruption zu einem Ende brachten. Einmal wurden die in den Kolonien reich gewordenen »old Indies« von den in ihrer Macht bedrohten Landbesitzern, den sogenannten »nabobs«, durch neue Gesetze, die die Korruption als einen Gesetzesbruch deklarierten, in die Schranken gewiesen.[94] Zweitens wurde durch diese Gesetze die Korruption zwar nicht ausgerottet, aber doch eingeschränkt. Eine Serie von Kriegen gegen Frankreich brachte drittens die Marinekapitäne in eine neue Machtposition; diese waren vor allem talentierte Männer, die auch eine bessere Qualifikation für ihre Parlamentsarbeit mitbrachten. Und endlich sorgten (viertens) die Ereignisse der Französischen Revolution durch die schließliche Machtübernahme des »dritten Standes« und die revolutionären Ideale für eine Änderung.[95] Es waren vor allem die aufsteigende amerikanische Mittelklasse und die seltsamerweise die

Ideale der Französischen Revolution aufnehmende, zurückgezogen lebende englische Landaristokratie, die schließlich der englischen Parlaments-Korruption ein Ende bereiteten[96], Leute wie der Duke of Devonshire, Earl Grey und Lord John Russell, die gegen die Korruption opponierten, indem sie durch ihr moralisches Vorbild ein Beispiel gaben und durch gute Gesetze die Korruption zu »zähmen« versuchten.[97] Eine nicht zu unterschätzende Rolle spielte dabei auch die unter dem Namen »evangelical revival«[98] bekanntgewordene Bewegung in England, die in *Charles Simeon* (1759-1836) und der »Clapham Seet« sowie der »Religious Society« ihre wichtigsten Sprecher fanden. Sie kämpften gegen den Sklavenhandel und für die Verbesserung der sozialen Verhältnisse in England. Führend wurden in dieser Bewegung vor allem nach 1790 die »Wesleyan Methodists«[99], die um die Hebung der Moral besorgt waren.

### *Die Überwindung der Korruption in der öffentlichen Verwaltung Englands*

Alle genannten Bewegungen trugen dazu bei, daß in der Zeit zwischen 1780 und 1884 effektive Reformen, eingeleitet durch das von Ruckimham geleitete Ministerium und ermöglicht durch das Scheitern der Politik Georgs III., sich durchsetzen konnten. Eine entscheidende Rolle spielte dabei die Umgestaltung der (staatlichen) Verwaltung und des öffentlichen Dienstes (Civil Service).[100] Die Zahl der Angehörigen des »Civil Service« war in der Zeit zwischen 1832 und 1852 von 21 000 auf fast das Doppelte, nämlich 39 000 angestiegen. Gleichzeitig hatte sich die Qualität der Staatsbediensteten, ursprünglich eine Gruppe von »Dienern des Königs«, die meist seine persönlichen Hausangestellten waren und in kirchlichen Instituten ausgebildet worden waren, wesentlich verbessert.[101] Seit den Reformen Heinrichs VIII. war die Ausbildung säkularisiert worden. Die Angehörigen des öffentlichen Dienstes kamen nun nicht mehr aus den Klöstern, sondern aus staatlich überwachten Institutionen. Ein typisches Beispiel war *Samuel Pepys*, der Retter der britischen Flotte.[102] Die Korruption hatte unter diesen neuen Staatsbeamten enorme Ausmaße erreicht und galt als ganz normal. Die Beamten »bedienten sich« selber. So hatte der »Writer of Tallies«, der Finanzminister, ein Einkommen von 7000 £ pro Jahr gegenüber 10 £ vor dreihundert Jahren, als er tatsächlich die Rechnungen noch selber ausstellte.[103] In anderen Abteilungen des öffentlichen Dienstes war es nicht besser. Vor allem im Kriegsministerium und in der Admiralität herrschte die Korruption in einem kaum zu überbietenden Ausmaß.[104] Der Nepotismus war hier die vorherrschende Korruptionsform. Ganz selbstverständlich versorgte beispielsweise *Walpole* seine Familie mit lukrativen Ämtern im Justizministerium.

Aber gegen 1830 änderte sich das plötzlich.[105] Die »industrielle Revolution« zeigte langsam ihre Wirkungen. Die Geschäftswelt forderte eine effektivere Verwaltung. Die Bevölkerungsexplosion kam hinzu und brachte eine ständig steigende Anzahl von besser ausgebildeten Mittelklasse-Angehörigen, die in den öffentlichen Dienst einstiegen und für eine bessere Verwaltung sorgten. Sie kamen aus Schulen, die ihren Schülern eine strenge Moralität eingepflanzt hatten.[106] Mit ihnen begann der Aufstieg eines systematisch ausgebildeten, nicht-korrupten Verwaltungsapparates, der sich später auch in den englischen Kolonien durchsetzte. Die Ursprünge sind in Indien zu suchen[107]; sie sind das Ergebnis der Anklagen gegen die korrupten Beamten der Ostindischen Handelsgesellschaft unter Warren Hastings, die vor allem *Edmund Burke* erhoben hatte. Burke hatte Hastings wegen seiner Bestechungsgelder angeklagt und forderte deshalb »moralisch hochstehende« Verwaltungsbeamte.[108] Diese wurden in der neuen Verwaltungsschule der Ostindischen Handelsgesellschaft in Haleybury ausgebildet. Dort herrschte eine strenge Auswahl. In seiner Rede vor dem »House of Commons« am 10. Juli 1833 hatte *Macaulay* gefordert, daß die Regierung in Indien darauf sehen sollte, junge Leute auszubilden, die in ihrer akademischen Karriere und als Personen sich als außergewöhnlich auszeichnen, fleißig und ehrgeizig sein und über ehrenhaftes Ansehen, klassische Bildung und christlichen Charakter verfügen sollten. Nach einigen Widerständen setzte sich dieses Ideal dann durch als das weithin bekannte Ideal der englischen Verwaltungsbeamten[109] in den verschiedenen englischen Kolonien: »Die Korruption wurde weggefegt, und viele Vorteile waren die Folge.«[110]

Die Reformen in den Kolonien hatten auch Konsequenzen in bezug auf die Verwaltungen in England selber[111], auf die Unterdrückung der Korruption auf kommunaler Ebene und vor allem in den Städten.[112]

Die Zahl der Kommunalverwaltungen mit demokratischer Struktur nahm während dieser Zeit schnell zu. Die wichtigsten Gründe waren auch hier eine bessere Verwaltung und gute Gesetze, welche die Korruption in Schranken hielten. Eine Besserung zeigte sich in den rasch wachsenden Industrie-Städten wie Birmingham und Manchester.[113] Andere Städte folgten schnell, als man erkannte, daß eine »saubere Verwaltung« Erfolge zeitigte. Wie bereits im Zusammenhang mit der Parlamentsreform, so spielte auch hier die öffentliche Aufdeckung der Korruptionsfälle eine wichtige Rolle bei der Eindämmung der Korruption auf lokaler Ebene. Dies wurde möglich durch die Ausbreitung der Bildung, durch Magazine und Zeitungen und im speziellen Fall der lokalen Verwaltung durch die Zulassung von öffentlichen Versammlungen, denn: »Korruption nährt sich gewöhnlich im Privaten und von Unwissenheit.«[114]

Der entscheidende Durchbruch bei der Bekämpfung der englischen Korruption erfolgte durch die Einführung klarer Gesetzesbestimmungen und die Schaffung eines korruptionsfreien Richterstandes.[115] Nachdem die etablierte Kirche die »Simonie« (Ämterkauf), die kirchliche Form der Korruption, in ihren eigenen Reihen überwunden hatte, konnte auch sie ihren Beitrag zur Bekämpfung der Korruption leisten.[116]

## 4. Korruption und Kirche

### *Der Beitrag der Kirche in England im 18. und 19. Jahrhundert zur Bekämpfung der Korruption — ein Paradigma*

In der Zeit zwischen 1660 und 1860 war die »Established Church of England« tief verwoben mit dem, was wir heute Korruption nennen würden: Die Korruption der Macht und der Nepotismus waren die vorherrschenden Elemente.[117] Der »Ämterkauf«, die ganz spezielle Form kirchlicher Korruption, galt als normal; die Kirche suchte ihre sozialen Privilegien zu erhalten, auch wenn diese keineswegs in Einklang mit ihrem Bekenntnis zu bringen waren.[118] Andersdenkende wurden ausgeschlossen und erhielten keine Ausbildung und Ämter. Die anglikanischen Pfarrer dagegen waren nicht nur die einzigen gut Ausgebildeten auf dem Dorf, sondern hatten neben ihrem Pfarramt auch noch die Position des Amtsrichters inne. Dies verhalf ihnen zu außergewöhnlicher Macht und damit verbunden auch oft zu Reichtum. *Jane Austen* beschreibt die Stellung eines solchen Pfarrers in ihrem Buch »Pride and Prejudice«[119]; auf dem »Memorial to Mrs. Bate«, das Addison zitiert, heißt es treffend, daß sie von ehrenwerter Abstammung war und: »Sie hatte das Verdienst, für ihren Gatten und ihre Kinder zwölf verschiedene Anstellungen in Kirche und Staat zu erlangen.«[120]

Ämterkauf (Simonie) und Nepotismus galten nicht als Sünde, sie dienten vielmehr der engen Verbindung von Thron und Altar, die charakteristisch war für die »Established Church of England«. Die Auswirkungen hatte vor allem die römisch-katholische Kirche in Irland zu spüren bekommen. Besonders eng wurde diese Thron-Altar-Verbindung unter der Hannoverschen Dynastie seit 1714, die darauf achtete, daß die Kirche durch staatstreue Bischöfe streng kontrolliert wurde[121], was die Korruption sehr förderte, da selbst einfache Pfarrer auf dem Land zu Macht und Geld kamen. Dies wiederum wurde ein Grund für viele, den »geistlichen Stand« zu wählen, denn man hatte sein gutes Auskommen, und es kam weniger darauf an, ob man auch die notwendige Überzeugung mitbrachte. Ein typischer Fall war der, den Mrs. Adams, die Witwe des Pfarrherrn von Great Baddow in Essex, im Jahr 1700 beschrieb.[122] Sie teilte in ihrem Schreiben mit, daß ihr Cousin Jack Nicklas in den geistlichen Stand trete. Die Aussicht auf ein gutes Auskommen habe ihn dazu gebracht, Pfarrer zu werden. Der nächste Schritt sei nun, ihm eine Frau mit Vermögen zu suchen, obwohl sein Pfarramt eine gute Versorgung biete. Es lohnte sich also, Geistlicher zu werden.

Die Korruption hatte hier eine doppelte Bedeutung: Sie diente dem persönlichen Gewinn und hatte auch den sittlichen Verfall des geistlichen Amtes zur Folge. Die Kirche diente den Reichen, die Armen fanden in ihr keinen Raum. Und sie hatten auch wenig Lust, »die Doktrinen der wahrhaft vortrefflichen Religion zu lernen, die sich erschöpft in der Zufriedenheit mit und Unterwerfung unter die höheren Mächte.«[123] Die Religion war hier wirklich »Opium des Volkes«, wie der anglikanische Geistliche *Charles Kingsley,* ein enger Mitarbeiter von Maurice, formulierte. Er klagte die Christen an, daß sie die Bibel benutzt hätten, »als ob sie ein bloßes spezielles Handbuch für den Schutzmann wäre, eine Opium-Dosis, um Lasttiere geduldig zu halten, während sie überladen werden«[124].

Nicht alle Geistlichen lebten jedoch im Reichtum. Viele Landpfarrer waren sehr arm, wie *Macauley*[125] in seiner Geschichte Englands beschreibt. Diese Bedingungen ermunterten ihrerseits zur Korruption, denn nur auf diese Weise konnten sich manche den notwendigen Lebensunterhalt beschaffen. Andere verdienten zu dem bereits recht guten Einkommen noch einiges hinzu durch den Verkauf ihrer landwirtschaftlichen Produkte. Der Pfarrherr von Long Melford in Suffolk John Leroo konnte im Jahr 1817 durch verbesserte landwirtschaftliche Methoden sein Einkommen von 528 £ 4 s. 6 d. auf 1 219 £ 15 s. aufbessern.[126] Dennoch bleibt der Tatbestand, daß im 18. Jahrhundert ein großer Teil der englischen Kirche so korrupt war wie der Rest der Gesellschaft; derselbe materielle Geist, wenn auch ein wenig kultivierter, herrschte im Kreis der Geistlichen wie in den Oberschichten Englands: »Korruption ist kein zu starkes Wort für solche Aktivitäten in der Kirche Christi.«[127]

Die Wende kam durch die geistliche Erneuerung, die *John Wesley*, »der größte christliche Führer Britanniens im achtzehnten Jahrhundert«[128], einleitete. Seine Predigten bewirkten ein Umdenken vieler Christen, das über die unteren Klassen hinaus auf die ganze englische Gesellschaft Auswirkungen hatte.

Eine wichtige Folge dieser Bewegung war, daß die Privilegien der etablierten Kirche zerstört wurden und die enge Verbindung der Kirche mit den Mächtigen sich langsam auflöste. Die Kirche war nicht mehr der verlängerte Arm des Staates, sondern sie wurde zum opponierenden Gegenmodell. Die Industrielle Revolution andererseits bewirkte eine Verlagerung der Macht und des Geldes vom Dorf in die Stadt.

Mit dem Verlust der sozialen Privilegien wurde die Kirche aber auch weniger interessant für Menschen, die nur ihren persönlichen Vorteil suchten. Die Pfarrer glichen nun mehr dem Ideal, das Florence Nightingale später als Modell für den Pflegeberuf aufstellte: Menschen mit guter Ausbildung, hoher Intelligenz und zuweilen finanziell unabhängig. Sie hatten weniger Ambitionen auf die Macht, waren weniger um den materiellen Gewinn besorgt und lebten nach einem hohen Moralkodex. So wurden Menschen angezogen, die einen hohen ethischen Standard hatten. Aber es fehlte ihnen das soziale Bewußtsein, so daß sie zwar persönlich weniger korrumpierbar wurden, aber die Korruption selber nicht als ein Übel der Gesellschaft erkannten. In der Kirche jedoch wurden Bestechung und andere Formen der Korruption nicht mehr toleriert.[129]

Das galt vor allem bei den Methodisten, die durch ihre enge Verbindung mit den Arbeitern die Auswirkungen der Korruption bei den »kleinen Leuten« kannten, die vor allem darunter zu leiden hatten. Der Einfluß des Methodismus auf die Gewerkschaftsbewegung erzeugte auch dort ein Bewußtsein, daß Korruption ein Übel ist. Strenges, an der Bibel orientiertes Leben sorgte dafür, daß sie lernten, »Macht auszuüben ohne Korruption«[130].

Neben den Methodisten waren es vor allem die Unitarier, Baptisten und Quäker, die mithalfen, die Korruption in England im 19. Jahrhundert zu überwinden.[131] Den größten Einfluß übten dabei die Quäker aus.[132] *George Fox* hatte ein klares Bewußtsein für die Gefahr der korrumpierenden Macht und organisierte entsprechend die »Gesellschaft der Freunde« (wie sich die Quäker offiziell nennen), um die Machtkonzentration so weit als möglich einzuschränken.[133] Es gab keine Geistlichen und nur eine kleine Anzahl von Hauptamtlichen. Von Anfang an galt die Fürsorge der Quäker den Leidenden, die meist ein Opfer der Mächtigen waren. Bereits 1675 organisierten die Quäker ein »Meeting for sufferings«, um Freunden zu helfen, die in Schwierigkeiten waren. Daraus wurde das, was später als »pressure groups« bekannt wurde (und in unseren Tagen wieder eine neue Bedeutung erhält!). Diese Gruppen setzten sich dafür ein, daß den Ohnmächtigen in ihrem Kampf gegen die Mächtigen geholfen wurde.

Bereits in der ersten Gruppe, der »Anti-Corn-Law League«, spielte der Kampf gegen korrupte Praktiken der Reichen eine entscheidende Rolle. Praktizierte Ungerechtigkeit wurde öffentlich angeprangert, und man legte großen Wert auf die Ausbildung derer, die nicht direkt im Parlament vertreten waren, damit sie besser ihre Rechte wahrnehmen konnten.

Die lokalen Organisationen der »Freunde« sahen ihre Aufgabe auch darin, die öffentliche Meinung zu beeinflussen und Ungerechtigkeiten, Machtmißbrauch und korrupte Praktiken öffentlich anzuklagen. Die »Freunde« von Northallerton wurden beispielsweise ermuntert, »ihre Stimmen zu geben und soviel Aufmerksamkeit wie möglich zu erzeugen« für zwei Kandidaten, die auch die Interessen der Quäker vertraten.[134] Hier haben wir im Keim die moderne »pressure group«, die im Lauf der Zeit immer wieder half, die Veränderungen der Gesetze und des öffentlichen Bewußtseins in die Wege zu leiten. Die Quäker hatten die Korruption als ein Übel erkannt, das mit der biblischen Lehre nicht in Einklang zu bringen ist und somit als Sünde bekämpft werden muß. Sie trugen deshalb wesentlich dazu bei, daß die Korruption in England im 19. Jahrhundert zu einem allmählichen Ende kam.

Eine weitere Kraft im Kampf gegen die Korruption kam durch die lange unterdrückten Frauen der viktorianischen Mittelklasse[135], deren Einfluß auf die Bekämpfung der Korruption und Durchsetzung einer moralischen Lebensauffassung sehr groß war. Die meisten dieser Frauen mußten sich gegen heftigen Widerstand der Männer erst ihren Platz in der Gesellschaft erkämpfen, denn im damaligen England hatten Frauen und Mädchen keine Chance, wie ihre Brüder einen Beruf zu erlernen. Sie waren ans Haus gebunden. Den Durchbruch schaffte vor allem *Florence Nightingale*, »die die Krankenpflege von einer untergeordneten Beschäftigung zu einem edlen Beruf erhob«[136]. Sie hatte dabei gegen die im Pflegeberuf weitverbreitete Korruption anzukämpfen und entwickelte im Lauf ihres Lebens eine Indifferenz gegen Reichtum und sozialen Status; sie war sich jedoch bewußt, daß ohne Macht eine Veränderung der Dinge nicht möglich ist. Sie gebrauchte diese Macht aber anders als die Männer der damaligen Zeit, gegen die sie hart zu kämpfen hatte: mit Effizienz und großer Integrität.

Andere Frauen folgten ihrem Beispiel. Es war jedoch nicht nur der Beitrag der Frauen im öffentlichen Leben, sondern ebenso derjenigen Frauen, die in ihrer Familie, im Haus und in der nächsten Umgebung ein moralisches Klima schufen, in dem »die Korruption austrocknete«.[137] Das hatte seine Auswirkungen sogar auf den Sport der Männer. Das »fair play« wurde zum Vorbild, das »foul play« galt als verabscheuungswürdig[138] (ganz im Gegensatz zur heute populärsten Sportart, dem Fußball[139]). Diese als Folge der methodistischen Erweckung entwickelte Auffassung des Sports hatte ihre Auswirkungen auch als eine potente Kraft gegen die Korruption.[140]

Eine weitere Folge der Verbesserung der Moral war auch die ethisch orientierte Ausbildung[141] auf höheren Schulen, der Universität und dem »Working Men's College«, das 1845 von Reverend *F. D. Maurice* gegründet worden war[142]. Alle diese verschiedenen Kräfte wirkten zusammen beim »Sturz der Korruption, denn sie begannen, denen

ein Ansehen zu geben, die weder Reichtum noch Macht hatten, und sie verstärkten außerordentlich die Agitation für das Wahlrecht, das auf lange Sicht ein mächtiger Einfluß in sich selbst war«.[143]
Die geschilderten Vorgänge hatten vor allem auch Auswirkungen auf den Handel und die Industrie.[144] Und auch hier waren es wieder die Quäker, die neue, dem christlichen Gewissen entspringende Normen setzten.[145] Sie bewiesen durch ihre Geschäftsmethoden, daß es sich lohnt, ehrlich zu sein.[146]
Auch unter Christen ist die Meinung weitverbreitet, Korruption müsse als ein notwendiges Übel hingenommen werden, denn sie habe zu allen Zeiten existiert, und so bedauernswert das auch sei, so wenig könne die Kirche etwas zur Bekämpfung der Korruption beitragen. Daß letzteres nicht wahr ist, hat die vorangehende Untersuchung gezeigt. Die Kirche kann nicht nur, sie muß, wenn sie ihren Auftrag, Zeugin Jesu Christi in der Welt zu sein, ernst nimmt, gegen die »Auswirkung der Sünde« ankämpfen.

### *Der Umgang mit der Macht in ökumenischer Sicht*

Die deutschen Kirchen gehören zu den reichsten in der Welt. Ohne die Gelder aus Deutschland käme der Ökumenische Rat der Kirchen in große finanzielle Schwierigkeiten und könnte viele Dinge nicht tun. Der Reichtum der deutschen Kirchen hat aber eine wohlbekannte Ursache. Die »Gemeinde von Brüdern«, die während der Zeit des Kirchenkampfes in Deutschland von Vertretern der Bekennenden Kirche gefordert worden war und die eine stärkere Trennung von Kirche und Staat zum Ziel hatte, konnte sich nicht durchsetzen. So ist auch heute noch die Synode von Barmen eine »Herausforderung der Kirche« (R. Weth). Geld und Macht können aber nicht getrennt werden. Deshalb steht auch die Kirche in Deutschland vor der Frage des richtigen Umgangs mit der Macht. Doch das ist nicht nur eine Frage der deutschen Kirchen, sondern betrifft die ganze ökumenische Bewegung. Das Thema »Korruption und Macht« spielte in der ökumenischen Bewegung seit Ende der siebziger Jahre eine große Rolle. Es wurde auf der Weltmissionskonferenz in Melbourne 1980 diskutiert und ist seither auch in den Kirchen der ganzen Welt Gegenstand heftiger Debatten geworden. Dabei wird deutlich, daß »Geld und Geist« untrennbar zusammengehören. »Geld und Geist« ist aber ein theologisches Problem. Läßt sich die Kirche vom Geist des Geldes oder vom Geist Jesu Christi bestimmen? In Melbourne kam man zur Erkenntnis, daß das Problem der Macht und der christliche Umgang mit der Macht von größter theologischer Wichtigkeit sind. Wir wollen uns deshalb diesem Thema zuwenden.

Macht gibt es auch in der Kirche. Und deshalb gilt es, auch »in bezug auf Kirchenstrukturen«[147], die Frage zu stellen, ob wir in der Kirche im Sinne Jesu mit der Macht umgehen. Dabei nennen die Delegierten der Sektion IV folgende Kriterien:

»a) Grundsätzlich müssen wir fragen, wie Macht benützt wird. Wird sie zur Selbstverherrlichung und Selbsterhaltung der Gemeinschaft, der Institution oder des Leiters benutzt, oder ist sie wesensmäßig selbstlos?

Wenn wir z. B. eine Gemeinschaft betrachten, sehen wir sie dann vor allem um die Nöte derer besorgt, die arm und machtlos sind — seien sie innerhalb oder außerhalb der Gemeinschaft —, oder ist sie ganz mit ihren eigenen Rechten, Privilegien und ihrer Zukunft beschäftigt? Wir müssen fragen, ob sie in Sympathie und Identifikation zu den Unterdrückten gehört, oder ob sie ihr Zuhause bei den Unterdrückten findet.

b) Wenn wir uns der Leitung zuwenden, müssen wir zwei Fragen stellen. Die erste betrifft das Motiv und fragt, ob Macht als Ausdruck selbstloser Liebe ausgeübt wird, die dazu dient, diejenigen in der Gemeinschaft freizusetzen und anzuregen, für die die Macht zur Erfüllung ihres eigentlichen Zweckes ausgeübt wird, oder ob die Leitung auf diese Gaben für ihre eigenen Zwecke zurückgreift.

Eine Kirche, in der Macht in Demut und Liebe ausgeübt wird, steht für die Welt als ein Zeichen des Reiches da.

c) Aber das Motiv allein ist ein unzureichender Test. Diejenigen, die Macht ausüben, neigen in bezug auf die Motive und die Effektivität ihrer Methoden dazu, sich selbst zu belügen. Kirchen und ihre Führer müssen das Verständnis der Gemeinschaft darüber erforschen, ob ihre Macht dazu dient, die Armen und Unterdrückten zu befreien. Die Leitungsfunktion hat einen auferbauenden Zweck: Sie soll den Leib so aufbauen, daß jedes Glied zur Fülle der Reife der Gestalt Christi kommen kann. So können sie ihre Menschlichkeit verwirklichen. Das beinhaltet nicht — das muß festgehalten werden — die Entwicklung einer neuen Generation erfolgreicher Übermenschen mit glän-

zendem Verstand und vollendeter Gestalt. Volle Menschlichkeit muß in der Ähnlichkeit zur selbsthingebenden Liebe des gekreuzigten Christus gesehen werden.«[148]
Macht könne, so heißt es weiter, im Sinne Christi nur »in einer Gemeinschaft des Teilens ausgeübt« werden und auf der Gemeinschaft mit dem dreieinigen Gott aufgebaut sein. Die Aufgaben der Gemeinde könnten nicht vom Geber und den individuellen Gaben in der Gemeinde getrennt werden: »Die Bevollmächtigung des Geistes ist dem ganzen Volk Gottes verliehen worden«, und entsprechend sollten deshalb auch die Strukturen der Gemeinde gestaltet werden. Sündhaft sind dann auch diejenigen Strukturen der Gemeinde, die einzelnen zuviel und anderen überhaupt keine Macht zukommen lassen. Das Prinzip gelte auch in bezug auf die Frage nach der Machtausübung durch die Verbreitung von Wissen. Wenn ein Leiter oder eine Institution die alleinige Kontrolle über »Interpretation, Verbreiten und Zurückhalten von Wissen« ausübt, kann »auf ganz subtile Weise die Wahrheit verzerrt werden«. Spezialisierte Fachsprache schließt nicht nur viele vom Glaubensgespräch aus, sondern kann auch zum verehrten Idol werden. Deshalb müssen auch Kirchen sich fragen, ob ihre verbreitete Lehre »für die Wahrheit, die Christus ist, offen ist« oder ob sie »abgöttisch in sich selbst abgeschlossen ist, wie das bei Ideologien der Fall ist«[149].
Das gilt besonders für den Umgang mit dem Geld in der Kirche:
»14. Der Einsatz finanzieller Macht muß an diesen Kriterien gemessen werden. Wo das Geld herkommt, und wie es in der Kirche benützt wird, ist ein wichtiger Aspekt der Machtausübung in der Kirche. Die Geldquelle beeinflußt die Weise, in der es benützt werden kann. Einige Kirchen erhalten Geld durch die Kirchensteuer und/oder von ihren Regierungen. Das kann Einschränkungen für den Einsatz des Geldes und für die Freiheit der Kirche selbst mit sich bringen. Die Kirche kann als Werkzeug der politischen Macht eingesetzt werden. Freiwillige Beiträge von einigen Organisationen und aus individuellen Quellen können eine ähnliche Wirkung ausüben.«
In bezug auf die Investition kirchlicher Gelder heißt es im gleichen Zusammenhang: »Diese Frage, so meinen wir, erfordert ein viel größeres Maß an Überlegung, als wir sie anstellen konnten. Selbst wo es akzeptiert wird, kann die Investitionspolitik der Kirchen widerspiegeln, wo sie im Blick auf die Unterdrückten stehen. Wo Geld für die

kirchliche Arbeit von reichen Kirchen oder Organisationen empfangen wird, kann ein Gefühl der Abhängigkeit geschaffen und das Verhältnis zwischen Geber und Empfänger beeinträchtigt werden. Geld muß als Werkzeug gemeinsamen Teilens betrachtet werden. Die wirtschaftlich Armen haben ein Recht darauf, eine gleiche Rolle im gemeinsamen Teilen der Ressourcen der Erde zu spielen. Kirchengeld sollte dazu eingesetzt werden, das Ringen der Armen zur Beendigung der ungerechten Gesellschaft zu unterstützen.«[150]

Man kann die Strukturen der Kirche nicht ohne Bezug zur Gemeinschaft in Christus betrachten. Machtstrukturen können in der Kirche nicht als unveränderlich und heilig gelten. Wenn die kirchlichen Strukturen der dienend-teilenden Gemeinschaft im Wege stehen, wenn sie sogar die »weltlichen Herrschafts- und Ausbeutungsstrukturen der Gesellschaft widerspiegeln«, müssen sie um der »missionarischen Struktur« der Gemeinde willen geändert werden. Dabei darf aber nicht übersehen werden, daß jede neue Form in Versuchung geraten kann, »selbst in gewisser Weise zur neuen Unterdrückungsstruktur zu werden, wenn sie nicht beständig offen für die sich ändernden Bedürfnisse ihrer Glieder ist«[151].

Das führt unweigerlich dazu, »daß der gekreuzigte Christus nicht nur die Strukturen der Gesellschaft in Frage stellt, sondern auch die Strukturen der institutionalisierten Kirchen«. Zuweilen bedeutet das für die Kirchen einen Ruf zur »Buße und Neustrukturierung«, denn auch sie haben zuweilen »sündige Strukturen« entwickelt, die geändert werden müssen.

»Kirchen stehen in der Versuchung, auf sich selbst und ihre Erhaltung ausgerichtet zu sein, sind aber dazu berufen, zu dienen und zu teilen. (...) Kirchen, die zu Zerfall, Krankheit oder drückenden Strukturen tendieren, sind dazu aufgerufen, lebendige Gemeinschaften zu sein, in denen alle Glieder ihre Gaben ausüben und Verantwortung teilen können. Kirchen sind versucht, exklusiv und privilegiert zu sein, sind aber dazu berufen, Diener eines Herrn zu sein, der der gekreuzigte Christus ist, der kein Vorrecht für sich in Anspruch nahm, sondern für alle litt. Kirchen neigen dazu, die beherrschenden und ausbeuterischen Strukturen der Gesellschaft widerzuspiegeln und zu verstärken. Sie sind aber dazu aufgerufen, Körperschaften zu sein, die dem Status quo kritisch gegenüberstehen.«[152]

Dieses Kriterium gilt aber auch für die Evangelisation heute:

»In einer Welt mit Raub und Völkermord in großem Maßstab kann christliche Evangelisation nur ehrlich und authentisch sein, wenn sie sich klar gegen diese Ungerechtigkeiten wendet, die dem Reich Gottes diametral entgegengesetzt sind, und wenn sie auf Antwort in einem Akt des Glaubens Ausschau hält, der sich im Engagement äußert. Christliches Leben kann nicht durch kompromittierendes Schweigen und Untätigkeit im Blick auf die fortdauernde Ausbeutung der Mehrheit der menschlichen Rasse durch einige wenige Privilegierte verwirklicht oder mitgeteilt werden. ›Denn wer seinen Bruder nicht liebt, den er sieht, wie kann er Gott lieben, den er nicht sieht?‹ (1. Joh. 4,20). Der Nächste ist heute auch unter die Räuber gefallen, wie im Gleichnis im Evangelium. Wehe dem Evangelisten, der das Wort verkündigt, aber an seinem Nächsten vorübergeht, wie der Priester und der Levit im Gleichnis Jesu.«[153]
Weiter heißt es in diesem Zusammenhang, es sei Häresie, wenn Christus verkündigt werde, »als sei er nicht an menschlichem Leben und menschlichen Beziehungen genauestens interessiert«. Evangelisation könne deshalb nur in den Zusammenhang von Strukturen für weltumspannende Mission gestellt werden. Jesus starb »draußen vor den Toren Jerusalems«. Er bewegte sich vom Zentrum hin zur Peripherie, zum Rand, »auf jene zu, die an den Rand gedrängt sind, als Opfer der dämonischen Mächte, politisch, wirtschaftlich, sozial, kulturell und sogar — oder besonders — religiös«.
Am Rande leben heute diejenigen, die unter der Macht des »Zentrums« zu leiden haben. Diese Mächte sind untereinander verbunden und sind die eigentlichen Machthaber. Sie bilden eine Teufelskreis:
»a) Die Macht, die Glauben, Einstellungen, Kultur, Theologie, Ideen und Werte formt.
b) Die Macht der Organisation, Arten und Formen des Amtes. Die Art der Leitung; Bürokratie; Disziplin usw.
c) Die entlohnende Macht: Gehälter und Zuschüsse; Mittel zur Unterhaltung von Einrichtungen; Stipendien und ähnliche Möglichkeiten; Investitionen; verschiedene Zuschüsse; Haushaltsplanzuweisungen.
d) Die strafende Macht — Gesetz und Ordnung: Zurückhalten oder Entzug von Anerkennung; Entzug von Unterstützung; das Abbrechen von Beziehungen und die Einstellung von Zahlungen.«[154]
Der Teufelskreis dieser genannten vier Mächte muß durchbrochen

werden, um gerechtere Strukturen zu ermöglichen. Der Kontext ist die »Situation der Sünde«, die analysiert und benannt werden muß; dabei muß die westliche Kirche bereit sein, sich einzugestehen, daß sie zum herrschenden Teil der Welt gehört. Dieser Prozeß wird nicht einfach sein, denn er fordert alle Mächte heraus — »das ist ein wahrhaftiges Sterben und Auferstehen in Christus«[155]. Ein Beispiel dafür ist die Geschichte der Kirche in China, auf die zum Schluß hingewiesen wird:

»Die christliche Gemeinschaft der Volksrepublik China erinnert uns an die Macht des gekreuzigten Christus, Glauben und Zeugnis ohne die Strukturen der Macht zu erhalten, von denen sie lange abhängig waren. Die christliche Gemeinschaft hat schon lange die Wechselbeziehung zwischen Selbständigkeit und dem Einsatz im nationalen Ringen des Volkes um Gerechtigkeit aufgewiesen. Da die Beziehungen zu anderen Kirchen zunehmen, wird es für alle vorteilhaft sein, von der Erfahrung der Kirche in China, die sich mit den Problemen kultureller Identität und echtem Glauben auseinandergesetzt hat, zu lernen.«[156]

## 5. Korruption und Wirtschaft

*Die neue Form der Bestechung — Wirtschaftsbestechung*

Ein Vergleich der Korruption in der Vergangenheit mit derjenigen, die heute am Ende des 20. Jahrhunderts herrscht[157], macht deutlich, daß einige charakteristische Eigenschaften der Korruption über Jahrtausende sich gehalten haben: Bestechung, Amtsmißbrauch und Nepotismus tauchen überall auf. Wir finden sie in »entwickelten« und wirtschaftlich »unterentwickelten«, in kapitalistischen und in sozialistischen Ländern. Westliche und östliche Gesellschaften scheinen gleichermaßen für diese Krankheit der Korruption anfällig zu sein.

Die charakteristischen Eigenschaften, die Ausdehnung und Reichweite der neuen Art von Korruption, die wir heute als Wirtschaftsbestechung (political payment) überall antreffen, wollen wir nun untersuchen.

*Stanislav Andreski* sieht in der Korruption einen engen Zusammenhang zwischen Parasitentum und Subversion.[158] Beide sind Hindernisse der wirtschaftlichen Entwicklung. Das zeigen die lateinamerikanischen Länder Argentinien und Chile. Sie sind seit langer Zeit »korruptionskrank«[159] und mußten einen Weg finden, mit der Korruption zu leben.

Unter *Peron*, der ansonsten im Volk ein großes Ansehen hatte und den Arbeitern neue Hoffnungen gab, nahm die Korruption fabelhafte Ausmaße an. Die Verstaatlichung eines großen Teils der Industrie ermöglichte den Staatsbeamten (allen voran Peron selber), an die Quelle des Geldes zu kommen. Peron, so schätzte man damals, akkumulierte so ein Vermögen in Höhe von 700 Millionen US-Dollar auf Konten von ausländischen Banken.[160]

Die Verstaatlichung der Industrie und der Banken brachte zunächst Vorteile für die Armen. Die Preise wurden niedrig gehalten, die Armen hatten genug zu essen; ein Grund dafür war, daß die für die Aufrechterhaltung der Produktivität notwendigen Güter nicht aus dem Ausland importiert wurden. Doch bald setzte der wirtschaftliche Verfall ein.[161] Bis heute leidet Argentinien unter den Folgen dieser Politik.

Bis 1970 herrschte in Argentinien eine Kombination von ineffektiver Verwaltung, inkompetenter Planung und Korruption.[162] Welche der drei nun die wichtigste Rolle beim wirtschaftlichen Zusammenbruch spielte, wurde bis heute kaum untersucht; doch ist deutlich, daß die Korruption dabei eine zentrale Bedeutung hatte.

Korruption in Verbindung mit ineffektiver Verwaltung und inkompetenter Planung stürzte auch das afrikanische Land *Uganda* unter der Herrschaft Idi Amins und später Obotes ins Chaos. Hunderttausende von Menschen verloren dabei ihr Leben. Bestechung und Mord gehörten zum politischen Geschäft.[163]

Geändert hat sich daran bis heute leider recht wenig. Die Erscheinungsformen der Korruption sind zwar verschieden: Die »indirekte Bestechung«[164] kennen wir aus der alten Kolonialzeit; damals verkauften zum Beispiel in Indonesien einige hochgestellte holländische Kolonialbeamte beim Verlassen ihres Postens Teile ihres persönlichen Besitzes zu überhöhten Preisen; für ein Tintenfaß beispielsweise erhielten sie dann 510 Gulden von einem Manager der Ölfirma, der »schmieren« wollte, damit alles »gut laufen werde« im Geschäft mit dem Nachfolger. Doch die Folgen sind immer die gleichen: ein wirtschaftliches Chaos am Ende!

In den 1950er Jahren berichteten japanische Schriftsteller über eine damals weit verbreitete Form der Korruption, die vornehmlich unter Geschäftsleuten üblich war: Firmen organisierten teure und exklusive Empfänge, die Teil der Geschäftspolitik waren. In der Regel waren die fünf folgenden Methoden üblich, um Beamte und Regierungsvertreter zu korrumpieren:

— Sie wurden bestochen mit Geld,
— sie wurden in ihrem Ansehen aufgewertet,
— sie wurden zum Trinken eingeladen,
— sie wurden zu einem vornehmen Essen eingeladen,
— sie wurden in einen Nachtclub eingeladen und mit Geishas unterhalten.[165]

Diesen relativ kleinen Begünstigungen folgten dann bald neue Formen der Korruption. Beim Empfang oder Abschied eines Beamten kamen größere Geschenke; man nutzte den Geburtstag eines Kindes und natürlich die großen allgemein anerkannten Feiertage, wie Weihnachten, Ostern und das islamische Harri-Raya. Auf speziell organisierten Mahjoung-Partys »gewannen« Beamte große Summen[166]; und als Gegenleistung erwarteten die Geschäftsleute den »großen Auftrag« des Staates.

In den letzten Jahren wurden Wetten beim Golfspielen immer beliebter — ein Vergehen kann dabei ja nicht nachgewiesen werden, genausowenig wie beim herabgesetzten Preis teurer Gebrauchtwagen für Staatsangestellte (die dann noch teurer weiterverkauft wurden) oder der weitverbreiteten Praxis, daß der Untergebene dem Höhergestellten einen höheren Preis bezahlt, als die Ware tatsächlich wert ist.

In diese Richtung geht auch die indirekte Unterschlagung öffentlicher Gelder durch diejenigen, die an der Schaltstelle der Macht sind; sie gehören bereits zur Normalität, genauso wie die Gewohnheit, höhere Reisespesen abzurechnen und falsche Hotel- bzw. Restaurantrechnungen ausstellen zu lassen. Das sind alles kleine, weit verbreitete Korruptionsgewohnheiten.

Die ganz neue, viel wichtigere und durchschlagende Form der Korruption setzt sich von den USA aus über die verschiedensten Teile der Welt immer mehr durch: »Große Profite durch große Bestechung.«[167] Die großen Geschäfte werden nun wieder in Millionenhöhe durch »Geschenke« vermittelt. In der Praxis sieht das so aus:

An einem Tisch in Mexico Citys Camino Real Hotel unterhalten sich ein Ausländer und ein höherer Regierungsbeamter gemütlich in einer Ecke. Während der Unterhaltung legt der Ausländer einen Umschlag auf den leeren Stuhl an seiner Seite und verläßt nach einiger Zeit schließlich das Hotel. Der Regierungsbeamte steckt den Umschlag in seine Jackentasche und verschwindet ebenfalls nach einigen Minuten.[168]

Auf diese Weise werden heute weltweit die wichtigsten Korruptionsgeschäfte getätigt. Das »Geschenk« erhält einen neuen Wert: Geschäftsleute »kaufen sich« Politiker und machen sie den großen internationalen Konzernen gefügig. Die Korruption erhält seit den 1970er Jahren eine neue Komponente: die *Wirtschaftsbestechung*. Sie wurde bekannt durch die Watergate-Affäre in den USA im Jahr 1972.[169] Der neue Ausdruck heißt nun »political payment«. Dieser Begriff beschreibt besser als die seither gebräuchlichen Ausdrücke »Bestechung« und »Amtsmißbrauch/Erpressung« die Sache, um die es geht. Nun werden nicht mehr nur Staatsbedienstete bestochen, sondern das Augenmerk richtet sich auf diejenigen, die die Politik »machen«. Zielpunkt sind vor allem die Parteien. Geldgeber sind vornehmlich die großen multinationalen Konzerne, und: »Das Geschäft multinationaler Gesellschaften ist seit dem Zweiten Weltkrieg enorm gewachsen — eine Reaktion auf den weltweiten Bedarf nach internationaler Übertragung von Kapital, Management-Fertigkeiten und Technologie.«[170] Allein die Investitionen der in den USA ansässigen multinationalen Konzerne betrugen in den Jahren zwischen 1950 und 1975 mehr als 120 Milliarden US-Dollar. Noch nie sind im Verlauf der Menschheitsgeschichte solche gewaltigen Summen den Händen weniger Menschen anvertraut gewesen. Diese Summen sind zweifelsohne eine gewaltige Waffe!

Im Nahen Osten wird nur eine Person, die sich des vollen Vertrauens des Empfängers erfreut, als Mittelsperson eingesetzt. Die Empfänger des Geldes nennen in der Regel ein Schweizer Nummernkonto[171], auf das das Geld dann überwiesen wird. Bei den Japanern ist das anders: »Japanische Politiker ziehen es offenbar vor, in Yen bezahlt zu werden und die Gelder direkt zu empfangen.«[172]

Oswaldo Lopez Arellano, der frühere Präsident von Honduras, empfing von United Brands 1,25 Millionen Dollar auf sein Schweizer Nummernkonto.[173] Selbst hochgestellte Persönlichkeiten »helfen« bei diesem Geschäft. Der bereits erwähnte holländische Prinz Bernhard (vgl. oben S. 70) erhielt 1,1 Millionen Dollar als »Kommission« für seine Dienste für die amerikanische Flugzeugfirma Lockheed und überwies dieses Geld ebenfalls über einen Schweizer Rechtsanwalt auf sein Schweizer Konto, und zwar »auf den Namen des Vaters seiner verstorbenen Mutter«.[174]

Diese neuen politischen Zahlungen sind in der Zwischenzeit weltweit bekannte Größen. Was die Brasilianer »jeitinho« nennen, bezeichnet man in Ägypten mit »bakschisch«, in Frankreich mit »pot au vin«; die Deutschen sagen »Trinkgeld« für das, was die Griechen »baksissi« nennen und die Chinesen in Hong Kong »hatchien«. In Honduras gebraucht man das Wort »pajada« und in Indien »speed money«. Die Indonesier kennen dafür den Ausdruck »uong sogok« und die Iraner »roshveh«. In Italien sagt man »bustarella« und in Japan »wairo«. Die Malaysianer nennen es »makan siap«, die Mexikaner »mordida«, die Nigerianer »dash«, die Pakistani »roshvat«, die Peruaner »coima« und die Filipinos »lagay«. Selbst in der Sowjetunion kennt man ein spezielles Wort dafür: »vzyatka«. Die Thais bezeichnen es mit »sin bone«, die Amerikaner in den USA mit »payoff«, und in Zaire ist es unter »tarif de verre« bekannt.[175]

Im kapitalistischen Westen wurde die »corporate bribery«[176] so problematisch, daß nach den erwiesenen Bestechungen im Zusammenhang mit dem Lockheed-Skandal im Januar 1978 der amerikanische Präsident Carter ein neues Gesetz unterzeichnen mußte, das bis zu einer Million Dollar Strafe für jeden amerikanischen Konzern verhängt, der schuldig befunden wird, einen ausländischen Regierungsvertreter bestochen zu haben, um einen Export-Geschäftsabschluß für sich zu entscheiden.[177]

Fast jede Woche machten amerikanische Firmen in den 1970er Jahren Schlagzeilen; neben Lockheed waren es besonders Northrop und Gulf Oil[178]; sie erschütterten die Regierung in Japan und »brachten Prinz Bernhard in den Niederlanden in Verruf«[179]. Der »Economist«[180] berichtet zum Jahresende 1977, daß über dreihundert Fälle von »corporate bribery«, in denen es um mehr als vierhundert Millionen Dollar fragwürdiger Zahlungen ging, in diesem Zusammenhang zu nennen wären. Gulf Oil zahlte eine Million US-Dollar an die Republikanische Partei in Korea im Jahr 1966 und drei Millionen im Jahr 1977 und hielt damit wohl den Rekord in bezug auf »political payoffs«. Die für politische Bestechungen eingesetzten Summen sind groß. Die Firma Lockheed allein soll 138 Millionen an fragwürdigen politischen Zahlungen aufgewendet haben.[181]

Eine dreijährige Untersuchung im US-Staat Oklahoma zeigte, daß »Schmiergeld in der Regierung von Oklahoma Routine und nahezu überall zu finden ist«.[182] *Cecil Parker*, ein früherer Landrat, meint achselzuckend: »Diese Dinge geschehen, seit es Landräte gibt.«[183] Parker war mit 76 Jahren damals zwei Jahre älter als der Staat Oklahoma! Man braucht als Politiker nichts zu tun, außer die Hand aufzuhalten und zu hoffen, daß niemand zugesehen hat. Aber dennoch gilt: Die »good old boys« sind Diebe[184], denn »political payments« sind nichts anderes als Korruption. Und die Korruption ist für die »Fundamente der Religion und der Regierung« am schädlichsten, heißt es bereits in einem alten Handbuch über Staatskorruption im Osmanischen Reich.[185]

Strenge Gesetze können die Korruption zwar nicht ausrotten, aber erschweren. Eine amerikanische Firma verzichtete auf ein gutes Geschäft in der islamischen Republik Iran, als man dort Bestechungsgelder verlangte. Es waren weniger moralische Gründe, die die Firmenleitung bewogen, das Geschäft aufzugeben, sondern man fürchtete sich davor, vor einem Senats-Unterausschuß Rechenschaft ablegen zu müssen.[186]

Der Firmenpräsident wollte nicht das gleiche erleben, was dem Vorsitzenden von Racal Electronics passiert war, daß er nämlich vor Gericht erscheinen mußte und im berühmt-berüchtigten Londoner »Waffen-Bestechungs-Prozeß«[187] Auskunft geben sollte, wo die 20 000 Pfund geblieben waren, die zwischen einem britischen Offizier, dem Vertreter des englischen Verteidigungsministeriums, und Racal im Zusammenhang mit einem 4-Millionen-Pfund-Kontrakt den Besitzer gewechselt hatten.

Der »Economist« berichtet aber einige Jahre später (September 1980)[188], daß in Cardiff eine Ingenieurfirma zu 25 000 Pfund Strafe verurteilt wurde, weil sie führenden Stadtpolitikern Bestechungsgelder bezahlt hatte. In Süd-Wales wurden in den Jahren 1976 bis 1980 33 Personen der Bestechung angeklagt und verurteilt; darunter waren 21 Geschäftsleute.[189]

Dieser neuen Form der Korruption begegnen wir auch im Nahen Osten.[190] Dort haben vor allem französische, britische und westdeutsche Waffenfirmen die Initiative übernommen. Sie sind ihrer jeweili-

gen Regierung keine Rechenschaft schuldig, doch manche westeuropäischen Regierungen helfen den Firmen beim Waffengeschäft.[191]
Die »politische Bestechung« blüht in Kenia[192] und in Uganda[193] und anderen ostafrikanischen Staaten. Man hat dort einen speziellen Namen dafür: »wabenzi« und meint damit (wa = eine Gruppe von Menschen und benzi = Mercedes-Benz-Autos) diejenigen, die als Elite sich einen Mercedes leisten können; das ist eine andere Umschreibung der Korruption.
In Nigeria[194] und Indien[195] ist die Korruption ebenso lebendig wie in anderen Ländern: »Nicht eine Akte kommt in Bewegung, wenn die Hand des Büroangestellten nicht geschmiert ist«, beobachtete ein Korrespondent der »Hindustan Times«[196] und umschrieb damit »speed money« oder »black money«, das noch heute die »Congress Party« mehr beschäftigt als die eigentliche Politik. Selbst in Singapur, dem südostasiatischen Musterstaat, in dem ein Polizist sich wehrt, eine ihm angebotene Zigarette anzunehmen, aus Angst, er könnte deshalb der Bestechung angeklagt werden, ist die Korruption in kontextueller Verformung vorhanden: als Schmuggel.[197] Der indonesische Handelsminister *Sumitro Djojohadikusumo* rechnete Singapur vor, daß Indonesiens Außenhandel in den Händen der Singapurianer liege und etwa 80 Prozent des indonesischen Exports aus dem Land geschmuggelt würden durch in Singapur ansässige Syndikate.[198]
Und auch das seither weniger im Rampenlicht der Weltöffentlichkeit stehende Malaysia kommt durch die neue Welle der Wirtschaftsbestechung der Politiker immer mehr ins Gerede. Über den 1981 als »Saubermann« angetretenen *Dr. Mahathir*[199] berichtet Erhard Haubold in der »Frankfurter Allgemeinen Zeitung«[200]: »Er ... kämpft heute gegen den Geruch der Korruption...« Über Mahathir »erzählen die Leute in Kuala Lumpur, daß er in wenigen Jahren zu einem der reichsten Premierminister der Welt geworden sei«. Der übergroßen Versuchung können nur wenige widerstehen. »Wenn du den Finger am Honigtopf hast, willst du auch daran lecken«, lautet ein altes Sprichwort. Korruption gibt es in Malaysia schon lange. Neu ist jedoch, daß nicht mehr, wie früher, 300 oder 400 »Vettern« die Finger im Honigtopf haben, sondern sehr viel weniger; das hängt mit den japanischen Lieferungen zusammen. Viele seien Unternehmer mit Hilfe Mahathirs geworden, »der das nicht umsonst macht«, behauptet ein bekannter

Oppositionspolitiker. Aufträge für schlüsselfertige Projekte im Wert von 200 oder 300 Millionen malaysischer Dollar gingen ohne Ausschreibung an die »Vettern«; zehn Prozent flössen dann auf das Bankkonto des Regierungschefs. Das ist die Tragik des Mannes, der vor der Wahl 1982 eine »saubere, leistungsfähige und vertrauenswürdige Regierung« versprochen hatte. Nach langanhaltendem Widerstand Mahathirs ist jetzt ein Bericht über den »Kreditskandal« bei der staatlichen Bank Bumiputra veröffentlicht worden. Es geht dabei um Kredite in Höhe von 2,5 Milliarden malaysischer Dollar, die an schlechte chinesische Adressen in Hongkong, insbesondere an die Pleitefirma Carrian gegangen sind.

### *Die chinesische Form der Korruption — Protektionszahlungen*

Eine besondere Rolle im Korruptionsgeschäft in Südostasien spielen die Auslandschinesen.[201] Schon *Sun Yat-Sen* war eng verbunden mit den »Juden des Ostens«, wie König Rama VI. von Siam (Thailand) in einem im Jahr 1914 in Bangkok erschienenen Pamphlet die Chinesen nannte. Er klagte sie an, verräterische Parasiten und rücksichtslose Ausbeuter, zu jeder kriminellen Tat fähige Gangster zu sein. Der Ausdruck »Juden des Ostens« ist seither zum Symbolwort für die Auslandschinesen geworden. Auf der anderen Seite haben die Auslandschinesen wie kein anderes Volk, außer vielleicht eben den Juden (mit denen sie deshalb verglichen werden), zur wirtschaftlichen Entwicklung Südostasiens Wesentliches beigetragen. Lange bevor die ersten Europäer kamen, waren die Chinesen bereits da. Und auch nachdem die Europäer gekommen waren, blieben sie weiterhin die wichtigsten Agenten der wirtschaftlichen Entwicklung.

Nach dem Ende der Taiping-Revolution in China (1864) stieg die Zahl der Auslandschinesen gewaltig an. Viele Millionen wanderten nach Südostasien und in die ganze weite Welt aus. Wohin immer sie kamen, mußten sie sich in der Regel durch eigenen großen Fleiß erst eine Position erarbeiten. Sie beherrschen heute weithin die Wirtschaft Südostasiens. Wirtschaftlicher Mittelpunkt ist das »Israel des Ostens«, Singapur. Die Chinesen waren die ersten »Fremden« im Inneren Borneos und lange vor den Spaniern auf den Philippinen. Von Neuguinea bis nach Borneo organisierten Chinesen den Handel. Sie gaben Asiens landwirtschaftlich orientierten Gesellschaften zum erstenmal ein Zahlungsmittel, das überall anerkannt wurde: das chinesische Porzellan, Geschirr und Glas. Unter den Chinesen gilt die Grundregel des absoluten Vertrauens und der Treue gegenüber anderen Chinesen.

Obwohl die 15 Millionen Auslandschinesen nur etwa 5 Prozent der rund 300 Millionen Bewohner Südostasiens ausmachen, kontrollieren sie weit über 60 Prozent des Handels und der Wirtschaft.[202] Diese dominierende Stellung der Chinesen in Ländern wie Malaysia, Indonesien, Thailand und den Philippinen bewirkte unter der einheimischen Bevölkerung eine paranoide Abneigung gegen sie. Von Zeit zu Zeit kam es deshalb zu Verfolgungen.[203] Diese Unsicherheit wiederum forcierte den Prozeß, in dessen Verlauf Chinesen sich einen eigenen Weg der relativen wirtschaftlichen Sicherheit suchen mußten. Ähnlich wie die Juden in Europa mußten auch Auslandschinesen in Südostasien (und nun auch in anderen Teilen der Welt) sich durch Schutzgeld (»protection payments«) freikaufen.

Diese spezielle Form von Korruption[204] fußt auf der uralten Form von Bezahlung, die bereits ihre Vorväter in den Handelsbeziehungen mit den asiatischen Nachbarn angewandt hatten. Neben den normalen Tributzahlungen der von China abhängigen Länder hatten die Chinesen noch eine besondere Form von Handelstributzahlungen. Die Besitzer und Kapitäne der Handelsschiffe, die Chinas Häfen anfuhren, hatten eine besondere »Steuer« an die jeweiligen Mandarine zu entrichten. Diese »Steuer« (ein anderes Wort für »Bestechung«) teilten die Mandarine unter sich auf. »Es gab kaum einen Mandarin in Kanton, der nicht einen illegalen Profit aus dem ›fan-qui‹, dem ›fremden Teufel‹ herausholte«, schreibt *Christopher Hibbert*.[205]

In diese wohldurchdachte Form der Korruption mitverwickelt war auch der jeweilige Repräsentant des Kaisers in finanziellen Angelegenheiten. Er hatte seinen Posten gewöhnlich drei Jahre lang inne und mußte eine gewaltige Menge Geld bezahlen, um ihn überhaupt zu erhalten. Entsprechend mußte also der Profit sein. Den ansehnlichen Gewinn konnte er jedoch nicht für sich selber behalten, sondern er mußte durch »generöse Geschenke« die Pekinger Mandarine befriedigen. Dennoch blieb ihm genug, denn es gab selten einen »Hoppo« (Beamten des Zolls), der nicht ein Vermögen ansammelte in diesen drei Jahren. Und mit ihm verdiente eine ganze Menge anderer Leute. An dem Korruptionsgeschäft beteiligt waren Übersetzer, Lotsen und die wirtschaftlichen Mittelsmänner, die man bald »comprado-res« (»Käufer«) nannte.[206] Vor allem die letzteren, die als Agenten einerseits die Handelsgüter für die Europäer und Amerikaner kauften und andererseits deren Waren an Chinesen weiter verkauften, wurden im Lauf der Zeit immer mächtiger; sie lebten vornehmlich von der Bestechung. Alle mußten ihrerseits die jeweiligen kleinen und großen Beamten bestechen, um zum Ziel zu kommen.

Es gab also eine uralte chinesische Tradition, die nun von den Auslandschinesen bedenkenlos auf die neue Situation in Südostasien übertragen wurde. Einige Chinesen wehrten sich allerdings gegen diese Form der Korruption.

*Hsia Hsin*, ein Gelehrter und hoher Beamter am Hof, stellt im Jahr 1869 sein »Heiliges Edikt in 16 Abschnitten, mit einfachen Erklärungen der Gesetze«[207] zusammen. Das Buch wurde ursprünglich geschrieben, um muslimischen Türken in Zentralasien den Konfuzianismus zu erklären; es war also eine Missionsschrift, die jedoch einen politischen Zweck verfolgte.[208] Im zwölften Abschnitt findet sich eine Anweisung für den Kampf gegen die Korruption.[209]

Die Bekämpfung der Korruption ist also in der Manchu-Zeit bereits zum Politikum geworden, und sie ist auch ein solches geblieben. Hsia Hsin konnte sich nicht durchsetzen.[210]

Noch immer zahlen die Chinesen in Südostasien ihre Protektionsgelder. Marschall Sarit, der starke Mann Thailands, war bekannt für seine harten Gesetze gegen die Chinesen. Sein großes Vermögen kam dadurch zustande, daß er die chinesischen Geschäftsleute bis aufs Blut aussaugte.[211]

Nicht viel anders ist es auf den Philippinen: Politische Erpressung ist nach Jacoby[212] ein solcher Teil des politischen Lebens dort, daß einige der Kongreßmitglieder angeklagt worden sind, sie würden anti-chinesische Gesetze nur erlassen, um mehr Geld aus den Auslandschinesen herauspressen zu können.

### *Wirtschaftskorruption in Lateinamerika*

Wie in Südostasien sind auch in Lateinamerika die Bürokratie und die Privatindustrie eng verbunden durch »politische Zahlungen«.[213] Das gilt für Peru[214] genauso wie für Mexiko[215], Kolumbien[216] und die Dominikanische Republik[217]. »Zerstobene Träume«[218] sind allüberall in

Lateinamerika anzutreffen. In Mexiko wurde die Revolution bürokratisiert und damit besonders anfällig für die Korruptionskrankheit. In einem Bericht vom März 1980 über Mexiko heißt es:

»Knapp 80 Jahre nach Beginn der mexikanischen Revolution treibt hier noch so mancher Mythos von Demokratie und Gleichheit in jenem lateinamerikanischen Land seine Blüten, doch die politische und wirtschaftliche Realität hat diese Träumereien längst eingeholt. Die beinahe täglichen Meldungen über die mexikanische Schuldenkrise offenbaren, daß es der Mehrheit der Bevölkerung wirtschaftlich nicht besser geht als anderswo; und spätestens nach den Berichten über das Erdbeben und seine Folgen bestehen keine Zweifel mehr darüber, daß das politische System trotz Revolution auf Korruption und Repression nicht verzichten kann. Mit anderen Worten: Mexiko stellt geradezu ein Paradebeispiel für die gescheiterte Entwicklung eines ›Schwellen-Landes‹ dar.«[219]

*J. Metzger* und *R. Schell* haben in ihrer Untersuchung über Mexiko die »versteinerte Revolution«[220] analysiert und gezeigt, daß die herrschende Staatspartei (PRI), die das politische Geschehen der letzten 40 Jahre bestimmte, durch Korruption, Integration und Repression die Sicherung ihrer Macht betrieben hat. Jede Form von Opposition wird mit den unterschiedlichsten Mitteln und Formen der Korruption bekämpft; und es gelingt der PRI auch immer wieder, auf diese Weise den Widerstand dieser Bewegung zu brechen.

Besonders deutlich sind die Folgen der Korruption in der Stadt Mexico City. Dort läuft nichts ohne Bestechung. Die noch so gut gemeinten Straßenbauprojekte funktionieren nicht, es sei denn, die betreffenden Beamten werden »gekauft« — und Geld für derlei Dinge haben nur die Reichen. Lange vor allen anderen Ländern hat Mexiko zwar eine staatseigene Erdölgesellschaft gegründet (1938). Aber gerade an dieser staatlichen Gesellschaft lassen sich am besten Struktur und Ausmaß der Korruption aufzeigen.

Die Bestechung »ist der Lohn für politische Loyalität gegenüber dem Gesamtsystem oder einer bestimmten Machtgruppe. Auf ihr basiert die so oft gerühmte politische Stabilität Mexikos.«[221]

Das Korruptionssystem umgreift praktisch alle Bereiche der Gesellschaft. So kostet beispielsweise ein fester Arbeitsplatz bei der staatlichen Ölgesellschaft PEMEX umgerechnet 25 000 DM, die an die Gewerkschaften bezahlt werden müssen; der Arbeitsplatz kann dann vererbt oder mit einem gewissen Zuschlag auch an andere weiterverpachtet werden. Mexiko gehört wie das ebenfalls korruptionskranke Brasilien zu den am höchsten verschuldeten Ländern der Welt.

*Wirtschaftskorruption in Westeuropa*

Auch in Westeuropa sind die »corporate political payments« inzwischen so selbstverständlich geworden, daß sie zum Geschäftsalltag gehören. In England war es 1974 der John-Poulson-Korruptionsfall, der zum ersten Mal die Öffentlichkeit auf diese Vorgänge im wirtschaftlichen Leben aufmerksam machte.[222]

Bald wurde deutlich, daß nicht nur der Staatsbedienstete John Poulson, sondern auch viele andere diesem neuen Typus der Korruption zum Opfer gefallen waren.[223] Es waren nun vornehmlich Geschäftsleute, die Beamte bestachen.

Von England über Belgien[224] und Frankreich[225] bis nach Italien[226] und Deutschland[227] erstrecken sich die Korruptionsskandale in den letzten Jahren. Auch die Schweiz ist nicht »über alle Zweifel erhaben«.[228]

Im Fernsehen und in der Tagespresse erscheinen in den letzten Jahren immer wieder Berichte über Korruptionsskandale in Europa, so daß wir darüber nicht ausführlich schreiben müssen. Die Kürze der Korruptionsdarstellung in Westeuropa in dieser Abhandlung soll also nicht bedeuten, daß es in den genannten Ländern weniger Korruption als in anderen Ländern gäbe — die traurige Wirklichkeit zeigt eher das Gegenteil. Aus räumlichen Gründen konzentrieren wir uns hier auf *Italien* und die *Bundesrepublik Deutschland.*

Nach *Klaus Laermann*[229] ist es »die diskrete Macht der Korruption«, die »Italien im Innersten zusammenhält«. In keinem anderen Land Westeuropas habe das Klientelwesen und die damit verbundene Schattenwirtschaft einen so großen Umfang angenommen wie in Italien. Die Korruption sei dort zu einer »Lebensform« geworden. Moralische Verurteilung helfe nicht, denn es sei in Italien kaum möglich, sich diesem Phänomen zu entziehen, da es alle Bereiche des wirtschaftlichen Lebens beherrsche und auch Auswirkungen auf das Leben eines jeden Menschen habe. Die Bestechung nenne man »bustarella«, weil die entsprechenden Bestechungsgelder in einem Briefumschlag (busta) bezahlt würden. Dabei sei es sehr schwer, den Übergang vom freundschaftlichen Geschenk zur Bestechung genau zu bezeichnen. »Denn wer jemand einen nicht ganz legalen Gefallen getan hat, verfügt dadurch über eine Art Gefälligkeitsguthaben, dessen Einlösung bei Bedarf anzumahnen oder gar persönlich einzuklagen ist. Solche sozialen Debetsalden anderer geschickt zu verwalten, verschafft Ansehen und Einfluß. Die mit ihnen erworbene gesellschaftliche Macht besitzt oft noch größeren Reiz als das Geld.« Korrupt sei, wer anderen einen Gefallen tut. Dies erinnere sehr an die traditionelle Form der »Freundschaft«, die in der Antike ein politischer Begriff gewesen sei. Die Italiener nähmen diese zwar verwerfliche, aber doch überall geduldete Verhaltensweise hin, weil sie eine Gewähr dafür sei, daß der Staat nicht zu stark wird. Und auch die Politiker spielten das Spiel mit. Dabei würden die Christdemokraten noch von den Sozialisten übertroffen. Und auch die Kommunisten partizipierten daran, wenn auch weniger stark als die anderen Parteien. »Doch die Parteien waren in nur wenigen Fällen jeweils allein für einen Korruptionsvorgang verantwortlich. Da sie auf allen Ebenen des politischen Repräsentationssystems in häufig gegenläufigen Koalitionen vertreten sind, werden sie auch unterschiedlich mit tangenti bedacht.« Diese »Vermittlungsgebühr« sei jedoch in zunehmendem Maß gestiegen. Die Korruptionsgelder hätten die gigantische Summe von »rund 3 Prozent der italienischen Staatsverschuldung von 1340 Milliarden Mark« erreicht, und das seien 12,7 Prozent des Bruttoinlandsprodukts. Damit stehe Italien weit über allen anderen Industrieländern. Die Kosten der öffentlichen Investitionen würden »ins Unermeßliche« steigen, »denn weder die Unternehmer haben ein Interesse daran, sie zu senken, noch die Parteien oder Beamten, weil beide Gruppen an höheren Preisen prozentual mehr verdienen«. Die geschätzten 40 Milliarden, die der Staat jährlich durch Schmiergelder einnimmt, schlagen natürlich nicht als Einnahmen des Staates zu Buche, sondern wandern in die Taschen der Beamten. Der Staat bezahle letztendlich die vom Auftraggeber auf die Rechnung gesetzten Schmiergelder und verliere gleichzeitig auch noch die Einnahmen.

Die Korruption habe sich vor allem seit Anfang der achtziger Jahre verändert. Die Bestechungssummen, die früher hauptsächlich im Bausektor bezahlt worden seien, würden nun vornehmlich im »Dienstleistungssektor, also im Bereich der Stadtreinigung, des Verkehrswesens und so weiter« bezahlt. Außerdem habe sich der Schwerpunkt vom Süden in den stärker sozialistischen Nordwesten (Mailand, Genua, Turin) verlagert. Vor allem die allgegenwärtige Mafia spiele dabei eine große Rolle, denn sie könne »durch ihre legal nicht vorzeigbare Macht... die Konkurrenz anderer Anbieter bei Ausschreibungen durch Einschüchterung oder offene Gewalttätigkeit ausschalten. Es kommt dabei zu regelrechten Bandenkriegen zwischen den einander befehdenden Machtzentren der Kriminalität.« Dabei spiele vor allem eine Rolle, daß »Staatsaufträge eine ausgezeichnete ›Geldwaschanlage‹ sind«, wo die aus dem Drogenhandel stammenden Gelder wieder investiert werden könnten. Diese Gelder werden heute auf 20 Prozent des italienischen Bruttosozialprodukts geschätzt.

Der Kampf gegen die Korruption ist für Italien also fast eine Überlebensfrage. Und dieser Kampf wird immer brutaler. Doch er leide, so Laermann, vor allem unter der großen Schwierigkeit, daß auch die Justiz »nur eines von vielen Machtzentren ist und vielleicht nur vorgeschoben wurde oder sich gar hat einspannen lassen, um andere zu schützen«. Dennoch habe Italien trotz der vielen Korruptionsaffären »ein erstaunlich hohes Maß an struktureller politischer Stabilität aufzuweisen«. Wie lange noch, weiß aber niemand, denn daß die Korruption »zur Integration der gesellschaftlichen Gruppen in den Staat beiträgt«, meinen zwar manche soziologischen Strukturalisten wie Robert K. Merton, doch die Geschichte zeigt uns, daß das Krebsgeschwür Korruption am Ende den ganzen Leib der Gesellschaft zerstört.

Eine detaillierte Untersuchung der Wirtschaftskorruption in der *Bundesrepublik Deutschland* können wir aus räumlichen Gründen hier nicht vornehmen. Wir konzentrieren uns also auf die wichtigsten Stadien der Korruption. Sowohl in der Bundesrepublik, die ein kapitalistisches Gesellschaftssystem (soziale Marktwirtschaft) hat, als auch in der Deutschen Demokratischen Republik, in der ein sozialistisches Gesellschaftssystem herrscht, ist die Korruption ein wohlbekanntes Phänomen. In der DDR gab es offiziell keine Korruption, und die Medien berichteten bis Ende 1989 auch nichts darüber. Doch allen DDR-Bürgern ist das Phänomen der Korruption wohlbekannt. In der Bundesrepublik sind durch die Medien und wissenschaftlichen Untersuchungen vor allem die Korruptionsaffären um die ehemaligen Bundesminister Graf Lambsdorff und Friderichs bekannt geworden. Die Korruptionsskandale erreichten ihren vorläufigen Höhepunkt in der

Barschel-Affäre. Der Zusammenhang von »Macht und Machenschaften«[230] wurde dadurch deutlich. Der Fall wurde zum Lehrstück bundesrepublikanischer Wirklichkeit. Der Ehrenvorsitzende der CDU Schleswig-Holstein, Kai-Uwe von Hassel, charakterisierte Uwe Barschel so: »Er war der Mann, der genau in das politische Milieu hineinpaßte, das sich ihm bot.«[230a] Klarer kann man den Zusammenhang von Politik und Wirtschaft nicht beschreiben.

In Kiel wurde nicht nur die beängstigendste Affäre der deutschen Nachkriegsgeschichte ans Licht gebracht, sondern es zeigten sich auch die schweren Mängel der bundesrepublikanischen Demokratie. In die Barschel-Affäre waren sowohl Bonner Spitzenpolitiker als auch Kieler Staatssekretäre verwickelt, Verfassungsschützer und Spitzenmanager. Selbst Chefredakteure und Privatdetektive spielten in diesem Korruptionsfall mit.

Das »Milieu« hat sich eher noch weiterentwickelt und läßt noch mehr Raum für Korruption, die von vielen als Sachzwang akzeptiert wird — und Sachzwänge, so haben wir gelernt, sind unabänderlich. Man kann sich nicht dagegen wehren. So aber kann die Korruption sich immer weiter entfalten. *Paul Noack*[231] sieht »Korruption als die andere Seite der Macht«. Die Korruption in der Nachkriegszeit zeigt das veränderte Gesellschaftsbild in aller Deutlichkeit. Die Moralvorstellungen der Wirtschaft wirken sich auch auf die Beamten aus. Ging es im ersten Korruptionsfall der Nachkriegsgeschichte noch um einen heute geradezu lächerlichen Betrag von exakt 1454,60 DM wie im Falle des Obersten Löffelholz, so waren es bereits um Zehntausende im Fall des Abgeordneten Wienand. In der Affäre um die Neue Heimat, in die vor allem Gewerkschaftsfunktionäre verwickelt waren, handelte es sich bereits um Hunderttausende von Mark.

Noack sieht eine klare Entwicklung der Korruption in der Bundesrepublik. Im ersten Stadium waren es vor allem Beamte. Der Antrieb zur Korruption sei die Sucht nach mehr Geld gewesen, denn Reichtum und gesellschaftliche Macht waren in festen Händen, und Normalbürger konnten nur über die Hintertreppe in die höheren Etagen vorstoßen. Die Moral der Beamten veränderte sich im gleichen Maß wie die Moral der Gesellschaft. Es genügte nicht mehr, etwas zu sein, sondern man mußte vor allem etwas haben, wenn man in der Gesellschaft Ansehen genießen wollte.

Das zweite Stadium der Entwicklung der Korruption sind nach Noack

»die Abgeordneten«[232]. Theodor Eschenburg hat (in einem Artikel in der *Stuttgarter Zeitung* vom 31. 8. 1974) darauf hingewiesen, daß bis heute aktive und passive Bestechung von Abgeordneten kein strafbarer Tatbestand sei. Und Friedrich Karl Frommel schrieb in der *FAZ* (23. 3. 1972), daß beim Abgeordneten so gut wie nichts strafbar sei, was er in Ausübung seines Mandats tue. »So beginnt die Geschichte der Bundesrepublik mit einer handfesten Bestechungsaffäre«, meint Noack, und diese wird auch »zur Geburtsstunde des ersten Untersuchungsausschusses in Bonn«.[233] Die Reihe der Korruptions-Affären im Bundestag ist bis heute nicht zu Ende gekommen. Noack sieht als entscheidenden Grund »das Defizit an ethisch fundierten Haltungen«, denn wo das Gewissen »privatisiert« werde, sei eine auf das »Gemeinwohl« bezogene Ethik chancenlos.
Das zeigt sich vor allem im dritten Stadium der Korruption bei den Verbänden.[234] Hier komme nun vor allem im Fall der Neuen Heimat ein neues Phänomen hinzu, der Machtmißbrauch eines Generaldirektors zur eigenen Bereicherung. Die Summen, um die es sich nun handelt, sind nicht mehr zu vergleichen mit den früher bekannten.
Als viertes Stadium der Korruptionsentwicklung sieht Noack »das große Netzwerk«, nämlich die enge Verflechtung von Wirtschaft und Politik. Friderichs verstand sein Amt als Bundeswirtschaftsminister nach eigenen Worten als »Ministerium *für* Wirtschaft«. Er fühlte sich deshalb auch nicht schuldig, denn das Geld, das der Industrielle Flick ihm für die Parteifinanzierung gab, diente ja dem Zweck der engen Verbindung von Politik und Wirtschaft. Rudolf Augstein (in *DER SPIEGEL* vom 2. 7. 1984) sieht jedoch gerade darin die eigentliche Bedrohung der Demokratie, denn jedes politische System trage in sich selbst den Keim seines Untergangs. Man könne dies auch »Korruption« nennen. Die Hauptfeinde der Demokratie sitzen nach Noack immer »in ihrer ureigenen Mitte, an den Schalthebeln der Macht«, und er sieht den »Verlust der Loyalität, Identifikationsbereitschaft des einzelnen mit dem Staat« als das »schwerwiegendste Symptom staatlicher Auszehrung«.[235] Der Fall Flick/Lambsdorff sei die bisher letzte Phase der politischen Korruption in der Bundesrepublik, aber wohl nicht der letzte Fall; »der Zwang zur Korruption ist in dieses System gleichsam eingebaut«[236], und politische Korruption, »diese Schattenseite der Macht, kann zum Instrument einer zwar nicht gewollten, aber bewirkten Selbstentleibung werden«.

Auch kommunistische Länder sind trotz lautstarker gegenteiliger Propaganda korruptionskrank. Wir wollen das am Beispiel der Sowjetunion exemplarisch beschreiben.

*J. R. Shakleton*[237] kommt in seiner Untersuchung der wirtschaftlichen Situation Rußlands zum Ergebnis, daß der internationale Handel, die Waffenverkäufe und überhaupt der Kontakt mit Ausländern lukrative Geschäfte für einige Russen, die an der Macht sind, ergeben. Bestechung ist kein fremdes Wort in der Sowjetunion. Und die immer zahlreicher werdenden »datschas« in Moskau und in der Umgebung sind ein deutlicher Beweis dafür, daß die Korruption in der UdSSR kräftig blüht.

*Hendrick Smith*, der viele Jahre in Moskau als New-York-Times-Korrespondent arbeitete, meint, daß die Korruption als eine »Gegen-Ökonomie« aus dem zentral geplanten kommunistischen System ganz natürlich erwachse.[238] *Andrej Sacharow* schätzt, daß »etwa 10 Prozent oder noch mehr« des gesamten sowjetischen Bruttosozialeinkommens (etwa 66 Milliarden Dollar) in dieser Gegenökonomie umgesetzt würden. Zu diesem Geschäft gehört aber vor allem auch die Korruption, die es im real existierenden Sozialismus offiziell nicht gibt.[239]

*Konstantin M. Simis* kommt in seiner Untersuchung der »Secrets of a Corrupt Society«[240] in bezug auf die UdSSR zu dem Ergebnis, daß zwar die Gesetze Korruption verböten, aber oft keine Möglichkeit bestehe, gegen die eigentlichen Urheber der Korruption vorzugehen, weil diese über den Gesetzen stünden.[241] Gerade darin aber liege die tiefste Ursache der Korruption, denn diese wurzele in der Macht des Parteiapparates, die von niemandem kontrolliert werde. Zwar gebe es wesentliche Unterschiede im Ausmaß der Korruption auf den verschiedensten Ebenen des Machtapparates, dennoch könne allgemein gesagt werden, daß die Korruption eine Bedrohung der Sowjetunion geworden sei.

Der Sekretär des Zentralkomitees der UdSSR brauche keine korrupten Praktiken, denn er beziehe sowieso alles, was er zum guten Leben brauche, kostenlos von speziellen »Regierungsläden«; die niederen Ränge nutzten dagegen ihre Macht im Parteiapparat, um sich auf andere Weise Vorteile zu verschaffen.[242] Die »herrschende Elite«[243]

könne sich alles leisten, denn sie habe Privilegien, und diese zahlten sich in Geld aus.
Simis zeigt das am Beispiel von Nikolai Smirnow, dem Vorsitzenden der Leningrader Stadtregierung. Als dieser plötzlich im Auto starb und sein Safe geöffnet werden mußte, fand man darin ganze Sammlungen von wertvollen Edelsteinen und Bündel von Geld, die ihm und anderen hochgestellten Funktionären gehörten. Die Polizei konnte bald feststellen, daß das Bestechungsgelder waren, die an den zweithöchsten Mann des Regimes für lukrative Stellungen bezahlt wurden. Das Mitglied des Zentralkomitees verhinderte durch seinen Machteinfluß dafür die Strafverfolgung von Untergrundgeschäftsleuten, die ihrerseits Beträge in Höhe von mehreren hunderttausend Rubel bezahlten.[244] Simis beschreibt eine Reihe weiterer ähnlicher Fälle, die zeigen, daß Korruption in den höchsten Kreisen der UdSSR durchaus an der Tagesordnung ist. Neben der »natürlichen« Fürsorge für die Familie, die allüberall in der Welt als Grund für größeren Gelderwerb anzutreffen ist, nennt Simis eine spezielle Eigenart des sowjetrussischen Regimes, die Gewöhnung an die allgegenwärtige Korruption des Parteiapparates, in welchem Bestechung und Geschenke »eine tägliche Routine« für Funktionäre seien.[245]
Neben der »herrschenden Elite« beschreibt Simis die sogenannte »Distrikt-Mafia«[246] als eine an der Korruption beteiligte Gruppe. In den abgelegenen Teilen des Landes habe sich eine Art Tributsystem entwickelt, das allgemein akzeptiert und weit verbreitet sei. Neben den üblichen Bestechungsgeldern, so berichtet Simis, der lange Zeit an einem bekannten Forschungsinstitut in der Sowjetunion gearbeitet hat, zahlen Abhängige eine Art Tribut an Höhergestellte. Die »Leistungen« reichen von der kostenlosen Autoreparatur in staatseigenen Werkstätten, unentgeltlichen Haushaltsreparaturen bis zur Gartenarbeit.[247] Je höher die Stellung des betreffenden Beamten, desto größer die Tributzahlungen. Diese Art von Tributzahlung basiere auf der totalen Macht des Partei- und Staatsapparats und der Tatsache, daß dieser nicht dem Gesetz unterworfen sei oder von der öffentlichen Meinung und der Presse kontrolliert werde.[248] Sie habe ihre letzte Ursache in der totalen Abhängigkeit der Wirtschaft vom Parteiapparat, so daß den leitenden Führungskräften der Wirtschaft gar keine andere Wahl bleibe, als überhöhte Normen anzugeben, um die Bestechungsgelder für die Tributzahlungen zu erhalten.

In der gleichen Weise würden auch Zahlungen an Distriktstaatsanwälte und Polizeichefs gehandhabt. Die Gelder könnten nur durch illegale Transaktionen »erwirtschaftet« werden, und so habe »die permanente Korruption der regierenden Elite auf der Distrikt-Ebene« ein »System von echtem organisiertem Verbrechen«[249] geschaffen. Abhilfe könne hier nur die höhere Parteistelle schaffen, doch diese sei aus verständlichen Gründen nicht an der Aufdeckung der Fälle interessiert, da sie selber am System der Korruption beteiligt sei. Deshalb scheiterten selbst Versuche höchster Regierungskreise und des Zentralkomitees bei der Bekämpfung der Krebskrankheit Korruption.
Da alle an der Korruption auf die eine oder andere Weise beteiligt sind, kann Simis zufolge auch keine wirkliche Bestrafung erfolgen, denn die Beteiligten kontrollieren sich selber und tun sich deshalb nicht weh, sondern suchen einen Ausweg. Der Ausweg wird in der Regel so gefunden, daß die Verhandlungen sich in die Länge ziehen und am Ende die Ankläger zu Angeklagten werden. Keiner möchte auf die Vorteile des gut funktionierenden Tributsystems verzichten, und da dieses wesentlich zum System des sowjetischen Kommunismus gehört, ist auch eine Änderung kaum möglich, denn dies würde ja eine revolutionäre Veränderung des gesamten Organisationssystems bedeuten.
Als eine andere weit verbreitete Form der Korruption nennt Simis die »Bestechung der Richter«, denn die Gerechtigkeit sei »käuflich«. Auch hier sei die Hauptursache die völlige Abhängigkeit des Rechtssystems vom Parteiapparat, und dies habe eine fatale Rolle in der Geschichte der sowjetischen Justiz gespielt. Besonders weit verbreitet sei diese Form der Bestechung der Richter im asiatischen Teil der UdSSR. Das jahrhundertealte System der östlichen Tradition des Bakschisch und das Management des Parteiapparates des sowjetischen Systems zusammen hätten ein endemisches System der Korruption gebildet, das typisch geworden sei für die transkaukasischen und zentralasiatischen Republiken.[250] Glücklicherweise sei diese einst weitverbreitete Bestechung der Richter in den letzten Jahren seltener geworden, nachdem die Regierung hart durchgegriffen habe, stellt Simis fest.[251]
Auffallend stark ist die Korruption in der sowjetischen Industrie.[252] Es sei ohne Frage durch verschiedene Gerichtsverhandlungen zutage getreten, schreibt Simis, daß die Bestechung von Buchprüfern und hochrangigen Inspektoren verbreitet sei. Bezahlt werde jedoch in der

Regel nicht mit Geld, sondern durch Waren, denn Geldzahlungen könnten leichter ausgemacht werden. Die Gründe für die Korruption in der Industrie lägen ebenfalls, so Simis weiter, im System der Zentralisation der sowjetischen Wirtschaft. Die Pläne, die von »oben vorgeschrieben werden, müssen erfüllt werden«. Und: »Es gibt keinen legalen Weg in der Sowjetunion, die zusätzlichen vielgebrauchten Güter zu beschaffen. Aber einen Weg gibt es, auf dem alles, was erforderlich ist, um den Plan zu erfüllen, zu erhalten ist: die Korruption. Mit dem Universalschlüssel der Bestechung bekommt man Anordnungen von Funktionären, die über die Zuteilung von Materialien und Ausrüstung bestimmen, bekommt man von Lieferanten, was einem bereits durch staatliche Anordnung zugeteilt wurde, und bekommt man die Mittel, um die Ware zu verschicken.«[253]

Während die weniger Mächtigen in teure Restaurants eingeladen werden, um sie für die gewünschten Ziele gefügig zu machen, muß man an höhergestellte Beamte außer dem teuren Eßgelage noch zusätzlich Bargeldzahlungen entrichten, die bis 200 Rubel betragen, wie einige Gerichtsverhandlungen zeigten. Ganz andere Beträge sind jedoch notwendig, wenn es sich um Minister handelt. So habe ein Landwirtschaftsminister 3000 Rubel erhalten im Ausgleich für 500 Kubikmeter Holz, die er über den Plan hinaus einer Fabrik habe zukommen lassen. Der Chef des Staatskomitees für Landwirtschaftsmaschinen habe für die Zuteilung von Landwirtschaftsmaschinen-Ersatzteilen sogar 25 000 Rubel im Jahr bekommen.[254]

Die Reihe könnte unendlich fortgesetzt werden, denn die Zahl der Korruptionsfälle in der sowjetischen Wirtschaft ist groß. Doch die bis jetzt genannten Fälle sind relativ bescheiden, verglichen mit denen, die durch die »Untergrund-Geschäftswelt« bekannt geworden sind.[255]

Simis berichtet von einer Familie, die wie alle anderen sechs Familien, mit denen sie zusammenlebte und dieselbe Küche benutzte, ein Doppelleben führte. Sie hatten in einem Hinterraum einen eigenen Herd, auf dem sie täglich abends hinter verschlossenen Türen ein Extraessen kochten, während sie das »normale Essen« wegwarfen. Das alles wurde offenbar durch eine Gerichtsverhandlung, bei der sich zeigte, daß der so einfach gekleidete Vorarbeiter in Wirklichkeit ein Millionär war und mehr verdiente als alle anderen sechs Familien zusammen. Der Vorarbeiter war in Wirklichkeit ein Privatunternehmer, einer von den vielen über ganz Rußland verbreiteten Unternehmern, die Güter im Wert von vielen hundert Millionen oder gar Milliarden Rubel produzieren. Es sind meist kleinere Unternehmen, die eine Marktlücke füllen und z. B. Pullover oder Hosen produzieren. Das Material kaufen sie auf dem Schwarzmarkt, und ihre Werkstätten sind sehr bescheiden. In der Regel nisten sie sich in ein staatliches Unternehmen ein und übernehmen auch dessen Namen, denn ohne diesen »Schutz« könnten sie nicht bestehen. Sie betreiben ihr Geschäft als »Linke-Hand«-Unternehmen, wie es im Sprachgebrauch der UdSSR genannt wird. Einer seiner Klienten, berichtet Simis, habe auf diese Weise etwa 3 Millionen Rubel verdient. Und er war nur einer der kleineren Unternehmer. Bekannter sind die Silberg-Brüder, die mehrere Unternehmen hatten. Sie unterhielten gute Beziehungen zu wichtigen Staatsbeamten in den verschiedenen Ministerien, die sie auf die übliche Art und Weise bestachen; so erhielten sie die notwendigen Papiere, die es ihnen ermöglichten, einen eigenen Vertriebsapparat aufzubauen, der über das ganze Land ausgedehnt war. Die Verdienste, die Simis nennt, sind unglaublich und erreichten Summen bis zu 350 Millionen Rubel.[256] Etwa 10 bis 15 Prozent des Verdienstes mußten für Bestechung ausgegeben werden. Das Hauptproblem der Untergrundgeschäftsleute sei nicht das Geldverdienen, sondern wie sie ihre Gewinne vor den Behörden verstecken könnten.

Selbst die Polizei ist in Bestechung verwickelt.[257] Ihre Haupteinnahmequelle sind dabei Bestechungsgelder von Spekulanten in ausländischen Währungen auf dem Schwarzmarkt. Vor allem in den fünfziger und sechziger Jahren sei diese Korruptionsform weit verbreitet gewesen und habe unglaubliche Dimensionen erreicht. Sie sei zwar später zurückgegangen, aber dennoch existent.

Die Korruption gehöre, so Simis, zum täglichen Leben wie das Essen und Trinken. Sie beginne im Kindergarten mit kleinen Geschenken und werde zur Bestechung, wenn die Kinder zur Schule kommen, denn ohne Bestechung führe kein Weg zur höheren Schule[258], und ohne Bestechung gebe es keinen lukrativen Arbeitsplatz. Die Bestechungsgelder betrügen 3000 bis 5000 Rubel, und in Moskau koste ein Platz an der Universität sogar bis zu 6000 Rubel. Doch die höchsten Bestechungsgelder bezahle man in Trans-Kaukasien und Zentralasien. In Georgien koste ein Platz am Medizinischen Institut 15 000 Rubel, und in Lehrerbildungs- und Polytechnischen Instituten müsse man 10 000 Rubel bezahlen. In Aserbeidschan kostet die Zulassung zum Medizinischen Institut 30 000 Rubel, zum Wirtschaftsinstitut 35 000, zur Universität Baku 20-25 000 und zum Fremdspracheninstitut 10 000.[259] Vzyatka (Bestechung) begleite also den Menschen vom Kindergarten bis zum Krematorium; selbst die Särge und Blumen gingen nach der Beerdigung wieder an das Bestattungsinstitut zurück und würden zum zweiten Mal verkauft, wobei zwei Drittel an die Krematoriumsangestellten gingen und ein Drittel an das Beerdigungsinstitut.[260] Das alles führe schließlich dazu, daß die ganze Bevölkerung sich wie selbstverständlich am System der Korruption beteilige, da keine andere Möglichkeit bestehe.[261]

Simis kommt zu dem Ergebnis, daß die sowjetischen Bürger Bestechungsgelder zahlten, ohne über die moralischen Aspekte nachzudenken und ohne dabei ein schlechtes Gewissen zu haben; man wisse zwar, daß man das bestehende Gesetz breche, habe jedoch kein Bewußtsein dafür, daß diese Handlung unmoralisch sei.[262] Die Doppelmoral, die sich daraus entwickle, sei jedoch Teil des Systems, und deshalb könne die Korruption nur unterbunden werden, wenn das System sich verändere — und dies sei wohl nicht möglich.[263]

*Arno Katsenelinboigen* gelangt in seiner Untersuchung[264] zu der Feststellung, daß man grundsätzlich drei Gesetze der sowjetischen Korruption unterscheiden könne: Je höher die Stellung sei, desto größer sei der prozentuale Anteil der Bestechung am Gesamteinkommen, und je weniger tyrannisch die autoritäre Führung sei, desto mehr gebrauche sie Korruption auf der Ebene der niederen Angestellten als Weg, die eigene Macht zu vergrößern; und schließlich gelte als drittes Gesetz: Je niedriger das Verhältnis des Einkommens der Bevölkerung zum halblegalen und illegalen Einkommen sei, desto höher sei die Summe der Korruptionsgelder.

Zwar sei (wie wir bereits gesehen haben) die Korruption in den verschiedenen Regionen der UdSSR unterschiedlich stark verbreitet, doch die Tatsache, daß ein Teil der Bevölkerung halblegales oder illegales Einkommen erziele, führe unweigerlich zur Korruption der Kontrollorgane, die diese Aktivitäten deckten. Im Vergleich mit westlichen Ländern könne man sagen, daß es zwar verschiedene Formen der Korruption gebe, doch diese unterschieden sich meist nur in der Richtung. In Rußland beispielsweise zahlten die (staatlichen) Unternehmen Bestechungsgelder an die Regierungsstellen, um die vorgeschriebenen Pläne zu reduzieren; im Westen dagegen zahlten Unter-

nehmen Bestechungsgelder an staatliche Stellen, um hohe Aufträge zu erhalten. In beiden Fällen aber handele es sich um Korruption.[265]
In der Sowjetunion durfte bis vor kurzem das Thema Korruption nicht diskutiert werden; es war wie Inflation, Selbstmord und Militärausgaben, um nur einige der wichtigsten zu nennen, ein Tabu. Korruption gab es nur bei den »anderen«. Dennoch kann kein Zweifel bestehen, daß das sozialistische System nicht weniger als das kapitalistische für Korruption anfällig ist. Das hat Gorbatschow im Zusammenhang mit der neuen Politik der Perestroika auch immer wieder öffentlich betont. Sein Kampf gegen die korrupten Funktionäre der Partei ist für ihn bereits zur Frage des Überlebens geworden; deshalb sucht er Bundesgenossen für seinen Kampf gegen die Korruption im eigenen Land und in aller Welt. Die (relative) Religionsfreiheit und die Gewährung von mehr Freiheit für die einzelnen Gebiete, die Dezentralisierung und die »Hofierung« der Orthodoxen Kirche müssen in diesem Zusammenhang gesehen werden. Das Böse ist auch im Kommunismus eine lebensbedrohende Wirklichkeit. Die Umweltkatastrophen in der Sowjetunion sind für alle Bewohner des Landes zu einer Gefahr für ihr Leben geworden.
Das gilt natürlich nicht nur für die Sowjetunion. Die Umweltprobleme werden in allen Ländern der Welt immer mehr zum Überlebensproblem. Diesem Thema wollen wir uns im folgenden zuwenden.

## 6. Korruption und Umwelt

### *Korruption und Umweltzerstörung*

Die Zerstörung der Umwelt durch den Menschen um des materiellen Gewinns willen ist keine Erfindung der modernen Zeit. Wir finden dieses Phänomen bereits in alten Zeiten. Die ersten »Umweltsünder«, von denen wir wissen, waren wohl die Phönizier.[266] Sie holzten die Wälder ab für ihren Schiffsbau und rotteten die für die Herstellung des Purpurs notwendigen Schnecken aus. Nicht anders benahmen sich die Römer. Josephus berichtet, daß nach der Eroberung Jerusalems im Umkreis von 18 Kilometern keine Bäume mehr vorhanden gewesen seien, da die Römer alle gefällt hätten. Die daraus resultie-

renden Schäden der Umwelt konnten nie wiedergutgemacht werden. Ähnlich, so erfahren wir aus anderen Quellen, gingen die Römer in allen Städten vor, die sie belagerten.
*Barbara Ward*[267] nimmt an, daß die alten Indus-Städte, vornehmlich die größte, Mohendjo-Daro, ebenfalls ein Opfer der Umweltsünden der damaligen Bewohner geworden seien. Die rücksichtslos abgeholzten Wälder, die nicht aufgeforstet wurden, hatten eine Klimaveränderung zur Folge. Überflutungen setzten ein, durch die am Ende die herrliche Stadt Mohendjo-Daro zerstört wurde. Jedenfalls waren die Städte am Indus bereits todkrank, als die arischen Eroberer kamen; der Untergang dieser alten Kultur ist mit eine Folge der Umweltsünden der Bewohner.
Portugiesische Zuckerbarone plünderten im 17. und 18. Jahrhundert die Wälder in Brasilien, um ihre Sirupfabriken beheizen zu können. Zweihundert Jahre später (1981) leben deshalb in dieser Gegend im »Poligono das Secas«, im nordöstlichen Dürreviereck, 13 Millionen Menschen am Rande des Verhungerns.[268]
Bei der Zerstörung der tropischen Regenwälder arbeiten internationale Konzerne, illegale Holzfällerbanden und Millionen von Wanderbauern zusammen. Das rücksichtslose Abholzen könnte weltweite Klimakatastrophen auslösen. Die ersten Anzeichen sind bereits deutlich erkennbar. In der Praxis sieht das beispielsweise so aus:
»Die Schmalspurbahn durch den Dschungel ist auf keiner Karte verzeichnet. Im Morgengrauen rücken ein paar braune Gestalten an, fällen in Windeseile die wertvollsten Urwaldbäume und verladen die Klötze auf die Waggons. Die Lok schleppt die Beute in eine der verschwiegenen Buchten von Kalimantan, dem indonesischen Teil der Tropeninsel Borneo. Die Schiffe der Holzschmuggler — Hauptziel Japan — warten bereits.«[269]
Doch nicht nur auf den indonesischen Inseln wüten solche illegalen Holzfällerbanden. In Afrika zerschnetzeln modernste japanische Papierfabriken Baum und Strauch zu feiner Holzmasse. Dem weltweiten Raubbau an tropischen Feuchtwäldern, so klagen Wissenschaftler immer häufiger, fällt jährlich eine Fläche von der Größe etwa der Bundesrepublik zum Opfer. Niemand denkt an das Aufforsten. In Lateinamerika, besonders in Brasilien, am Amazonas, dem größten tropischen Waldrevier der Welt, werden immer mehr Wälder abgeholzt. Jährlich gehen dort Millionen von Hektar verloren. Der westafrikani-

sche Regenwald ist in den letzten hundert Jahren von ursprünglich 700 000 $km^2$ auf 190 000 $km^2$ geschrumpft. Einst spannte sich ein breiter Gürtel tropischer Regenwälder, nur von Ozeanen unterbrochen, rund um den Äquator und umfaßte etwa 12 Prozent der Erdoberfläche; doch dieser Gürtel ist sehr schmal geworden. Wird die Umweltzerstörung nicht gebremst, dann werden die »Feuchtwälder innerhalb eines Menschenalters vernichtet«, mahnt ein Forstexperte der UNO-Landwirtschaftsorganisation FAO.

Sowohl in West- als auch in Ostafrika verbringen viele Frauen oft drei Viertel des Tages damit, Feuerholz für eine einzige warme Mahlzeit zu sammeln. »Wir nehmen einfach Bäume, die uns nicht gehören. Was sollen wir denn sonst machen?« rechtfertigt sich ein einheimischer Feuerholzhändler im Niger.[270]

Die Auswirkungen des Raubbaus sind weltweit spürbar. Nachdem Indien mehr als 5 Millionen Hektar Regenwald am Fuß des Himalaja abgeholzt hat, kann der nackte und verkrustete Boden die Wassermassen des Monsunregens nicht mehr aufnehmen. Durch die daraus resultierende Überschwemmung wird Indien immer ärmer an Boden und verliert jährlich 6 Millionen Tonnen fruchtbarer Erde, die sich als braune Schlammflut den Ganges hinunterstürzen, wodurch dann jährlich Tausende von Indern ertrinken und Millionen obdachlos werden.

Fast zwei Drittel des Baumbestandes von Mexiko bis Panama wurden ebenfalls zerstört, um mehr Land für die vielen Rinder, mit denen man schnell viel Geld verdienen kann, zu gewinnen. Das Fleisch wird dann an die großen »Hamburger«-Ketten in den Vereinigten Staaten verkauft. Reich wurden dabei vor allem die rund 2000 Großgrundbesitzer Costa Ricas, die heute etwa 2 Millionen Stück Vieh, doppelt so viel wie 1980, halten. Umweltforscher stellten fest, daß die Klimaveränderungen in diesen Gegenden eine Folge der Waldvernichtungen sind.

Der »Bericht an den Präsidenten — Global 2000«[271] konstatiert in bezug auf die Auswirkungen der Waldverluste:

»Der voraussehbare schnelle und einschneidende Verlust tropischer Wälder wird äußerst nachteilige Auswirkungen auf Wasser- und andere Ressourcen haben. Vor allem in Südasien, im Amazonasbecken und in Zentralafrika wird die Abholzung eine Destabilisierung der Gewässer nach sich ziehen und zur Verschlammung von Flüssen,

Stauseen und Bewässerungsanlagen, zur Absenkung des Grundwasserspiegels, zu einer Verstärkung von Überschwemmungen und zu zunehmendem Wassermangel während der Trockenzeit führen.
In Süd- und Südostasien leben annähernd 1 Milliarde Menschen in stark kultivierten Schwemmlandbeckentälern, die ihr Wasser aus bewaldeten Einzugsgebieten im Gebirge beziehen. Wenn sich die gegenwärtigen Trends fortsetzen, werden die Wälder in diesen Regionen bis zum Jahre 2000 etwa um die Hälfte reduziert sein, und Erosion, Verschlammung sowie dauernde Veränderungen der Flußbetten werden schwerwiegende Folgen für die Nahrungsmittelproduktion haben.
In vielen tropischen Wäldern bilden Bodenbeschaffenheit, Bodenformen, Temperaturen, Struktur der Regenfälle und Verteilung der Nährstoffe ein kompensiertes Gleichgewicht. Wenn diese Wälder durch extensive Abholzung zerstört werden, werden dort weder Bäume noch produktives Weidegras nachwachsen. Auch in weniger empfindlichen tropischen Wäldern wird der große Artenreichtum bei einer extensiven Abholzung verlorengehen . . .
Unter den auftretenden Umweltbelastungen sind auch einige, die die chemische und physikalische Struktur der Erdatmosphäre in Mitleidenschaft ziehen. Einige dieser Belastungen sind als Probleme erkannt. Bei anderen ist man eher auf Vermutungen angewiesen, aber auch sie liefern Anlaß zur Besorgnis.«
Die internationalen Holzfirmen zerstören auf der Suche nach seltenen Edelhölzern den ganzen Urwald und ziehen ihre Schleifspuren über Hunderte von Kilometern. Hinzu kommen Straßen, die ohne Rücksicht auf die natürliche Umgebung durch den Urwald geschlagen werden. Sie alle tragen ihren Teil dazu bei, daß die Umwelt zerstört wird. Fragt man nach den Ursachen dieser menschenfeindlichen Unternehmungen, so gibt es nur eine Antwort: »Gold ist ein wunderbares Ding. Wer dasselbe besitzt, ist Herr von allem, was er wünscht. Durch Gold kann man sogar Seelen in das Paradies gelangen lassen« (Christoph Columbus). Diesen Satz zitiert Karl Marx im »Kapital«, um den Begriff vom Geldfetisch zu erklären.[272]
Etwa zwei Drittel aller Harthölzer, die heute auf den Weltmarkt kommen, stammen aus den Wäldern Südostasiens. Der Holzexport dieser Region stieg zwischen 1950 und 1973 um das 24fache.
Thailand, das einst ein Teakholzmillionär war, muß inzwischen für teure Devisen bereits Holz einführen. Und in Pakistan schnellten die

Preise für Holz so in die Höhe, daß dort ein normales Brettholz doppelt so teuer ist wie in den USA. Es ist unerschwinglich für die meisten Pakistani, die 46mal weniger verdienen als Amerikaner.
Als Paradigma kann gelten, was sich im malaysischen Teilstaat Sabah in den siebziger Jahren abspielte: Die Einheimischen verkauften ihre Wälder, die ihnen die Regierung zur Verfügung gestellt hatte, gegen Bargeld an ausländische Firmen. Kamen die Händler am ersten Tag noch per Fahrrad, so fuhren sie am nächsten Tag bereits mit dem Mercedes vor. So schnell konnte man dort auf Kosten der Allgemeinheit und vor allem der Zukunft und der kommenden Generationen reich werden — und wird es noch heute.
Da der Urwald in der Dritten Welt keine Lobby hat, setzt sich auch niemand für ihn ein. Umweltschützer stehen auf verlorenem Posten. Ein malaysischer Umweltschützer beschreibt das malaysische Aufforstungsprogramm so: »Auf dem Papier mögen sie 100 000 Bäume gepflanzt haben, in Wahrheit haben sie ihrem Chef nur 50 Setzlinge vor das Fenster gepflanzt und den Rest weggeworfen.«
*Gurmit Singh*[273] stellt mit Recht fest, daß die Korruption in alle Sektoren der Gesellschaft vorgedrungen sei, aber dennoch kaum jemand wage, darüber öffentlich zu reden. Man könne höchstens im privaten Kreis darüber sprechen, aber auch dabei müsse man sehr vorsichtig sein. Einige Freunde hätten ihn davor gewarnt, in der Öffentlichkeit zu diesem Thema etwas zu sagen. Oft sind in den Korruptionsfällen nicht nur »all the president's men«[274], sondern der Präsident selber der eigentliche Verdiener. Andererseits gilt aber das Wort Gurmit Singhs[275]: »Die Aufrechterhaltung des öffentlichen Schweigens kann das Problem nicht eliminieren, sondern wird es so sehr festigen, daß es bestimmt das Los der Armen und Schwachen verschlechtern und die Qualität der Umwelt schließlich ruinieren wird.«
Nach G. Singh bedeutet »Umwelt« für Christen und Muslime vornehmlich die Schöpfung Gottes. Und diese ist dem Menschen anvertraut. Er hat für die Reinheit des Wassers in Seen, Flüssen und Meer Sorge zu tragen und muß sich deshalb um den von Menschen produzierten Müll und die Qualität und Quantität des Wohnraums sowie der Energie, die Auswirkungen der Industrialisierung und des öffentlichen Verkehrs kümmern.
Aber auf kaum einem Gebiet wird mehr gesündigt als auf dem der Umwelt.[276] Und leider sind immer wieder Menschen zu finden, die

sich bestechen lassen.[277] Und als Folge davon würden Gesetzesvorlagen und Richtlinien nicht verwirklicht, obwohl sie zum Schutz der Öffentlichkeit dringend notwendig seien, meint *G. Singh.*[278] Er konstatiert, daß offensichtliche und dreiste Zerstörung der Umwelt weiter geduldet würde, weil die Verwaltung dem politischen und wirtschaftlichen Druck der Umweltzerstörer nachgebe, obwohl die Schreie der Opfer, die unter der Umweltzerstörung leiden, unüberhörbar seien; denn die Habgier der mächtigen und reichen Elite habe Vorrang vor den Grundbedürfnissen der relativ armen und schwachen Mehrheit einer Gesellschaft. Die Ausbeutung der natürlichen Rohstoffe bedrohe bereits heute das Überleben der Menschheit.

Die 500 größten transnationalen Unternehmen in der Weltwirtschaft (TNU)[279], die etwa die Hälfte des gesamten Welthandels kontrollieren, haben sich zwar verpflichtet, nicht mit den Mitteln der Korruption zu arbeiten, um nicht ihren guten Ruf zu verlieren, dennoch lagern sie weiterhin die Produktion umweltbedenklicher Produkte aus und vergrößern den Absatz ökologisch schädlicher, in den Industrieländern bereits restriktiv gehandhabter Produkte (z. B. Pestizide), die eine Reihe ökologischer Probleme verursachen.

Da sie sich als Repräsentanten einer freien Wirtschaft verstehen, suchen sie oft die politische Nähe zu autoritär verfestigten Regierungen, weil sie dort kurzfristig ihre Ziele besser durchsetzen können als in mehr auf das Wohl der Bevölkerung bedachten Demokratien, die ihnen Vorschriften machen. In bezug auf das Verhalten einzelner TNU berichten beispielsweise Kirchen in Brasilien, daß die Konzerne weder Tabus der Einheimischen achteten, noch Rücksicht nähmen, sondern den Einheimischen »den Boden unter den Füßen wegkaufen«.[280] Andere TNU riefen sofort nach Polizeieinsätzen, wenn die Arbeiter sich nicht im Sinne des Managements verhielten, und machten sich »schwache Regierungen« durch Bestechung gefügig. Derlei Klagen aus Kirchen der »Dritten Welt« nehmen ständig zu.

Afrikaner beklagen sich über den Raubbau an Naturschätzen und über die Zerstörung von kulturellen Werten ihres Kontinents »sowie die wirtschaftliche Unterstützung auch rassistischer Regime durch ausländische Investoren. Viele sind für differenzierte Überlegungen nicht mehr zugänglich und halten den Kampf gegen TNU für einen Kampf um den Menschen schlechthin«, heißt es in dem Bericht der TNU-Konsultation im September 1981 in Lomé (Togo).

Aus gleichen Erfahrungen sehen Kirchen im Pazifik die TNU als »Kräfte, die die Natur rücksichtslos ausbeuten und sich dabei noch auf pseudo-christliche Argumente stützen«. Die Bibel lehre dagegen, daß das Überleben der Weltgesellschaft auf der Basis der Verachtung der Schöpfung nicht möglich sei; deshalb könnten die Kirchen diesen Fragen nicht länger ausweichen. Ein ausgewogenes Verhältnis von Ökologie und Ökonomie sei für das Überleben der Menschen Grundvoraussetzung.[281]

Wie weit die Bedrohung der Schöpfung bereits geht, beschreibt *Ernst Simonis* so:

»Etwa 25 000 Pflanzenarten und mehr als tausend Tierarten gelten als vom Aussterben bedroht; eine von zehn Arten könnte im Laufe dieses und des nächsten Jahrzehnts aussterben; ein Aussterben in diesem Umfang wäre ohne Beispiel in der Menschheitsgeschichte. Etwa zwei Drittel der gefährdeten Arten finden sich in den Entwicklungsländern; die Tropenwälder beheimaten allein etwa 40 Prozent aller Arten. Diese Zahlen machen bereits deutlich, welche unmittelbaren Gefahren für den quantitativen Gesamtbestand an Tier- und Pflanzenarten der Welt sich aus einem armutsbedingten Abbau und einem interessenbedingten Raubbau (der übermäßigen Nutzung der natürlichen Ressourcen in Entwicklungsländern) ergeben können. Ein Verlust an Arten der genannten Größenordnung in Entwicklungsländern hätte aber auch andere weltweite Auswirkungen auf die zukünftige Entwicklung der Landwirtschaft und Industrie, auf die Gesundheit und die Lebensqualität im allgemeinen. Aus dem quantitativen Verlust an vorhandenen Arten ergeben sich auch Beeinträchtigungen der Qualität der verbleibenden. So haben beispielsweise viele wichtige Nutzpflanzen in den Industrieländern nur eine beschränkte genetische Basis. Ihr Verlust in Entwicklungsländern reduziert entsprechend die Möglichkeiten der Stabilisierung oder Zunahme der Ertragsfähigkeit der Nutzpflanzen in den Industrieländern.«[282]

Die Zerstörung der Umwelt schreite fort, denn die transnationalen Konzerne kümmerten sich wenig um Umweltprobleme und umgingen die Gesetze der Regierungen, indem sie die zuständigen Stellen einfach bestechen[283], schreibt E. Simonis im gleichen Zusammenhang.

Daß wir an die »Grenzen des Wachstums«[284] gestoßen sind, haben schon die Untersuchungen des Club of Rome vor zwei Jahrzehnten

gezeigt. Seither sind die Probleme noch weit größer geworden; dennoch herrscht bei Wissenschaftlern und Politikern immer noch weitgehend Uneinigkeit im Blick auf das, was zu tun wäre.[285]
In dieser Situation sind auch die *Kirchen* gefordert. Sie können nicht tatenlos zusehen, wenn die Schöpfung Gottes ein Opfer der Korruption und des Profits wird.
*Charles Birch* erinnerte 1975 in Nairobi daran, daß die Themen Natur, Mensch und Gott nicht auseinanderdividiert werden können; er sieht die Welt wie die »Titanic« auf Kollisionskurs. Der Eisberg, der vor uns liege, habe fünf Spitzen: die Bevölkerungsexplosion, die Nahrungsmittelknappheit, die Knappheit der nicht regenerierfähigen Rohstoffe (wie beispielsweise der fossilen Brennstoffe), die Umweltverschlechterung und den Krieg.[286] Nach Birch ist, gemessen am Maßstab der biblischen Gerechtigkeit, »jedes Land überentwickelt, dessen Lebensstandard das Vermögen der Welt, alle Völker zu versorgen, prozentual übersteigt«. Die Nationalstaaten seien »nicht die einzigen Fürstentümer und Mächte der modernen Welt«, denn der Jahresumsatz der fünf größten multinationalen Ölkonzerne beispielsweise liege »höher als das Bruttosozialprodukt aller Länder der Welt, mit Ausnahme von vieren. Die Produktion der multinationalen Konzerne ... ist gestiegen, aber die Produkte sind in der Regel für die Reichen gedacht, die sie bezahlen können — nicht für die Armen. Dem Gaumen der Reichen zu schmeicheln, macht sich mehr bezahlt, als die Bäuche der Armen zu füllen.«
Und gerade hier sieht Birch die Aufgabe der Kirchen: »Es ist für die Kirchen heute undenkbar, so zu handeln, als gebe es eine Ebene des Geistlichen, für die sie zuständig seien, und eine Ebene des Weltlichen, die sie anderen überlassen könnten. Das führt zu der irrtümlichen Vorstellung, daß sie lediglich die Menschen verändern müßten, damit neue Menschen die Welt verändern. Diese Methode hat sich als falsch erwiesen ...
Die Fesseln, die Menschen überall auf der Erde angelegt sind, sind nicht nur geistlicher, sondern auch wirtschaftlicher, politischer und technischer Natur. Der Befreiungskampf ist ein Kampf um wirtschaftliche, politische, ökologische und geistliche Befreiung. Die Kirchen können nicht umhin, sich ganz mit diesen Aufgaben zu identifizieren und ihre Zugehörigkeit zu einer von der Technik beherrschten Gesellschaft ernsthaft in Frage zu stellen. Sie weichen dem Problem

aus, wenn sie unterscheiden zwischen dem, was des Kaisers ist, und dem, was Gottes ist. Des Kaisers sind nur seine üblen Machenschaften.«

»Versöhnung mit der Erde« forderte in einem offenen Brief an den Papst *Carl Amery*, und er klagte dabei den Papst und die christlichen Kirchen an, sie hätten das Bild vom Menschen korrumpiert: »Die neue Motivation der aktiven Menschheit — und um nichts geringeres kann es sich handeln — kann in dem Stichwort zusammengefaßt werden: *Versöhnung mit der Erde*... Übernahme brüderlicher Verantwortung, auch für die nichtmenschliche Schöpfung — und damit Abbau eines Herrschaftsverhältnisses, das aus allen Mitkreaturen und allen Kräften der Erde und des Himmels Sklaven, Beutefutter und Werkzeug gemacht hat, ohne die so entstehende Zerstörung zu berücksichtigen.«[287]

Wie Carl Amery sieht auch *Dennis L. Meadows* die eigentliche Ursache der katastrophalen Entwicklung im Menschenbild des Christentums. Er fordert deshalb eine Rückkehr zum »östlichen Menschenbild«, in dem der Mensch als »eine Art unter anderen Arten« verstanden werde.[288] Genau das aber lehrt uns auch die Bibel, die den Menschen als Geschöpf und »Haushalter Gottes« über die Schöpfung beschreibt.

*Die Korrumpierung des Schöpfungsauftrags*

Eine Bedeutung des Begriffes Korruption ist »Verderben«. Was vom Stamm des Lebens abgeschnitten ist, verdirbt. *Gerhard Kade*[289] klagt die christliche Theologie der Korruption in diesem Sinne an:

»Die hierarchische Ordnung der Welt, die im Buche Genesis entworfen wird, zeigt den Menschen als Ebenbild Gottes, dem die Herrschaft über die belebte und unbelebte Natur überantwortet wird. Der Mensch war aufgerufen, sich die Erde untertan zu machen, er war der Herr der Erde, die Natur sein Untertan. Im anthropozentrischen Weltbild des abendländischen Christentums wird mehr als ein bloßer Dualismus von Mensch und Natur propagiert: Gottes Wille geschieht erst, wenn der Mensch die Natur für seine eigenen Ziele ausbeutet. Damit war die Idee der unbegrenzten Herrschaft des Menschen über die Schöpfung begründet.«

Diese habe sich dann, so fährt Kade fort, in engem Zusammenhang mit der technischen Entwicklung und der bürgerlichen Ideologie eines generellen Auftrags zur Naturausbeutung seit dem Beginn der Industriellen Revolution zu einer ökonomischen Ideologie verfestigt und im Zusammenwirken von Technik und Ökonomie manifestiert.

Noch provozierender hat *Carl Amery* in seinem Buch »Das Ende der Vorsehung — Die gnadenlosen Folgen des Christentums«[290] im Namen der »ausgeplünderten und geschändeten irdischen Heimat« den Angriff gegen das christliche und nachchristliche Abendland vorgetragen. Ausgehend von dem Schöpfungsbericht sieht auch er in der Gottebenbildlichkeit des Menschen und der damit begründeten grundsätzlichen Höherwertigkeit des Menschen gegenüber allen anderen Arten auf dieser Erde und in dem dazugehörenden ausdrücklichen Befehl der totalen Herrschaft den Ausgangspunkt für die ganze Misere unserer Zeit, zumal dieser Befehl auch heute von den eingefleischtesten Materialisten übernommen worden sei. Vor allem sieht Amery das Gefährliche darin, daß nun der Mensch sich selbst zum telos, zum Ende und Ziel des Weltgeschehens machte. Im Gegensatz zu anderen Kritikern differenziert Amery allerdings und steigert gleichzeitig seine Kritik an der »judäisch-christlichen Tradition«. Er unterschlägt nicht (wie das andere Kritiker tun) die biblischen Aussagen über die menschliche Schuld, über den Sündenfall, über die Ausweisung aus dem Paradies und die Heilsgeschichte. Das eigentlich Gefährliche, meint Amery, sei darin geschehen, daß der Mensch die guten Dinge Gottes korrumpiert und ins Gegenteil verkehrt habe. Die dem Sündenfall folgende heilende Zusage des göttlichen Erbarmens, klassisch ausgedrückt im Bund Gottes mit Noah nach der Sintflut, werde nun zur weiteren Bestätigung der göttlichen Garantie menschlicher Auserwähltheit; und der Mensch benutze diese Sonderstellung, um sich zum Ausbeuter der Natur zu machen. Von nun an stehe Gott »sozusagen bedingungslos zu seinem Erbarmen. Die Stabilität der Erde, die Hinordnung der gesamten planetarischen Biosphäre auf den Menschen wird erneut bestätigt und detailliert — ungeachtet aller Verbrechen, die er gegen sich selbst und gegen die Biosphäre begehen kann und begehen wird... Seine, des Menschen, kollektive Unsterblichkeit ist durch göttliches Edikt gesichert.«[291]

Die einander ergänzenden und dann steigernden Garantien der Herrschaft des Menschen über die Erde und die Verheißung der Zukunft hätten, so meint Amery, die Geschichte in Gang gebracht, die zu dem gegenwärtigen Weltzustand geführt habe. Sie seien weit über den kirchlichen Bereich hinaus gerade in ihrer säkularisierten Form erst richtig wirksam geworden. »Die Tradition, um die es geht, dieses gemeinsame Erbe der Vorstellungen und Überzeugungen, ist heute weit wirksamer in weltlichen Mächten als im verfaßten Christentum; wirksamer im Deutschen Industrie- und Handelstag, im Zentralkomitee der KPdSU, im Pentagon und in den Formationen der Technokratie als etwa im Vatikan oder im Weltkirchenrat.«[292]

*Günter Altner*[293] beantwortet diese Vorwürfe Carl Amerys in seinem Buch »Schöpfung am Abgrund«. Er setzt als These dagegen: »Der zur Herrschaft Berufene *konnte* die Verheißungen Gottes als Zurechtbringung und Wiedereinsetzung in einen Dienst auf Zeit begreifen, er *konnte* die Verheißungen Gottes aber auch im Sinne absoluter Herrschaft über die Natur *miß*brauchen.« Für Altner ist die Geschichte der Christenheit deshalb immer und immer wieder eine »Ungehorsamsgeschichte des Christentums«. Und in dieser kommt es immer wieder zur Perversion, indem nämlich, um ein Wort Friedrich Gogartens aufzunehmen, die »Säkularisierung« der Welt als eine legitime Folge des biblisch-christlichen Glaubens nun umschlägt in den »Säkularismus«, der sich von Gott löst und somit auch von der Quelle, um das Heil selbst zu schaffen. Für G. Altner ist die Gottesebenbildlichkeit das »Kriterium der Verantwortung«[294]. Dies bedeutet jedoch, daß der Mensch unterwegs ist »zwischen Auftrag, Scheitern und neuen Hoffnungen«[295].

Im gleichen Sinn dachte schon 1969 *Karl Rahner*, der aber auch wußte, daß »der zur Mitverantwortung und Mitgestaltung Fähige«[296] auch der Manipulierbare ist. Im Zusammenhang mit der Gentechnik führt Rahner aus: »Freiheit ist die unausweichliche Notwendigkeit der Selbstbestimmung, durch die der Mensch, freilich von einem gegebenen Auftrag her, sich selbst zu dem macht, was und wer er sein will und endgültig sein wird. In diesem Sinne soll und muß er sich manipulieren. Die genetische Manipulation ist nur ein Fall dieses umfassenden Vorgangs.«[297] Der Mensch ist auf dem Weg; er ist aufgerufen, »der zu werden, der er noch nicht ist«, und darin sind eingeschlossen die verschiedensten Risiken auf dem langen Marsch zum wahren und echten Menschen.[298] Der Mensch ist auf diesem Weg auch der zur Korruption Fähige und stets Bedrohte in der »Welt als gottoffenem System« (J. Moltmann[299]). Aber der Mensch ist zugleich Sünder und Gerechtfertigter. Und: »Es verdient festgehalten zu werden, daß Sünde nicht etwas Böses am gutgeschaffenen Menschen ist, sondern eine böse, gottlose Macht, unter die der Mensch aus eigenem Verschulden geraten ist.«[300] Er ist als Ebenbild Gottes deshalb aufgerufen, wie der unkorrumpierbare Gott (5. Mose 10,17) mitverantwortlich die Schöpfung Gottes in Gottes Sinne mitzugestalten.[301]

# Zweiter Teil:
# Korruption in der Sicht der Bibel

# I. Korruption in der Umwelt des Alten Testaments

Das Wort »Korruption finden wir im Alten Testament genausowenig wie im Neuen. Die Sache aber, um die es geht, Bestechung, Amts-/Machtmißbrauch und Nepotismus, ist in der Bibel und ihrer kulturellen Umwelt wohlbekannt.
Wir wollen zunächst das Verständnis von Korruption im Altertum[1], in Ägypten und Babylon, untersuchen und dann dem alttestamentlichen Verständnis von Korruption nachgehen. Dabei wollen wir uns auf die wichtigsten Stellen beschränken, denn das Thema »Korruption in der Bibel« erfordert eine eigene Untersuchung, die im Rahmen dieser Abhandlung zu weit führen würde.

## 1. Korruption im Alten Ägypten

Einen unserem Begriff der Korruption entsprechenden Ausdruck kennt der alte Ägypter nicht.[2] Man sprach damals von »Abweichung... von der Ma'at, durch einen ›Beamten‹ oder sonstigen Machtträger«.[3] Gemeint ist mit »Ma'at« die übliche Ordnung; ein Verstoß dagegen könnte am besten mit »Macht-/Amts-Mißbrauch« übersetzt werden. Herr der Ma'at ist der König, wie der Name des Horus Snofru zu Beginn der 4. Dynastie andeutet: »Herr der Ma'at«.[4] Später wird die Sonne »Herr der Ma'at« genannt. Die dem Sonnengott dienenden Priester konnten sich dann entsprechende Macht aneignen — und diese auch mißbrauchen.
*Wolfgang Helck*[5] unterscheidet drei verschiedene Formen von Korruption, die im Alten Ägypten vorherrschend gewesen seien. Der Machtmißbrauch mit dem Ziel der persönlichen Bereicherung sei erstens bei der Benutzung der Felder, die dem toten König gehörten und steuerfrei waren, offen zutage getreten. Zweitens konnte man bei der Gerichtsbarkeit einiges »gewinnen«. Das wird deutlich aus dem von Wolfgang Schenkel[6] überlieferten Gebetsbekenntnis aus der damaligen Zeit: »Nicht war ich schroff gegen einen Armen, weil er nicht als

Bittsteller zu mir kam, der Geschenke brachte.« Die dritte weitverbreitete Form der Korruption war der Ämterkauf.
Gegen diesen Machtmißbrauch versuchte die Regierung damals auf verschiedene Weise anzukämpfen. Man versuchte, die Beamten durch hohes Einkommen gegen die Korruption zu immunisieren. So lesen wir bereits in der »Lehre für Merikare«[7] um 2000 v. Chr.: »Mache deine Beamten reich, damit sie deine Gesetze ausführen. Denn einer, der in seinem Haushalt reich ist, braucht nicht parteiisch zu sein, denn ein Besitzender ist einer, der keine Not leidet. Ein Armer aber spricht nicht nach der Ma'at, und einer, der ›Ach hätte ich doch‹ sagt, ist nicht rechtschaffen. Er ist parteiisch gegenüber dem, den er vorzieht, und er neigt dem Herrn der Bestechung zu.«
Die Überzeugung, daß ein reicher Beamter gerechter sei als ein armer, ist eine durch die ganze ägyptische Geschichte sich hindurchziehende Grundüberzeugung. So meint um 1300 v. Chr. *Haremheb* in einem Dekret, wenn er von Gerichtsbeamten redet: »Ich wies sie auf den Weg des Lebens, indem ich sie zur Ma'at leitete und sie belehrte: ›Gesellt euch nicht zu anderen Menschen! Nehmt nicht Geschenke von anderen an, denn das geht nicht gut . . .‹ Was aber die Besteuerung in Silber, Gold oder Kupfer angeht, so befahl Meine Majestät, damit aufzuhören, damit nicht Steuerabgaben irgendwelcher Art von Leuten der Gerichtshöfe entgegengenommen werden.«[8] In dem gleichen Dekret wird Steuerfreiheit der Beamten als Heilmittel gegen Amtsmißbrauch angeboten.[9]
Nach W. Helck können wir schon im Alten Ägypten lernen, daß »der Zwang der Gemeinschaft zu bestimmtem Verhalten (ägyptisch: Ma'at) und das natürliche Streben des Einzelnen nach Vergrößerung von Macht und Besitz nur dann in Richtung Ma'at unterschieden wird, wenn emotionale Anreize hinzukommen, elitäre Verhaltensforderungen, Rangerhöhung in der Umgebung des Königs, alles aber allein unter der Überzeugung, daß diese Dinge es wert sind, erstrebt zu werden. Sie sind sehr empfindlich gegenüber Wertumkehrungen — wie die Amarnazeit zeigt.«[10]
Als durch die später eingetretene Veränderung des Gesellschaftssystems die Ma'at an Bedeutung verlor, lebte die Korruption neu auf, und der Egoismus setzte sich durch. So sehen wir im Alten Ägypten (wie auch in anderen Gesellschaften), daß die Korruption vor allem zur Zeit des schnellen Kulturwandels blüht.[11]

Die religiöse Antwort auf die Korruption[12] ist eng verbunden mit dem Verständnis der Ma'at. Und dies wiederum kann nur in einem engen Zusammenhang mit dem Sündenverständnis im Alten Ägypten richtig aufgefaßt werden. Der Mensch muß sich nach dem Tod im Gericht für seine Taten verantworten. Er muß vor Gott Rechenschaft ablegen über sein Tun und Handeln während seines Erdenlebens[13], denn Gott wacht über das Recht. Deshalb ist das Sündenbekenntnis für den Ägypter dieser Zeit so wichtig. Und im Zusammenhang mit diesen Sündenbekenntnissen taucht auch immer wieder die Korruption in Form von Macht-/Amtsmißbrauch auf. »Ich habe nichts ›Krummes‹ anstelle von Recht getan«, muß der Verstorbene vor Gott bekennen können, wenn er Gnade finden will. Dazu gehört auch, daß die Gewichte und Maße nicht verfälscht worden sind und daß der Mensch nicht »taub gegen gerechte Rede« gewesen ist.[14] Die Korruption wurde also als eine Auswirkung der Sünde (des Bösen) verstanden und hatte eine metaphysische Dimension: Das Leben im Jenseits hing vom Leben im Diesseits ab.
Aus der Zeit um 1100 bis 1000 v. Chr. haben wir viele Belege, die auf die Selbstbeschränkung des Macht- und Gewinnstrebens der mittleren Beamtenschicht abzielen. Des weiteren finden wir Texte, die sich ausdrücklich mit Machtmißbrauch beschäftigen und mit der Bevorzugung des Reichen vor Gericht. Diese Texte waren in der Regel an die Schüler des Weisen gerichtet, sollten aber allen jungen Leuten des Landes gelten. Es sind also Texte, die vor der Gefahr der Korruption warnen und die Jugend auf ein »rechtes Leben« vorbereiten sollen.
So heißt es in einer Textpassage des *Amenemope*: »Verdirb nicht einen Mann im Gericht und schiebe den nicht beiseite, der im Recht ist, indem sich dein Blick der reichen Kleidung zuwendet und du den fortjagst, der ärmlich angezogen ist. Nimm keine Bestechung an von einem Reichen und unterdrücke nicht in seinem Interesse den Schwachen. Gerechtigkeit ist eine große Gabe Gottes; er gibt sie dem, den er liebt. Die Kraft dessen, der ihm (Gott) darin gleicht, befreit den Bedrückten von den Schlägen.«[15]
Hier wird ein Weg gezeigt, wie man der Korruption Einhalt gebieten kann, nämlich durch Verzicht darauf, die Machtmittel des Amtes zur Bereicherung anzuwenden. Die Warnung wird aus dem Willen Gottes begründet.
Der Arme suchte seine Zuflucht bei Gott. Das wird besonders schön

ausgedrückt in einem Gebet eines Armen: »Amun, neige dein Ohr dem, der allein steht im Gericht, der arm ist, nicht reich. Das Gericht zieht ihm Silber und Gold aus der Tasche für die Schreiber der Matte und Kleider für den Gerichtsdiener. Vielleicht aber verwandelt sich Amun dann in den Wesir, um den Armen freizusprechen; vielleicht wird der Arme gerechtfertigt. Ach, daß doch die Armut den Reichtum aus dem Felde schlüge.«[16]

Der aus einer Schulhandschrift überlieferte Text beschreibt unumwunden deutlich die damals herrschende Korruption, aus der nur Gott zu retten vermag. Amun ist der allen Armen zum Recht verhelfende Gott. Und dieser Gott, so wird aus einem anderen Text deutlich, greift ein zugunsten des Armen in dessen Verzweiflung, so daß dieser Arme seinen Prozeß gewinnen kann »und der, der bestochen hat, betrübt wird«.[17]

Amun Re, der Gott aus der Urzeit, das Vorbild des gerechten Herrschers, »nimmt kein Bestechungsgeld der Armen an; er verachtet den, der falsches Zeugnis redet, und sieht den nicht an, der Versprechungen macht«[18], heißt es in einem anderen Text der Schullektüre.

Die Korrumpierung des Gerechtigkeitsbegriffes ist wohl, wie auch Helck meint, eine der wichtigsten Ursachen für das Aufkommen der Korruption in Form des Amtsmißbrauchs der Beamten. Als einzige Hilfe blieb denen, die unter den Folgen der Korruption zu leiden hatten, die Hinwendung zu Gott: »Das Bewußtsein von Gott als Helfer und Retter bringt nun einmal Trost — auch wenn das dem Menschen am Ende des 20. Jahrhunderts schwer begreiflich oder lächerlich oder gar verwerflich, weil ›herrschaftserhaltend‹ erscheinen mag.« (H. Brunner)[19] Denn die Religion hat im Alten Ägypten den Korrupten zur Umkehr gerufen und »dem Benachteiligten eine Zuflucht und eine Hoffnung im Gebet geboten und schließlich im Alltag die Hinwendung an Gott als den Urheber und Schützer des Rechts, der Ma'at, geübt«.[20]

## 2. Korruption im Alten Orient

Neben ägyptischen Einflüssen, die vor allem in der Schule der israelitischen Weisheit eine große Rolle spielten[21], haben wir babylonisches Gedankengut, das in Israel prägend wirkte.

*Hans Martin Kümmel*[22] stellt in seiner Untersuchung über »Bestechung im Alten Orient« fest, daß bis jetzt zwar eine Spezialuntersuchung über die Begriffe »Bestechung — Korruption« fehle, daß man aber doch einiges darüber sagen könne. Er verweist auf einen der zahlreichen Briefe zu Rechts- und Verwaltungsfragen, die König *Hammurapi* von Babylon (1728-1686 v. Chr.) an seine Beamten und Vertrauensleute in der altbabylonischen Stadt Larsa geschrieben hat. In einem dieser Briefe wird ein Fall behandelt, der einen gewissen Summan-la-ilum betrifft. Diesem wird berichtet, daß in der Stadt Badtibira Bestechung vorgekommen sei und daß es Zeugen gebe. Summan-la-ilum wird deshalb vom König beauftragt, den Fall zu untersuchen: »Wenn (wirklich) Bestechung vorgekommen ist, dann versiegle das Silber und alles (sonst), was man als Bestechungsgeschenk angenommen hat, und sende es mir«; die Betroffenen, so heißt es am Ende des Schreibens, »laß mir vorführen«.[23]
Das hier mit »Bestechung« übersetzte Wort bedeutete ursprünglich »Geschenk«. Es konnten damit aber auch »Weggebühren« beim Durchzug bezeichnet werden. Daraus entwickelte sich aber im Lauf der Zeit die »Bestechung«, denn schon in alten Zeiten war der Grat zwischen »Geschenk« und »Bestechung« schmal. Bereits im sogenannten »Babylonischen Fürstenspiegel« gilt es als ein todeswürdiges Fehlverhalten, »wenn ein Ratgeber oder hoher königlicher Beamter Bürger ... verleumdet und Bestechungsgeschenke annimmt«.[24]
In der humoristischen Geschichte vom »Armen Mann von Nippur« wird der Übergang vom Geschenk zur Bestechung deutlich: Der Held der Geschichte nimmt das einzige ihm verbliebene Geschenk, eine Ziege, mit zum Bürgermeister von Nippur. Er wird auch vorgelassen, weil er eine Ziege als Präsent bringt. Der Bürgermeister versteht sogleich, worum es sich handelt, denn er fragt: »Was ist deine Gewalttat, daß du ein Bestechungsgeschenk mit dir führst?«[25] Daraus wird deutlich, daß nur der ein Geschenk bringt, der etwas erreichen will. Eine kleine Andeutung macht es noch klarer: Der Mann führt die Ziege an der linken Hand. Geschenke jedoch werden nur mit der rechten Hand überreicht. Ein sumerisches Sprichwort bringt das auf den Nenner: »In deiner rechten Hand sei ein Zicklein, in deiner linken sei ein Bestechungsgeschenk.«[26]
Im Alten Orient kannte man also sehr genau den Unterschied zwischen »Geschenk« und »Bestechung«. Letztere war ein krimineller

Akt und wurde, wie wir gesehen haben, mit dem Tode bestraft. Dennoch wurden »Geschenke« im letztgenannten Sinn sehr oft an wichtige, weil einflußreiche Leute bei Hofe entrichtet, weil man sich dadurch einen persönlichen Vorteil versprach. In Assyrien nannte man das »Begrüßungsgeschenk«.
Daraus wird deutlich, daß auch im Alten Orient kaum ein hohes Amt ohne die entsprechenden »Geschenke« erhältlich war. Doch es wird auch klar: Man wußte, daß dies mit der »linken Hand« gegeben wurde — also unrecht war! Hier ist der später so bekannt gewordene »Ämterkauf« angedeutet — für den wir freilich im Alten Orient keinen schriftlichen Beweis finden.[27]

# II. Korruption im Alten Testament

## 1. Ein Überblick

Bereits in der ältesten Gesetzessammlung Israels, im Bundesbuch[1], finden wir die Mahnung: »Du sollst dich nicht bestechen lassen; denn Bestechung macht Sehende blind und verkehrt die Sache derer, die im Recht sind« (2. Mose 23,8).

Hier wird die »untere Schicht« der Bevölkerung gewarnt, denn die Hebräer gehörten nicht zu den Reichen. Aber sie waren ebenso wie diese von der Korruption bedroht.

Den Ausdruck »Bestechungsgeld«[2] finden wir dann im 1. Samuelbuch (12,3) in der Abschiedsrede Samuels an das Volk. Samuel stellt dabei heraus, daß er kein Bestechungsgeld (Zürcher Bibel: »Sühnegeld«) angenommen habe, und das Volk bestätigt das auch. Ganz gegenteilig handelten jedoch Samuels Söhne, von denen es heißt: Sie »gingen dem Gewinn nach, ließen sich bestechen und beugten das Recht« (8,3).

Bestechung war also zur Zeit der Richter ein wohlbekanntes Phänomen.[3] Als Hauptbeweggrund wird die »Gewinnsucht« genannt. Sie gilt als eine verwerfliche Tat, vor der bereits Jethro, Moses Schwiegervater, warnt; er rät deshalb, unbestechliche Älteste einzusetzen, »wackere und gottesfürchtige Männer, zuverlässige Leute, die sich nicht bestechen lassen, und mache sie zu ihren (des Volkes) Vorgesetzten...« (2. Mose 18,21).

Die Warnung vor der Bestechung durchzieht das ganze Alte Testament. In einem Einschub in Jesaja 33,15 heißt es, daß man nur unter der Bedingung, daß man »seine Hände vom Anfassen des Bestechungsgeldes schüttelt«, Anteil am Reich Gottes haben könne.[4] In einer Gerichtsankündigung (Jes. 56, 9-12) wird zur Charakterisierung der Anführer des Volkes gesagt, »daß sie nur am eigenen Vorteil Interesse haben; jeder jagt seinem (ungerechten) Gewinn nach«. In die gleiche Richtung geht auch Jes. 57,17, wo es heißt: »Gott zürnt Israel wegen der Schuld seines unrechtmäßigen Gewinnstrebens.« Und bereits in Jes. 6,13 (identisch mit 8,10) wird die Gewinnsucht des ganzen Volkes mit den Worten gegeißelt: »Sie sind alle auf Gewinn aus;

was dann im Paralleltext so erläutert wird: »Sie alle üben Betrug.« Hier haben wir die ganze Stufenleiter der Korruption »in nuce«: Sie beginnt bei den »Oberen«, weitet sich auf die Mittelschicht aus und steckt schließlich das »ganze Volk« an. Am Ende haben wir nur noch den Zerfall — das Gericht über das Volk!
Wie es »oben« beginnt, zeigt die Geschichte des Königs Jojakim in Jeremia 22,13-19; der korrupte, despotische Herrscher kennt nur den Gewinn und scheut dabei weder Bedrückung noch Erpressung (Macht-/Amtsmißbrauch); er geht sogar über Leichen.[5]
Den gleichen Sachverhalt finden wir auch zur Zeit des Exils, das ja eine Folge des über das Volk gekommenen Gerichts ist. Hesekiel prangert die »Gewinnsucht« der »sündigen Israeliten« an und schilt sie, »weil sie ihren Nächsten mit Gewalt übervorteilen« (Hes. 22,12 f.). Bildhaft wird das dadurch ausgedrückt, daß »Jahwe in die Hände klatscht«, um darauf aufmerksam zu machen, auf welche Weise in der Stadt Gewinn gemacht wird: »Bestechung nimmt man in dir, um Blut zu vergießen; Zins und Zuschlag[6] nimmst du und übervorteilst deinen Nächsten mit Gewalt, und meiner vergissest du, spricht Gott der Herr« (22,12).
Dieser Gott, der Herr, so erfahren wir aus dem »Grundgesetz Israels«[7] aus der Zeit Jeremias (5. Mose 10,17), »... nimmt keine Bestechung an«. Der Gott Israels ist also der Inbegriff des »Unbestechlichen«. An ihm werden deshalb alle gemessen. Er ist der Maßstab des Guten (= so wie es sein soll!). Und entsprechend heißt es in Hes. 22, daß die Vornehmeren (die Beamten) diesen Richtlinien nicht entsprächen, denn sie glichen »reißenden Wölfen«, die nur darauf aus seien, »Blut zu vergießen, Leben zu vernichten, um Gewinn zu machen« (V. 27); selbst die Wächter der Gerechtigkeit, die Propheten, seien korrumpiert gewesen, »indem sie Truggesichte verkündeten ... ihnen Lügen wahrsagten«, wobei sie sich auf Gott beriefen (V. 28). Das beschreibt die verwerflichste Form der Korruption, denn nun sei keiner mehr, der »eine Mauer baute oder vor mir (Gott) für das Land in die Bresche träte« (V. 30). Kein Wunder, daß das »gemeine Volk« Gewalttaten verübe: »Sie rauben drauf los und bedrücken die Armen und Elenden und tun den Fremdlingen Gewalt an gegen alles Recht« (V. 29).
Wieder haben wir die verschiedenen Stufen der Korruption »von oben nach unten«, die schließlich das ganze Volk ansteckt![8]

Selbst die Exulanten haben Hesekiel zufolge nichts aus ihrem Unglück gelernt, sondern sind gewinnsüchtig; sie besuchen zwar den Propheten und hören ihm höflich zu, aber sie tun nicht, was er ihnen rät (Hes. 33,31). »Lüge und Gewinn werden großgeschrieben«, die Wahrheit aber geht dabei verloren.
Als letzten Beweggrund der Habgier und eine der Grundquellen der Korruption beschreibt Habakuk (2,9) die Sicherung vor dem Unheil. »Wie der Vogel, der so hoch wie möglich sein Nest baut, sich dadurch vor jedem Zugriff meint schützen zu können, so will sich die allen ›Gewinn‹ . . . zusammenraffende Weltmacht vor dem Unheil und damit vor Gott und seiner Strafe sichern«, kommentiert *Karl Elliger*[9] diese Stelle. Habgier und Gewinn gehören zusammen. Und das hebräische Wort für »Gewinn« hat hier die Bedeutung von »unrechtmäßigem Erwerb«.
Die Weisheitsliteratur[10] Israels schließlich verweist darauf, »daß die Jagd nach Gewinn lebenszerstörend wirkt, während dem, der ungerechten Gewinn und Geschenke haßt, Leben verheißen wird«.[11]

## 2. Korruption bedeutet im Alten Testament »Verderben«

Bestechung wird im engsten Zusammenhang mit der Verdrehung des Rechts gesehen; sie macht die Recht-Sprecher blind. Die hebräische Wurzel »shd«, die die griechische Übersetzung des Alten Testaments (Septuaginta) mit »doréa« wiedergibt[12], bedeutet »verderben« und ist in allen westsemitischen Sprachen vertreten.[13] Sie ist auch in dem arabischen »sahata« enthalten, das »vernichten« bedeutet, und kommt somit dem lateinischen Begriff »corrumpere« (eigentlich = zerreißen) sehr nahe, denn dieser bedeutet »die gute Beschaffenheit von etwas zerstören«[14].
Das hebräische Verbum »meint stets ein Verderben, das sich im Erfahrungsfeld einer Gemeinschaft oder einzelner Menschen auswirkt«[15]; das kann im Kampf, im öffentlichen und im privaten Alltag geschehen. Besonders fest verwurzelt ist der Begriff im Krieg und bedeutet dann »Vernichtung«.
Im theologischen Sprachgebrauch bezeichnet der Begriff dann das »Agens des Vernichtungshandelns Jahwes (Gottes) bzw. sein(er) Gerichtshelfer«.[16] Das kann die Sintflut sein (1. Mose 9,11.15), Tiere

(2. Mose 8,20; Jer. 6,5) oder ein feindliches Heer (2. Kön. 18,25; Jer. 6,5). Gott selber ist der Ausgangspunkt des Verderbens, weil die Menschen das Gute nicht mehr wollen. In der Apokalyptik wird der Begriff schließlich Ausdruck für die kommende Vernichtung (Dan. 8,24; 9,26; 11,17).[17]
Das im Alten Testament häufig[18] gebrauchte Wort wird dann im Neuen Testament zum Ausdruck für die »Vernichtung von Menschen als Folge göttlicher Verurteilung« und kann auch »wirtschaftlich ruinieren« bedeuten.[19]
Daraus wird deutlich, daß bereits in der Frühzeit Israels ein enger Zusammenhang zwischen »Bestechen« und »Verderben« der Gesellschaft erkannt worden ist. Das wird auch aus der späteren Gesetzessammlung, dem sogenannten Deuteronomium, das in der späten Hälfte des siebten Jahrhunderts v. Chr. von Gelehrten zusammengestellt worden ist, deutlich.[20] Das Konzept von Sünde und Strafe wird aus der göttlichen in die menschliche Sphäre transferiert[21]: Die Menschen selber müssen die Sünder aus ihrer Mitte ausrotten, damit sie »nie mehr eine solche böse Tat in deiner Mitte tun« (5. Mose 13,11; Zürcher Bibel).
Maßstab des rechten Lebens bleibt Gott, der kein Ansehen der Person kennt und »keine Bestechung« annimmt (5. Mose 10,17). Gott ist also Gegeninstanz zur Korruption. Er ist *das* Gute und will das Gute! Deshalb ist »verflucht, wer sich bestechen läßt, einen unschuldigen Menschen zu töten« (5. Mose 27,25). »Verflucht« ist schlimmer noch als die Todesstrafe (s. u.). So hart wird die Korruption auch in späteren Zeiten in Israel bestraft. Was Samuel als Tugend ausgab, nämlich, daß er kein Bestechungsgeld angenommen habe (1. Sam. 12,3), wird auch vom Beter der späteren Zeit (Ps. 15,5) als Maßstab des Gerechten bezeichnet: »Herr, wer darf Gast sein in deinem Zelt? — (...) Wer ... nicht zum Nachteil des Schuldlosen Bestechung annimmt.«[22]
Die Korruption gehört im Alten Testament zu den »fluchwürdigen Verbrechen«[23], die teilweise auch als »todeswürdige Verbrechen« gelten. Gegenüber der früheren Zeit kommen zur Aufzählung fluchwürdiger Verbrechen die Aufstellung von Kultbildern, die Grenzverrükkung, die Irreführung von Blinden, die Rechtsbeugung der Minderberechtigten und die Annahme von Bestechungsgeschenken hinzu.[24]
Das bedeutet ein zunehmendes Hervortreten der sozialen Gesetze im israelitischen Recht. Offensichtlich erzwang das häufigere Auftreten

der Korruption diese Tendenz. Gemeinsam war allen diesen neuen Gesetzen, daß sie gegen Verbrechen, die im geheimen begangen wurden, gerichtet waren. Weil diese die Tendenz hatten, unentdeckt zu bleiben, war es besonders wichtig, daß eine klare Gesetzesbestimmung bestand, um zu verhindern, daß diese besonders gemeinschaftszerstörenden Verbrechen sich der menschlichen Gerichtsbarkeit entzogen. Jahwe selber kümmerte sich um sie! Im Gegensatz zu anderen Verbrechen war die Korruption nicht nur einer menschlichen Gerichtsbarkeit unterstellt und mit der Todesstrafe bedroht, sondern sie unterlag zudem der göttlichen Gerichtsbarkeit, und als Strafe galt die Verfluchung des Täters.[25] Das bedeutete, daß der Täter aus dem Lebenskreis ausgeschlossen wurde, der Jahwe und Israel verband. Jahwe selber tat das Entscheidende zur Verwirklichung dieses Fluchs; er kannte ja auch das, was im Verborgenen geschah. Die Volksgemeinschaft erkannte ihrerseits den Fluch an, indem sie ihr feierliches »Amen« rief!

Als eine der Grundursachen für die Korruption sieht das Alte Testament das »Begehren« (hamad).[26] Es kennzeichnet das »aktuelle, von der Emotion getriebene, begehrende Verhalten oder Handeln« des Menschen[27] und zielt auf Dinge, die dem Menschen besonders wertvoll und erlangenswert erscheinen. Als einen zentralen Begriff finden wir »hamad« im Zusammenhang der »Sündenfallgeschichte« in 1. Mose 3 und im Dekalog, wo es im zehnten Gebot als »Begehren der Ehefrau des Nächsten, wie das seiner Knechte, Mägde, seines Viehs und aller seiner Habe« (2. Mose 20,17) begegnet. Die sexuelle Gier und die materielle Habsucht haben also die gleiche Wurzel. Im Alten Testament beschreibt dieser Begriff »die zwangsläufig zum Handeln schreitende Gewinngier und Habsucht . . . , die Hab und Gut anderer ausgerichtet sind«.[28] Luther hat deshalb im Ersten Hauptstück des Kleinen Katechismus richtig gedeutet, wenn er davor warnt, nicht das Erbe oder Haus des Nächsten »mit einem Schein des Rechts« an sich bringen oder das Eigentum des Nächsten »abspannen, abdringen oder abwendig machen« zu wollen. Jedenfalls sind, wie Herrmann hervorhebt, mit diesem Begriff (gewalt-)tätliche Machenschaften zur Aneignung fremden Eigentums gemeint.[29] Darunter fallen auch Übergriffe gegen Menschen.

A. Alt vermutet, daß »das Gebot gegen den Diebstahl im Dekalog«[30] gegen den »Raub bzw. das Stehlen von Menschen« gerichtet sei.

## 3. Aspekte der Korruption im Alten Testament

»Und Gott sah alles an, was er gemacht hatte, und siehe, es war *sehr* gut... Dies ist die Entstehung des Himmels und der Erde, als sie geschaffen wurden...
Aber die Erde war korrumpiert in den Augen Gottes, und voll war die Erde von Korruption.
Da sah Gott auf die Erde, und siehe, sie war verderbt, denn alles Fleisch hatte seinen Wandel verderbt auf Erden.« (1. Mose 1,31 und 6,11-12)

### *Gott schuf Himmel und Erde, wie es sein soll — Die Weltverantwortung*

Der guten »Erde« (hebräisch: adamah) entspricht der gute »Mensch«, der in der Bibel *Adam* heißt, was »Mensch« und »Menschheit« bedeutet. »Gut« ist »wie es sein soll, zur Absicht passend, effektiv und brauchbar«.[31]
Die von Gott ausgesprochene »Billigungsformel«[32] beschreibt die Gesamtheit der Schöpfungswerke als »sehr gut« (1. Mose 1,31), nämlich als »zweckmäßig, brauchbar und funktionierend«. Es gibt in dieser »sehr guten« Schöpfung noch nicht die Alternative von »Haben *oder* Sein« und folglich auch noch nicht das Haben im Sinne des »Besitzergreifens und Besitzes« (E. Fromm).[33] Haben *und* Sein sind eine Einheit!
Der Mensch ist noch nicht zum Übermenschen und damit zum Unmenschen geworden[34], sondern ist noch der Mensch »nach dem Bilde (lat.: *imago*) Gottes«[35]. Die Ähnlichkeit in Gestalt und Aussehen zwischen Gott und Mensch im Sinne des Abbildes der Gottesgestalt wurde zwar von vielen Auslegern des Alten Testaments besonders hervorgehoben[36], wird aber neuerdings durch *Th. C. Vriezen*[37] und andere kritisch hinterfragt.
*K. Barth* betont: Der Mensch ist Gottes Ebenbild, indem er Mensch ist.[38] Barth betont die »Partnerschaft« des Menschen mit Gott. Und das bedeutet *Partnerschaft, Bündnisfähigkeit* und *Personsein* des Menschen.[39]
*Denis Baly*[40] hebt hervor, daß »image« für die Israeliten im Gegensatz zum modernen Verständnis des Wortes immer eine aktive Bedeutung

hatte; das Interesse lag mehr im *Tun*. Die vom Menschen erwartete Aktivität ist demnach im Sinne der Imago: »Seid fruchtbar und mehret euch und füllt die Erde und macht sie euch untertan!« (1. Mose 1,28)

Dieser Befehl ist in den vergangenen Jahrhunderten oft schrecklich mißverstanden worden: Man sah darin die göttliche Aufforderung zur ruchlosen Ausbeutung der Erde.[41] Der biblische Textzusammenhang jedoch gibt dafür absolut keinen Anhaltspunkt. Der Mensch ist weder Zentrum der Schöpfung, noch ist er ihr absoluter Herr. Der Textzusammenhang macht vielmehr deutlich, daß darum geht, das bereits Bestehende zu pflegen und zu hegen und die Ordnung, die Gott geschaffen hat, weiterzuentwickeln im Sinne des Schöpfers. Der nach dem Bilde Gottes geschaffene Mensch ist eher dem weisen Statthalter einer Provinz zu vergleichen als dem absoluten Herrscher über das Land.

Daß die Israeliten den Befehl Jahwes nicht als Aufruf zur Ausbeutung der Natur verstanden, sondern als Fortsetzung des göttlichen Schöpfungswerkes, macht ihre Siedlungsweise deutlich: Zusammen mit der Rodung des Urwalds begann die erste Terrassierung der Hügel[42]. »Untertan machen und herrschen über« bedeutet also kultivieren, pflegen und hegen, was Gott geschaffen hat. Dies aber geschieht auf der Grundlage einer Beziehung zur gesamten Schöpfung, die als ein *Bund* beschrieben wird. Der Mensch ist nicht allein, sondern er lebt mit der Schöpfung in gutem Einvernehmen: »Mit den Steinen des Ackers stehst du im Bunde, und die Tiere des Feldes sind dir befreundet« (Hiob 5,23).

Der Bundesgedanke, nicht das totale Beherrschen ist hier wichtig. Das wußte man in Israel nicht nur zur Zeit der ersten harten Arbeit während der Besiedlung des Landes, sondern auch noch später zur Zeit des Exils und danach.

Besonders klar kommt dieser Gedanke bei *Hosea* zum Ausdruck. Hosea lebte in einer Zeit, in der die Korruption im Land sich bis in seine eigene Familie hinein als tägliche Wirklichkeit zeigte: Seine Frau hatte sich vom Geist der Zeit so korrumpieren lassen, daß sie die eheliche Treue und Liebe (die in Israel aus der Schöpfungsordnung erschlossen wurde) verachtete (Hos. 1-3) und lebte wie die »anderen im Lande«. In dieser Zeit des Niedergangs der alten Werte sieht der Prophet die alte, neue Hoffnung des Bundes: »Und ich schließe für sie (die Frau) an jenem Tage einen Bund mit den Tieren des Feldes, mit den Vögeln des Himmels und dem Gewürm der Erde; und Bogen und Schwert und Krieg zerbreche ich und tilge sie aus dem Lande, sie aber lasse ich sicher wohnen« (Hos. 2,18). Korruption bedeutet Treuebruch.

Die Ausbeutung der Erde und des Menschen ist *Korruption*. Die Schöpfung war von der göttlichen Bestimmung her immer als »gut« im Sinne des Zusammenspiels der Teile zu einer sinnvollen Einheit verstanden. Der *Mensch* wird nicht als *einzelner* im Gegensatz zum »anderen« gesehen, sondern er ist geschaffen als »*Mann und Frau*«. Gewiß als *Person*, aber als »*Gemeinschaftsperson*[43], die besonders in den Psalmen beschrieben wird. Dort steht in vielen Fällen das »Ich« für die ganze Gemeinschaft. Liest man 1. Mose 1,26-30 im Zusammenhang und vergleicht damit die erzählende Parallele in 1. Mose 2,4ff., so wird dabei besonders deutlich, daß es bei der Gottesebenbildlichkeit vor allem um die Beziehung des Menschen (im Sinne der Menschheit) zu Gott und zu der von Gott geschaffenen Schöpfung geht.

Der Mensch mag sein Menschsein korrumpieren, indem er die Gemeinschaft, von der das Alte Testament spricht, in das »Kollektiv« verwandelt, und mag sich ganz mit diesem identifizieren.[44] Aber er hat dann sein eigentliches Menschsein verfehlt, denn es gehört zu diesem, daß der einzelne auch in der Masse angesprochen werden soll.

Der Mensch wird als einzelner und als gemeinschaftsbezogene Person von Gott angesprochen. Die Menschheit ist geschaffen, »damit etwas zwischen Gott und seinem Geschöpf geschehe« (*Westermann*[45]). Westermann hat mit Recht darauf hingewiesen, daß mit der Erschaffung der Menschen die Schöpfungsgeschichte noch nicht zu Ende ist. Der eigentliche Abschluß ist das »Ruhen Gottes« und wird mit dem bezeichnenden Wort »Sabbat« beschrieben. Das bedeutet eigentlich nicht »ruhen«, sondern wird an einer anderen wichtigen Stelle der biblischen Urgeschichte (1. Mose 8,22) verbunden mit der Zusage »Solange die Erde steht, soll *nicht* aufhören«, was zum Bestand der Schöpfung notwendig ist. Die Zeit ist zur Zukunft hin offen. Das bringt das *Segenswort* zum Ausdruck: »Segen als Kraft der Fruchtbarkeit bewirkt das Bleiben, das Weitergehen des Geschaffenen, bewirkt ›Die Geschichte der Natur‹ (C. F. v. Weizsäcker)«[46].

In beiden Schöpfungsberichten ist deutlich, daß die *Welt*, die der Mensch vorfindet, nicht *seine* Welt ist, sondern Gottes. Beide Berichte unterstreichen, daß zu der *Natur-Welt* der Pflanzen und Tiere, der durch den Regen fruchtbar gemachten Erde, der Luft und des Wassers, zu der der Mensch selber auch gehört, als Teil des Ganzen eine *andere Welt* hinzukommen soll.

»Der Mensch bewohnt zwei Welten. Die eine ist die natürliche Welt. Die andere ist die Welt der sozialen Institutionen und Artefakte, die er für sich herstellt, indem er seine Werkzeuge und Maschinen, seine Wissenschaft und seine Träume dazu verwendet, eine Umgebung zu gestalten, die menschlicher Zwecksetzung gemäß ist.«[47] Biblisch gehören die *Biosphäre* und die *Technosphäre* als die zwei Welten des Menschen zusammen. Die gottgewollte Aufgabe des Menschen wird in beiden Schöpfungsberichten mit Ausdrücken umschrieben, die wir mit dem modernen Wort »managen« zusammenfassen können. Man sagte dazu früher »haushalten« und verwendete damit einen Begriff aus der Umgangssprache jener Zeit.

### *Die Bedrohung des Menschen als Haushalter Gottes — Der Machtmißbrauch*

Gott ist ein Hausherr, denn: »Des Herrn ist die Erde und was sie erfüllt, der Erdkreis und die darauf wohnen« (Ps. 24,1).

Der Mensch ist der *Haushalter*. Es ist seine Aufgabe, Gottes Haushalt (die Erde und was darauf ist) zu verwalten. Dazu hat er von Gott ein Mandat. Seine Aufgabe als Haushalter wird im zweiten Schöpfungsbericht umschrieben mit den beiden hebräischen Verben »abad« (bearbeiten) und »schamar« (hüten). Wichtig ist, daß die beiden Verben zusammengehören, aber auch der Welt-Zusammenhang, in dem sie stehen[48]. Der Mensch ist von Gott geschaffen und auf die Erde gesetzt. Er ist ein lebendes Wesen durch den Lebensodem, den ihm Gott gegeben hat. Er ist eine Ganzheit, und zu seinem Wesen gehört die Arbeit, die Beschäftigung genauso wie die Gemeinschaft mit einem anderen Menschen und dem Rest des »göttlichen Haushaltes«: Der »Minister« und die »Administration« gehören zusammen. Die beiden Verben »abad« und »schamar« geben also eine Grundbestimmung menschlichen Wirkens wieder und sagen zugleich etwas darüber aus, wie der Haushalter Mensch sich im göttlichen Haushalt verhalten soll. Nach des Schöpfers Willen sind die beiden Begriffe untrennbar; und sie sind erst in Verbindung miteinander »gut« im Sinne von »wie etwas sein soll«.

In diesem Sinne reden wir auch vom *Natur-Haushalt* und verstehen darunter das sinnvolle Zusammenspiel der Natur. Neuerdings gebraucht man dafür den Begriff »Biosphäre«, der unterstreicht: Im Zusammenspiel aller Teile ist es, »wie es sein soll«. Kommt der Naturhaushalt in Unordnung, so bricht er zusammen, und dies hat Folgen für alle, die zu diesem »Haushalt« gehören. Wird ein Teil zerstört, so leiden bald alle Teile mit. Wir sprechen dann von »Umweltzerstörung«. Und wir meinen damit die Korrumpierung der Natur.

Was in bezug auf den Naturhaushalt (die Biosphäre) gilt, hat auch seine Bedeutung für den Menschen. Auch er leidet mit im aus der Ordnung geratenen Naturhaushalt. Er leidet aber auch, wenn das feine Zusammenspiel der Gemeinschaft der Menschen untereinander in Unordnung gerät. Die dann einsetzende Korruption hat die gleichen Folgen: Es beginnt ein immer schneller um sich greifender Zerstörungsprozeß. Die beiden Sphären sind eng verbunden. Die Zerstörung der einen hat Folgen in bezug auf die andere. Deshalb ist es wichtig, daß nicht nur »gebaut und verändert« wird, sondern daß auch die Folgen dieser Arbeit[49] mitbedacht werden. Dies ist die zweite Aufgabe des Menschen im Haushalt Gottes – er soll »hüten« (schamar)[50]. Beide Begriffe werden im Alten Testament ursprünglich im säkularen Bereich gebraucht und erst später zu religiösen Vokabeln, ohne damit ihren weltbezogenen Sinn zu verlieren. Im profanen Bereich hat die Wurzel »šmr« vor allem den Sinn von »behüten (hüten) und bewahren«. Es kann auch das Aufbewahren eines Gutes beschreiben. Es ist mit den verschiedensten Objekten verbunden, aber auch bezogen auf die Seele und das Leben. Es gilt in bezug auf die Tiere, den Garten, den Weg, das Haus und das Besitztum. Geld und Geräte sind genauso wie der Reichtum und die Zeit eingeschlossen. Die Erfahrung lehrt: »Sei behutsam (šmr), wenn du zum Hause Gottes gehst: hintreten, um zu hören, ist besser, als wenn die Toren Opfer bringen, denn sie wissen nichts als Böses zu tun« (Pred. 4,17).

Man weiß in Israel, daß die Weisheit den Menschen bewahrt. Und der Weise nimmt deshalb Rat und Rüge an, weil er dabei lernen kann, den rechten Weg zu finden. Denn nur im Wachsamsein und steten Abwägen des Gesamten kann man sich recht verhalten, »so wie es sein soll«.

Dies wird besonders wichtig, wenn einer ein *Amt* ausübt. Das Partizip von »šmr« bezeichnet deshalb auch den offiziellen Titel für Hof- und Kulturbeamte und schließt Stadtwächter, Turmwächter, Türhüter, Feldhüter und Haremswächter ein.
Auch das Heiligtum muß behütet werden. Wir finden deshalb »šmr« auch in der *religiösen* Sprache: Die Lade wird im Haus Abinadabs von seinem Sohn Eleasar gehütet. Er wird für diesen Dienst besonders geweiht. Behüten und bewachen muß man aber auch den Bund, das Recht, die Liebe und vor allem die Gebote, Befehle und Weisungen Gottes. Gott selber behütet und beschützt seine Frommen und wird deshalb als »der Hüter Israels« bezeichnet. Zusammengefaßt wird die Fürsorge Gottes im aaronitischen Segen: »Der Herr segne dich und behüte dich!« Im Dienste Gottes werden die *Propheten* zu den Wächtern, die Tag und Nacht Ausschau halten (Jes. 62,6). Im späteren Judentum übernehmen die Rabbinen als Hüter die Aufgabe der Propheten.
Warum legt der biblische Schöpfungsbericht in Genesis 2 so großen Wert auf das Zusammenspiel der beiden Worte »bebauen« und »bewahren«? Die beiden Verben beschreiben »die Aufgabe, die dem Menschen in dem ihm von Gott zugewiesenen Lebensraum aufgetragen und anvertraut wird«; es »sind die Komplemente positiver Betätigung und beruflichen Wirkens, Schaffen und Erhalten, Arbeiten und Bewachen« (B. Jakob)[51]. Alles berufliche Wirken und Schaffen hat in sich die Möglichkeit, ins Negative umzuschlagen: Es kann Gutes oder Böses werden, so, »wie es sein soll«, *oder* so, »wie es *nicht* sein soll«. Die Grenze ist meist schmal und wird unbesehen übertreten. Die Wirkung ist dafür um so deutlicher zu spüren. Es kommt deshalb darauf an, von Anfang an *wachsam* zu sein, die Folgen zu bedenken; es ist wichtig, Ausschau zu halten und eine etwaige Gefahr rechtzeitig zu erkennen.
Die Grundbedeutung der Wurzel »šmr« ist deshalb in Israel auf alle Bereiche des Lebens übertragen worden, weil in allen Bereichen die Gefahr des »Zerbrechens« (der Korruption) vorhanden ist. Im Deuteronomium (11,1) finden wir das Wort deshalb im programmatischen Sinn: »So sollst du denn den Herrn, deinen Gott, *lieben* und sollst allezeit *halten* (šmr), was ihm zu halten ist, seine Satzungen, seine Rechte und Gebote.« Im gleichen Sinne lesen wir auch in Josua 22,3: »Bis auf diesen Tag habt ihr das Gebot des Herrn, eures Gottes, treu-

lich *gehalten.*« Der sterbende *David* gibt seinem Sohn Salomo als wichtigsten Rat fürs künftige Leben als König: »Tue getreu deine Pflicht gegen den Herrn, deinen Gott, indem du in seinen Wegen wandelst und seine Satzungen und Gebote, seine Rechte und Verordnungen *hältst*, wie im Gesetz Moses geschrieben steht, auf daß du Glück habest in allem, was du tust, und überall, wohin du dich wendest...« (2. Kön. 2,3)

Weder Salomo noch das Volk Israel entgingen freilich später der Korruption. Ja, so können wir in der Bibel lesen, es war vor allem *Salomo*, der zwar mit großem Eifer begann, aber am Ende gerade an den Satzungen und Verordnungen Moses schuldig geworden ist: Salomo führte in Israel die Sklavenarbeit ein, die in diesen Satzungen mit so strengen Worten und unter Berufung auf die Erfahrungen in Ägypten abgelehnt wird. Er ist der erste in Israel, der Städte baute, und die Verwirklichung dieses selbstherrlichen Plans war nur durch Sklavenarbeit möglich. Wie einst Kain, so trennte auch Salomo gegen den Willen Jahwes, was untrennbar ist: Bauen und Behüten.

Folgerichtig inszenierte deshalb der »tüchtige junge Mann« *Jerobeam*, den Salomo seiner Fähigkeiten wegen mit dem Ausbau Jerusalems und später der Städte Judas überhaupt betraute (1. Kön. 11,26-28), im Auftrag des Propheten Ahija einen *Aufstand* gegen Salomo. Der Halbwaise aus dem Hinterland hatte sich zunächst zum neuen Mann Salomos entwickelt; er stieg auf in der Hierarchie, wurde Glied der »herrschenden neuen Klasse«[52] und lebte als Städter nach den Ordnungen der »neuen Zeit«. Aber er war auch noch dem Alten verbunden, und daran knüpft der Prophet Ahija an:

»Es begab sich aber zu jener Zeit, als Jerobeam einst aus Jerusalem wegging, da begegnete ihm unterwegs der Prophet Ahija von Silo, mit einem neuen Mantel angetan; und die beiden waren allein auf dem Felde. Und Ahija faßte den neuen Mantel, den er anhatte, zerriß ihn in zwölf Stücke und sprach zu Jerobeam: Nimm dir zehn Stücke... Siehe, ich will Salomo das Reich entreißen und dir die zehn Stämme geben aber den *einen* Stamm soll er haben, um meines Knechtes David und um Jerusalems willen, der Stadt, die ich aus allen Stämmen Israels erwählt habe – darum, weil er mich verlassen und Astarte, die Göttin der Sidonier..., angebetet hat, weil er nicht wie sein Vater David in meinen Wegen gewandelt ist, noch getan hat nach meinem Wohlgefallen, nach meinen Satzungen und Rechten.« (1. Kön. 11,29-33)

Salomo wird zum »typos« des an seinen wirtschaftlichen Erfolgen zerbrochenen, korrupten Königs in Juda. Dabei hatte er *gut* begonnen, so wie es sein soll, im Namen Jahwes. Er bat um »ein verständiges Herz..., dein Volk zu regieren und zu unterscheiden, was gut und böse ist; denn wer vermöchte sonst dieses dein gewaltiges Volk zu regieren.« Jahwes Zuspruch ging darüber hinaus: »Weil du um solches bittest, nicht um langes Leben, auch nicht um Reichtum noch um den Tod deiner Feinde, sondern um Einsicht, das Recht zu verstehen, so tue ich nach deinen Worten« (1. Kön. 3,9-12). Jahwe gab darüber hinaus auch Reichtum und Ehre in einem Maß, wie es niemals wieder ein König in Israel erreichen sollte. Das lange Leben aber wurde an eine Bedingung geknüpft: »Wenn du in meinen Wegen wandelst, indem du meine Satzungen und Gebote hältst, wie dein Vater David getan hat, so will ich dir ein langes Leben geben« (V. 14). Der Traum Salomos wurde weithin Wirklichkeit. Seine Einsicht wurde als *Weisheit* sprichwörtlich in der Bibel. Aber diese Einsicht hinderte nicht die Korruption. Auch der weise Salomo wurde zu ihrem Opfer.

Israel kannte also diese Gefahr, kannte die Macht, die »vor der Tür lauerte« und die man damals mit dem Symbol der Schlange als Böses umschrieb (Sir. 21,2). *Einsicht* als Umschreibung des *Wissens* bewirkt noch nicht, »auf den Wegen Jahwes zu wandeln«. Das Wissen dessen, »was gut ist in den Augen Gottes«, hat nicht automatisch zur Folge, daß der Mensch auch *tut*, was *recht* ist.

Wie Salomo hatte auch Jerobeam gut begonnen. Er wußte aus den Satzungen der Väter, »was recht und gut ist vor den Augen des Herrn«, so wie man das zu allen Zeiten in Israel wußte (5. Mose 6,18; Mal. 3,14). Er wurde ja gerade deshalb zum Sprecher der Benachteiligten, der unter Salomo und der neuen Klasse ausgebeuteten Bauern im Hinterland. Im Auftrag Gottes begann er die »soziale Revolution«. Am Ende aber lautete das Urteil Gottes: »Du hast mehr Böses getan als alle, die vor dir gewesen sind« (1. Kön. 14,9). Die »*Sünde Jerobeams*« wurde von nun an zum *Urbild* des Bösen. Was hatte er getan? Mit wenigen Worten beschreibt 1. Kön. 12,26-28 den Vorgang der alles Bisherige übersteigenden Korruption:

Um das Volk an den neuen Staat zu binden und es davon abzuhalten, weiterhin zum Tempel nach Jerusalem zu gehen, baute Jerobeam seine *eigenen Tempel*. Er tat dies nach langer Überlegung, bewußt, nachdem er mit sich zu Rate gegangen war. In einem feierlichen Akt

erklärte er dem Volk: »Siehe, das sind deine Götter, Israel, die dich aus dem Lande Ägypten heraufgeführt haben« (V. 28).
Diese neue theologische Entscheidung hatte politische Konsequenzen: Religion wird zur *Staatsideologie*. Der Gott Israels, der bisher als alleiniger Herr galt, wird nun den politischen Zielen untergeordnet, und der Gottesdienst wird zum Staatsdienst umgeformt. Der biblische Bericht (1. Kön. 12,26-33) macht deutlich, daß der König *nicht* sich selber zum Gott macht. Er erkennt Gott an, aber als Hilfswerkzeug der Nation. Alles, was der König tut, dient nur dem einen höheren Ziel: der *Nation* und dem *König*.

*Die Staatssicherheit wird zur neuen Religion*

Dem neuen Ziel wird nun alles untergeordnet. Die Befestigungsanlagen, die Jerobeam in Bethel (der neuen Hauptstadt) und in Pnuel anlegt, sind nur der äußere Rahmen, das Materielle sozusagen. Das Geistige (und Geistliche) besorgt die Staatsreligion. Gut wird nun, was dem Interesse des Staates, der Nation dienlich ist. Was diesem nationalen Interesse zuwiderläuft, kann somit als böse und übel leicht erkannt werden. Wer also die staatstragenden Strukturen in Frage stellt, wer nach anderen Werten fragt, ist ein Häretiker. So kann auch leicht die theologische Frage der Sünde beantwortet werden: Sünde ist, was dem nationalen Interesse entgegensteht. Rechter Gottesdienst hat folglich der Untermauerung der nationalen Einheit zu dienen. Das war kein »primitiver Akt«. Das ist der Beginn einer bis heute dauernden, immer und immer wiederholten (und in der Gegenwart weltumgreifenden) Entwicklung: Jeder moderne Staat entwickelt *diese* Nationalideologie auf die eine oder andere Weise. Es macht dabei wirklich keinen Unterschied, ob »Gott« anerkannt wird oder ob die Nationalreligion ohne ein herkömmliches Gottesbild auskommen will. Der Endeffekt ist immer der gleiche: Loyalität ist an die Stelle der Frömmigkeit getreten, sie wird zum »neuen Glauben.«
Die Sünde Jerobeams wird im Nordreich *Israel* bei allen späteren Königen auf die eine oder andere Weise »gepflegt«. Die Offenbarungsreligion wird zur Staatsideologie, die nun als sichtbares Zeichen den *Bullen* hat. Auch das ist kein Zufall und einmaliges Ergebnis einer historischen Entwicklung vor 3000 Jahren. Der Bulle symbolisiert bekanntlich die Fruchtbarkeit, den erwünschten Erfolg, er steht für Pro-

duktivität, für Reichtum und für Glück. Dieser Güter wegen wird im nationalen Interesse die Loyalität (der »Glaube«), die völlige Hingabe, der Verzicht auf gewisse Freiheiten (heute: die individuellen und sozialen Menschenrechte sowie die Religionsfreiheit) gefordert. Die *Gleichschaltung* ist notwendig im Interesse der nationalen Sicherheit und des nationalen Wachstums. Gleichschaltung aber ist nur möglich, wenn alle sich total der neuen Ideologie hingeben. Weil das fast unmöglich ist, wird die Seinsweise des Überlebens das »Doppelleben«, der Mensch mit den zwei Seelen und den vielen Gesichtern. Dieser »inneren Korruption« des zerbrochenen Charakters entspricht bald, und in mannigfaltiger Weise, die »äußere Korruption« der Unehrlichkeit in Verwaltung und Industrie.
In Israel wurde dies zur Krebskrankheit: Die »permanente Revolution« im Namen der nationalen Einheit, des neuen Rechts, des nationalen Glücks begleitet den Staat bis zum Untergang. Dieser Vorgang wiederholt sich immer wieder. Das nationale Interesse wird zum Vorwand der Revolution. Die »alte Klasse« wird ausgemerzt, die »neue Klasse« übernimmt im Namen der nationalen Sicherheit und sozialen Gerechtigkeit die Herrschaft — aber nur, um die soziale Gerechtigkeit auf diese neue Klasse zu beschränken: Nach Jerobeam und den Seinen kommt *Omri*, dessen Dynastie von *Jehu* abgelöst wird. Immer geschieht es im Namen der Wiederherstellung der gebrochenen Gerechtigkeit — und immer endet das Ganze in einer neuen Korruption, die zu neuem Aufstand herausfordert.
Die *Goldenen Kälber* leben seit Jerobeam bis heute fort. Sie mögen die Namen wechseln, sie bleiben sich aber merkwürdigerweise fast immer in der letzten Tiefe gleich: Immer geht es um Geld. Kommunismus und Kapitalismus werden davon genauso korrumpiert wie der Feudalismus. Wissenschaft und Geschichtsschreibung werden zu Instrumenten des nationalen Interesses in der Hand derer, die die *Macht* haben. Dies ist die eigentliche Korruption: Das *Herz* ist »*zerbrochen*«, und *aus dem zerbrochenen Herzen ergießt sich die Korruption wie ein Strom des Bösen durch die Geschichte*.

### *Der Frevler ist Typos des korrupten Menschen*

In *Maleachi* 3,14ff. sagen die Zyniker: »Es ist umsonst, daß man Gott dient. Was nützt es uns, daß wir seine Ordnung eingehalten haben und daß wir in Trauer einhergegangen sind vor dem Herrn der Heerscharen? Darum preisen wir nun die Übermütigen glücklich: Nicht nur gedeihen, die gottlos handeln, sie versuchen sogar Gott und kommen davon.«

Die Korruption hat hier ihren Höhepunkt gefunden. Nur eine kleine Gruppe von »Gerechten« bleibt übrig, den Sieg aber trägt die Masse der »Gottlosen« (raša) davon.

Die Wurzel »rš«[53] ist in Israel der Ausdruck für das negative Verhalten schlechthin: Sie bezeichnet die üblen Gedanken, Worte, Werke und das gemeinschaftswidrige Verhalten; sie bringt die innere Disharmonie und Unruhe eines Menschen zum Ausdruck. Sie ist die Umschreibung für den Menschen, der das Leben seiner Mitbürger bedroht oder Unschuldigen das Leben nimmt. Die Armen und die Gerechten werden zu seinen Opfern, und er schreckt auch nicht vor der verabscheuungswürdigen Tat des Mordens um Gewinnes willen zurück. So werden z. B. Rechab und Baana von David »ruchlose Menschen« genannt, weil sie Isbaal, den Sohn Sauls, ermordet hatten. Sie hatten sich ins Haus geschlichen und Isbaal im Schlaf getötet, weil sie sich von David eine Belohnung dafür erhofften, daß sie ihm einen möglichen Konkurrenten um die Macht vom Hals schafften. Die *Gier* nach Geld und Position, *eine* der Wurzeln der Korruption, hatte sie zu dieser schrecklichen Tat verleitet. Sie glaubten, im Interesse Davids zu handeln, und waren überzeugt, Freudenboten zu sein und einen Botenlohn zu verdienen. David aber »gab den Knechten Befehl, die machten sie nieder, hieben ihnen Hände und Füße ab und hängten sie am Teich zu Hebron auf« (2. Sam. 4,12). Hebron war damals die Hauptstadt. Das Aufhängen der Leichen war ein Zeichen für besonders schwere Verbrechen.

Frevelhaft ist aber in Israel, neben Götzendienst und der Schädigung der Frau des Nächsten, auch der Raub und die Unterdrückung des Armen vor allem durch Vergehen gegen die Pfand- und Zinsbestimmungen. Wer all das *nicht* tut, ist gerecht. Klassisch beschreibt dies Hesekiel (18,6-8):

»Gerecht ist, wer nicht auf den Bergen Opferfleisch ißt und seine Augen nicht erhebt zu den Götzen des Hauses Israel, der das Weib seines Nächsten nicht schändet und nicht einem Weibe sich naht, wenn es unrein ist, der niemanden bedrückt, der, was er gepfändet, dem Schuldner zurückgibt und niemandem etwas mit Gewalt nimmt, der sein Brot dem Hungrigen gibt und den Nackten bekleidet, der nicht auf Zins leiht und keinen Zuschlag nimmt, der seine Hand von Unrecht fernhält und redlichen Spruch fällt zwischen Mann und Mann.« Gerecht ist, wer »in meinen (Gottes) Satzungen wandelt und meine Gesetze hält, indem er treulich danach tut.«

Wer nicht so handelt, ist ein Frevler, und er soll nach den Worten Hesekiels sterben.

Dies gehört zum Wächteramt des Propheten: Er soll den *Frevler* warnen, daß seine böse Tat zum Tode führt. Tut er es nicht, wird der Herr den Propheten selber zur Rechenschaft ziehen. Es ist nicht das Ziel Jahwes, daß die Frevler und Korrupten im Lande umkommen, sondern daran hat der Herr Wohlgefallen, »daß sich der Gottlose von seinem Wandel bekehre und am Leben bleibe« (Hes. 33,11). Dies allerdings ist nur möglich durch den *totalen* Wandel, der ein neues Leben zur Folge hat: »Er steht ab von seiner Sünde und übt Recht und Gerechtigkeit, gibt zurück, was er gepfändet, und erstattet wieder, was er an sich gerissen, und wandelt in den Satzungen des Lebens, indem er kein Unrecht tut« (33,15). Dies bedeutet *Leben*!

Die *Sünde* wird hier also in *sozialen* Vergehen gesehen: im Sich-Bereichern durch unrechtes Verpfänden. Modern ausgedrückt heißt das: Sich-Bereichern durch überdurchschnittlich hohen Zinssatz unter Ausnutzung einer wirtschaftlichen Notlage der Armen.

Volkswirtschaftlich bedeutet das heute: hohe Gewinne durch die Ausnutzung billiger Arbeitskräfte oder die Zahlung niedriger Rohstoffpreise an diejenigen, die keine andere Wahl haben. Es kann aber auch bedeuten: »billige Darlehen« an Länder oder Menschen, die *nichts* haben, um sich danach dann um so bessere Handelsbedingungen erzwingen zu können. Die Methoden mögen sich ändern, sie werden in der Regel verfeinert, raffinierter in der Ausführung und meist recht schön verpackt. Aber sie ändern nichts an der Tatsache, daß die Ausgebeuteten die Folgen deutlich spüren. Die Mahnung Jahwes an die Stadt ist deshalb noch immer Weisheit und gilt sowohl dem Landvolk als auch der Stadtgemeinde:

»Kann ich vergessen die frevlen Schätze im Hause des Frevlers und das verfluchte magere Maß? Kann ich ihn ungestraft lassen trotz ungerechter Waage und trotz des Beutels mit falschen Gewichten? Die Reichen der Stadt sind voll Gewalttat, und ihre Bewohner reden Lügen, und Trug ist die Zunge in ihrem Munde.« (Micha 6,10)

Micha, der Prophet vom »Hinterland«, erlebte die Korruption, als die »240 goldenen Jahre« in Israel und Juda Mitte des 8. Jahrhunderts v. Chr. zu Ende gingen. Der »Kulturschock« durch die assyrische Epoche kündete sich an. Wie es damals aussah im Land, schildert der Prophet in Worten, die an Deutlichkeit nichts zu wünschen übrig lassen:
»Wehe denen, die Arges sinnen auf ihren Lagern . . ., die nach Äckern gieren und sie rauben, nach Häusern — und sie wegnehmen; die Gewalt üben an dem Mann und seinem Haus, an dem Besitzer und seinem Erbgut! . . . Höret doch, ihr Häupter Jakobs und ihr Fürsten des Hauses Israel: Solltet ihr nicht das Recht kennen? Die das Gute hassen und das Böse lieben, die den Leuten die Haut vom Leibe reißen und das Fleisch von den Knochen . . . — dannzumal werden sie zu dem Herrn schreien, aber er wird sie nicht erhören. . ., weil sie so schlecht gehandelt haben.
Die Propheten, die mein Volk irreführen, die Heil verkünden, wenn ihre Zähne etwas zu beißen haben, aber dem den Krieg erklären, der ihnen nichts ins Maul steckt. . . Höret doch dieses, ihr Häupter des Hauses Jakob, ihr Fürsten des Hauses Israel, die ihr das Recht verabscheut und alles Gerade krumm macht, die ihr Zion mit Blut baut und Jerusalem mit Unrecht! Seine Häupter sprechen Recht um Bestechung, seine Priester geben Weisung um Lohn, und seine Propheten wahrsagen um Geld — und dabei verlassen sie sich auf den Herrn.« (Micha 2,1f. und 3,1ff.)
Die Korruption hatte bis in die Spitze alles verdorben — genauer: die Korruption der »führenden Schichten im Lande« hatte den Punkt der Selbstzerstörung erreicht:
»Darum wird Zion um euretwillen zum Feld umgepflügt, Jerusalem wird zum Trümmerhaufen und der Tempelberg zur Waldeshöhe.« (Micha 3,12)
Wie überall im Alten Testament werden Korruption und Zerstörung der Natur als Folgen der *Sünde* und als untrennbare Einheit gesehen. Weil die Israeliten nicht getan haben, was ihnen als gut (so wie etwas sein soll) seit alters vorgeschrieben wurde: ». . . was der Herr von dir fordert: nichts als Recht üben und die Güte lieben und demütig wandeln vor deinem Gott« (Micha 6,8) — deshalb sieht es im Lande so aus, wie es nicht sein soll! Einer legt den anderen herein, das Böse triumphiert:
»Der Obere fordert, und der Richter ist feil; der Mächtige entscheidet

nach seinem Belieben, und das Recht, das verdrehen sie. Der Beste unter ihnen ist wie ein Stechdorn, und der Redlichste ... wie eine Dornhecke... Vertraue keiner dem Nächsten! Verlasse sich keiner auf den Freund! Verwahre die Pforte deines Mundes vor dem Weibe an deiner Brust! Denn der Sohn verachtet den Vater, die Tochter erhebt sich wider die Mutter, die Sohnesfrau wider die Schwiegermutter; des Menschen Feinde sind die eigenen Hausgenossen.« (Micha 7,3ff.)
Der Verachtung von Recht und Güte folgt automatisch die Korruption im Lande. Zerbrochen wird das Gemeinschaftsverhältnis aller: Der Mensch ist zerspalten in seiner Doppelfunktion als Individuum und Gesellschaftswesen. Indem er »abad« und »schamar« trennt, kann er seiner eigentlichen Bedeutung als kulturelles und soziales Wesen nicht mehr gerecht werden. Er zerbricht — er wirkt als korrumpiertes Wesen und erzeugt Korruption — er wird zum »raša«, zum Frevler. Er ist es auch zur Zeit Jeremias und der endgültigen Zerstörung des Tempels, denn an der Korruption hat sich nichts geändert:
»In meinem Volk finden sich Gottlose; Fallen stellen sie auf, um zu verderben, um Menschen zu fangen. Wie ein Korb voller Vögel, so sind ihre Häuser voll erlisteten Guts; darum sind sie groß geworden und reich. Auch übertreten sie das Recht: Sie schaffen der Waise nicht ihr Recht und führen nicht die Sache der Witwe.« (Jer. 5,26)
Der »raša«, der Frevler/Korrupte, findet sich überall im Alten Testament, und er gelangt zur Herrschaft während der Zeit der verschiedenen Kulturschocks in Israel. Vor allem in den oberen Schichten treibt er im Dunkeln seine Geschäfte. Und weil gegenwärtig die *ganze Welt* im Zustand eines Kulturwandels ist, finden wir ihn auch heute überall wieder.
Er ist der Feind des *Gerechten*, des integren Menschen. Der Weise in Israel weiß: »Der Gottlose erwirbt trügerischen Lohn, doch wahrhaften Gewinn, wer Gerechtigkeit sät« (Spr. 11,18). Ähnlich handelt er auch in bezug auf die Armen, die Fremden, die Waisen und Witwen. Das sind die Unterprivilegierten zur Zeit des Alten Testaments.
Der »Frevler« hat in der Bibel viele Namen, seine Taten fordern das heraus. Er wird »Übeltäter« genannt und »Bösewicht«. Er ist bekannt als »Gewalttätiger« und »Blutmensch«, und nach seinen Eigenschaften benennen ihn die Bezeichnungen »Stolze« und »Freche«, »Verblendete« und »Sünder«, »Abtrünnige« und »Lügner«. Es sind immer Plurale, denn die Korrupten sind nie allein, die Korruption invol-

viert immer mehrere! Sie bevorzugen es, so können wir in den Psalmen lesen, freundlich zu reden, aber sie beabsichtigen das Böse und erweisen sich als treulos selbst gegenüber den Freunden. Sie treiben ihre Geschäfte in heimlichem Hinterhalt, am liebsten im Dunkeln.
Mit Recht hat *Pedersen*[54] hervorgehoben, daß diese Begriffe in Babylonien oft als Fluchworte geläufig sind und magische Kraft haben, die den Leuten mancherlei Übel verursacht. Wer die Korruption in Aktion sieht, der wird auch heute noch das Bedürfnis, sie mit Worten von magischer Kraft zu bannen, verstehen können.
Auffallend ist, daß im Alten Testament die Menschen diese schicksalwirkende Tatsphäre in Gang setzen und daß die Freveltat, die Korruption, auf das Haupt des »raša« zurückfallen wird. *Hesekiel* hebt zwar (18,5ff.) hervor, daß jeder Mensch für seine eigenen Taten verantwortlich ist und somit nicht einer Kollektivhaftung anheimfällt; aber man weiß an anderen Stellen des Alten Testaments sehr wohl um diese gesellschaftszerstörenden Folgen der Korruption: Ganz Sodom muß umkommen wegen der Freveltaten seiner Einwohner. Ausdrücklich werden »jung und alt, alle insgesamt« erwähnt im Zusammenhang mit der »Sünde der Stadt«. Den Korrupten stehen die »wenigen Gerechten« gegenüber. Und in 2. Mose 20,5 unterstreicht Jahwe, daß er »die Schuld der Väter heimsucht bis ins dritte und vierte Geschlecht an den Kindern derer, die mich hassen, aber Gnade übt bis ins tausendste Geschlecht an den Kindern derer, die mich lieben und meine Gebote halten«. Hier wird natürlich auch deutlich, daß Jahwe nicht an der Verurteilung der Korrupten, sondern an der Heimkehr der »Verlorenen« interessiert ist, denn nur so hat die Gegenüberstellung der Generationen einen Sinn.
Die eigentliche »Sünde« der Korruption ist also im Alten Testament deutlich darin erkannt, daß die Tat immer gemeinschaftszerstörend ist und das Leben der übrigen Glieder der Gemeinschaft in Mitleidenschaft zieht. Wenn die Gemeinschaft zerbrochen ist, muß »Heilung« (schalom) erfolgen. Dies ist die Aufgabe des Gerichts. Der Angeklagte erweist sich dann als »raša« (Frevler) oder als »saddiq« (Gerechter).[55]
Die Korruption ist das Gegenteil dessen, was im Alten Testament mit »schalom« bezeichnet wird. Die Wurzel »šlm«[56] hat als Grundbedeutung »vollständig, ganz oder heil« sein, »genug haben«. »Schalom« faßt also das Vollständigsein, Ganzsein und Heilsein zusammen. So war die »gute Schöpfung Gottes« ursprünglich.

Entsprechend wird in 1. Mose 6,5 und 6,11-12 das Zerbrochensein dieser Einheit des Ganzseins, Heilseins beschrieben. Dies geschieht in zweifacher Weise:

*Der Mensch ist verderbt*

Der *Bericht des Jahwisten* (1. Mose 6,5) legt größeren Wert auf die Korruption des *Menschen* und dementsprechend wird »*adam*« charakterisiert als »ra« (= böse) mit dem Zusatz »viel«. Gott sieht »das Bösesein der Menschen auf Erden«.[57] Das Verb (raa) ist ein Zustandsbegriff und bedeutet eigentlich »schlecht sein«. Der Nachdruck wird hier also auf das Böse*sein* des Menschen gelegt und nicht auf ein böses Handeln.

Die Menschen waren »böse« geworden. Die übrigen Wörter für »Sünde« sind im Hebräischen davon zu unterscheiden, denn sie beschreiben ein *Handeln* in ganz bestimmten Konstellationen. Ausdrücklich wird hier aber mit dem Verb »raa« festgestellt, daß es sich um einen *Zustand* , um ein *Sein* der Menschen handelt. Dieser Zustand wird als große Verderbnis beschrieben. Sie ist das genaue Gegenteil des »tob« (= gut) in 1. Mose 1,31.

Man kann also sagen, daß das »tob« nun ins Gegenteil verkehrt wurde. Dementsprechend werden dann auch in der Fortsetzung »alles Trachten und die Gebilde der Gedanken ihres Herzens« ebenfalls als »ra« bezeichnet. Das *Böse* besteht also darin, daß die Menschen mit allem Denken auf das Böse aus sind. Davon wird ihr Dasein bestimmt. Allezeit. Das *Denken* und das *Tun* sind jedoch so eng verbunden, daß sie nicht getrennt werden können: »Die Gedanken, das Trachten des Herzens« sind Ausgangspunkt sowohl des Guten als auch des Bösen, denn aus dem Herzen kommen die Gedanken (Mark. 7,21ff.) und die bösen Taten des Menschen.

Weil der Mensch auf das Böse aus ist, deshalb sind seine Taten bösartig. Seine Bosheit ist ein aktiv Böses. So handeln die Toren, die die Furcht des Herrn nicht kennen und deshalb auch die Weisheit nicht: »Ihre Füße laufen zum Bösen und eilen, Blut zu vergießen« (Spr. 1,16). Aber indem sie Böses gegen andere Menschen tun, handeln sie auch böse gegen Gott: Sie handeln genau gegenteilig zu dem, was in Jes. 11,1-10 als »schalom« beschrieben ist.

Bei den bösen Taten des bösen Menschen geht es immer um »schlecht handeln, jemandem Schwierigkeiten machen und Schaden zufügen«; es kann das Wegnehmen der Rinder oder Esel sein, aber auch das Gewaltantun oder das Annehmen von Bestechung (1. Sam. 12,3). Man wußte aus der Geschichte der Väter, was das bedeutet: »Die Ägypter mißhandelten uns und bedrückten uns und legten uns harte Arbeit auf« (5. Mose 26,6). Jakob hatte es in der Fremdlingschaft erfahren: »Euer Vater aber hat mich betrogen und mir den Lohn zehnmal verändert« (1. Mose 31,7).

Man kannte die »Übeltäter« und den charakterlosen Erfolgreichen, aber man wußte auch, daß dessen Erfolg nur ein Scheinglück ist und keinen Bestand hat:

»Sei nicht neidisch auf böse Menschen und begehre nicht, in ihrer Gesellschaft zu sein! Denn ihr Herz sinnt auf Gewalttat, und Unheil reden ihre Lippen. Erhitze dich nicht über die Bösewichter und ereifre dich nicht über die Gottlosen! Denn der Böse hat keine Zukunft, und die Leuchte der Gottlosen erlischt.« (Spr. 24,1.2.19.20)

Die Klagepsalmen dagegen sehen die »Rotte der Übeltäter« in engster Verbindung mit der chaotischen Macht des Bösen:

»Denn Hunde lagern rings um mich, und mich umkreist die Rotte der Übeltäter.« (Ps. 22,17)

»Schaffe mir Recht, o Herr, denn unsträflich bin ich gewandelt ... Ich saß nie bei falschen Menschen, und bei Heuchlern trat ich nicht ein. Ich hasse die Versammlung der Missetäter, nie setzt' ich mich zu den Gottlosen ... Raffe meine Seele nicht hin mit den Sündern, nicht mein Leben mit Blutbefleckten, an deren Händen Schandtat klebt und deren Rechte voll Bestechung ist.« (Ps. 26)

Der Böse ist der Verantwortungslose. Er kümmert sich um nichts. Am wenigsten um Gott. Sein einziges Ziel ist, sich selber zu einem besseren Leben zu verhelfen. Dies geschieht in der Regel auf Kosten anderer, und kein Mittel ist ihm zu schade, um zu diesem Ziel zu gelangen. Der Korrupte handelt korrupt!

### *Die Erde ist verderbt*

Der *zweite Aspekt* des Verdorbenseins wird im *Bericht der Priesterschrift* beschrieben. Hier ist der Blick vor allem auf die *Erde* gerichtet: »Die Erde aber war verderbt vor Gott. Und Gott sah die Erde, und siehe: Sie war verderbt« (1. Mose 6,11f.).

Die Erde ist dreimal das Subjekt (und in V. 13 noch einmal). Die Korruption ist »etwas Massives, Ansteckendes, Verseuchendes; sie wirkt sich auf den Lebensraum der Menschen aus. Mit den Menschen wurde ihre Lebenssphäre, ihr Lebensraum verderbt.«[58] Korruption und Naturzerstörung entsprechen einander: Der korrumpierte Mensch zerstört die Erde! Die Untat des Menschen liegt nun dinglich als Last auf der Erde.

Die hier benutzten Wörter (das Verb »sahat« und das Substantiv »hamas«) werden später in der Priesterschrift niemals wieder als eine Bezeichnung für Sünde gebraucht. Sie beschreiben also Einmaliges, Außerordentliches und heben die Übersteigerung, den Gipfel der Untat und Korruption hervor. Die Folge kann nur die Vernichtung sein (die Sintflut), denn total Korrumpiertes kann nicht mehr »repariert« werden.

Das oft mißbrauchte Wort »Sünde« kann deshalb nicht beschreiben, worum es hier geht, es sei denn, man erinnert sich an seinen ursprünglich umfassenden Sinn. Die Gewalttat, die Untat, die zum Blutvergießen, zur frevelhaften Vergewaltigung führt, umfaßt alle Bereiche des Lebens. Die davon erfüllte Erde ist vom korrumpierten Menschen verdorben worden und in ihrer eigentlichen Funktion zerstört: die »sehr gute Schöpfung«, die einst »schalom« war, ganz und heil, ist nun »hamas«: total *zerbrochen*, terra corrupta. Weil des Menschen Herz zerbrochen ist, ist es auch die Erde: »Schöpfung am Abgrund«[59].

Dem Gottlosen haftet das »hamas« an wie eine ansteckende Krankheit; das Brot, das er ißt, wird »hamas«-haft und so auch der Wein (Spr. 3,17); er »beschwatzt seinen Nächsten und führt ihn auf einen Weg, der nicht gut ist« (Spr. 16,29).

*Abimelech* war solch ein Gottloser. Und entsprechend waren auch seine Taten: Er mordet die 70 Söhne Jerubbaals, und später fallen die Bürger von Sichem von ihm ab und rächen diese böse Tat an ihm; ein böser Geist war zwischen ihn und die Bürger gefahren. Der Geist der Gewalttat erzeugte neue Gewalttaten (Richt. 9,24). Die Gewalttat vernichtet den Menschen am Ende selber (Obad. 10); sie hat aber auch entsprechende Auswirkungen auf die »Lebenswelt« des Menschen: »Ägypten wird zur Wüste, Edom zur wüsten Öde wegen es Frevels an den Kindern Judas, weil sie unschuldiges Blut vergossen haben in ihrem Lande« (Joel 4,19).

Den Korrupten und Zynikern (den Chaldäern) ruft *Habakuk* zu: »Weil du viele Völker ausgeraubt hast, werden die übrigen Völker alle dich ausrauben, um der Blutschuld an den Menschen willen und wegen der Gewalttat an der Erde, an der Stadt und allen, die darin wohnen ... Denn der Frevel am Libanon wird auf dir lasten, und die Vernichtung der Tiere wird dich erdrücken um der Blutschuld an den Menschen willen und wegen der Gewalttat an der Erde, an der Stadt und allen, die darin wohnen.« (2,8.17)
Den gleichen engen Zusammenhang von Korruption und Umweltzerstörung unterstreicht auch *Hesekiel* (12,19-20) in seinem Gerichtswort an die Babylonier: »Sie werden ihr Brot in Bekümmernis essen und ihr Wasser mit Entsetzen trinken — auf daß ihr Land verödet und all seiner Fülle beraubt werde wegen des frevlen Tuns all derer, die darin wohnen. Die bewohnten Städte werden veröden, und das Land wird zur Wüste werden, damit ihr erkennet, daß ich der Herr bin.«
Es ist ein wesentlicher Teil des »Wissens um Gott«[60], der Theologie also, daß Korruption und Umweltzerstörung als untrennbare Einheit verstanden werden. Und es gehört folglich zur Aufgabe der »Wächter«, diesen Zusammenhang aufzuzeigen, denn Gott will nicht den Tod, sondern die Umkehr der Korrupten.
Dem »hamas« folgt oft, vor allem bei den Propheten, das »sod«, die »Mißhandlung, Verheerung«. Beides kommt aus der gleichen Quelle und hat ähnlich schreckliche Folgen für den davon betroffenen Menschen. Deshalb ruft der Prophet Hesekiel den Mächtigen im Lande zu: »Nun ist's genug! ... Machet ein Ende mit Gewalttat und Bedrückung! Übet Recht und Gerechtigkeit! Höret auf, mein Volk von Grund und Boden zu vertreiben! .. Richtige Waage, richtiges Epha und richtiges Bath sollt ihr brauchen. Epha und Bath sollen gleiches Maß haben.« (45,9-11)
Den gleichen Zusammenhang zwischen fehlender sozialer Gerechtigkeit und Korruption als Gewaltherrschaft und Bedrückung einiger weniger gegenüber der Masse der Armen zeigt auch *Amos* auf, der einige Generationen vorher sozialkritisch feststellt: »Sie verstehen nicht, das Rechte zu tun, sie häufen Gewalttat auf und Unrecht in ihren Palästen« (3,10). Und auch er verweist in diesem Zusammenhang auf die schrecklichen Folgen dieser Tat: Das gesamte Gesellschaftssystem wird zerbrechen, Chaos wird kommen!
Amos und Hesekiel sagen, was die anderen Propheten ebenfalls er-

kannt haben, weil sie tiefer sehen können als die übrigen im Lande: Dem aktiven Tun des Bösen folgt wesensmäßig die totale Zerstörung der gesellschaftlichen Institutionen und der gesamten Natur. Die Mißhandlung hat verheerende Folgen. Die Verletzung der von Gott in der Natur und im zwischenmenschlichen Bereich gesetzten *Ordnung* hat immer Folgen in beiden Bereichen, denn es wird jeweils der »schalom« in »hamas« verwandelt: Das feine Zusammenspiel in Natur und Gesellschaft wird zum Schaden aller korrumpiert.

## 4. Der Weise in Israel und die Korruption

Die Wahrheit ist im alttestamentlichen Denken das Geltende, das Anerkennung fordert. Auf die Wahrheit kann man sich verlassen[61]; sie wird vor allem als Praxis erfahren. Und entsprechend ist auch die *Weisheit* nicht theoretische, sondern praktische Lebensweisheit. Der Lauf der Welt und die Frage nach Gutem und Bösem sind wichtiger als die Diskussion um Abstrakta. Die Frage, wie es dem Redlichen, dem Gerechten und dem Lügner in dieser Welt ergeht, hat mehr Gewicht als die Frage nach dem Ursprung und Sinn des Seienden: Wahrheit und Weisheit sind erfahrungsbezogen. Für den Israeliten aber ist Erfahrung immer auch auf Gott bezogen. Deshalb ist der Hauptsatz der Weisheit und zugleich ihr Anfang die *Gottesfurcht*.
Weil Gott (Jahwe) in der Geschichte wirkt, ist diese das große Thema der alttestamentlichen Theologie. Die *Grundfrage* nach Sinn und Ziel des Lebens wird von daher beantwortet. Die Schöpfung Jahwes ist der Anfang der Geschichte. Und der Mensch ist in diesem Zusammenhang zu verstehen. Gott ist zwar nicht sichtbar, aber man kann seinen Willen erkennen. Die Gotteserkenntnis (das »Wissen um Gott«) ist weniger an einer Wesensbeschreibung Gottes interessiert, sondern fragt nach dem Willen Gottes in dieser Welt. Gottes Willen kennen und tun heißt Gott anerkennen. Dies aber hat Konsequenzen für das gesamte Leben: »Dein Vater übte Recht und Gerechtigkeit; die Sache der Elenden und Armen hat er geführt! Heißt das nicht, mich (Gott) erkennen?« ruft Jeremia dem König Jojakim zu (Jer. 22,15ff.).
Die Gotteserkenntnis ist natur- und gesellschaftsbezogen, weil Gott der Schöpfer und Herr des Volkes ist. Neben den *Propheten* und den *Priestern* bildeten die *Weisen* in Israel eine eigene Gruppe.[62] Die ge-

schichtlichen Anfänge der Weisen können nicht mehr mit Sicherheit ausgemacht werden, aber daß die von dieser Gruppe tradierte Weisheit auch Erfahrungen der Ältesten, der Propheten und der Priester aufnahm und weitervermittelte, ist sicher.

Die Reichsgründung durch *David* und *Salomo* konfrontierte die um den Erhalt des Jahwevolkes besorgten Führer Israels erneut mit dem Phänomen der Korruption. Die neuen Werte im Gefolge des Kulturwandels durch die Reichsgründung stellten die alten Werte, die in den seit Generationen gesammelten Gesetzen Israels niedergelegt worden waren, in Frage. Mit den neuen Städten kam ein »anderer Geist«[63].

»Als Beauftragte des Volkes werden die Ältesten in der Königszeit auch königliche Beamte; als solche haben die Ältesten in der Furcht des Herrn zu handeln, damit sie als vertrauenswürdige und unbestechliche Beamte das junge Königreich aufbauen und festigen können und es nicht durch Rechtsmißbrauch und Korruption ins Elend stürzen.«[64] Die Aufgabe der Ältesten erstreckte sich über weltliche und geistliche Angelegenheiten. Die Weisen erkannten die Bedrohung des »Wissens um Jahwe« durch die Anfänge der »Industrie«. Jahwe und Mammon sind Gegensätze schon zur Zeit der Reichsgründung in Israel.

Das Phänomen der Korruption begegnete den Ältesten im Leben der Gemeinschaft und bei der Beziehung der einzelnen zueinander. Sie sahen, wie die Großfamilie, die Stammesgemeinschaft und auch die Kleinfamilie in der Stadt vom Gift der Korruption infiziert wurden. Unausweichlich stellte sich die Frage: *Wie können die von Jahwe einst den Vätern vermittelten Grundwerte erhalten bleiben?* Eine Antwort ist die Sammlung der Lebenserfahrung der Weisen in Israel[65] und der umliegenden Völker.

Im Zusammenhang mit der Reichsgründung unter David wurde die in Phönizien und Ägypten entwickelte Verwaltung in Israel eingeführt. Vor allem Salomo holte sich für diesen Zweck ausländische Spezialisten als Berater. Damit kam auch fremdes Gedankengut ins Land. Mit dieser neuen Elite kam auch neue Korruption und zwang die Weisen zum tieferen Nachdenken über die Herkunft des Bösen. Die Erfolge der »Gottlosen«, die sich nicht an die herkömmlichen moralischen Grundsätze hielten, führten in eine tiefe Krise. Wo konnte man Hilfe finden?

Zur alten Lebenserfahrung Israels kamen die Erkenntnisse der umliegenden Länder. Aus Ägypten lernten die Weisen, daß es unklug ist, seine Macht zur Beraubung des Geringen, der sich nicht wehren kann, auszunutzen. Dort hatte man erkannt, daß es keinen bleibenden Erfolg bringt, wenn man den Armen vor Gericht durch Bestechung der Richter »zertritt«, denn das führt am Ende zum Zerfall der Gesellschaft. Der Weise in Israel lernte daraus: »Der Herr wird die Sache der Armen führen und, die sie berauben, des Lebens berauben.« (Spr. 22,23)[66]

Der Weise lernte aber auch, daß es gefährlich ist, sich mit den »*Machern*« einzulassen: Sie reden süß und geben sich hilfreich, indem sie dem in Not Geratenen bereitwillig Geld offerieren, nur um es später mit Zinseszinsen wieder einzutreiben. Viele mußten bald erleben, daß die Kreditgeber »das Bett unter dem Leib wegnehmen« (Spr. 22,27). Man wurde skeptisch gegenüber dem naiven Fortschrittsglauben. Die Weisen warnten: »Verrücke nicht die uralte Grenze, die deine Väter gesetzt haben.« (Spr. 22,28)

Nur der Tor lehnt die Lebenserfahrung der Alten ab; der Kluge weiß, daß man Werte erhalten muß, um ein wertvolles Leben führen zu können. Der Weise warnt vor dem falschen Vertrauen auf Reichtum und der kritiklosen Bewunderung der Mächtigen: »Mühe dich nicht ab um den Reichtum, laß ab von solcher Klugheit! Willst du nach ihm sehen, so ist er verschwunden, denn er verschafft sich Flügel wie ein Adler, der sich gen Himmel schwingt.« (Spr. 23,4f.)

Er kann deshalb die Korrupten nicht bewundern, weil die Erfahrungsweisheit ihn lehrt:

»Bei wem ist Wehe? Bei wem ist Ach? Die bis spät beim Weine sitzen . . Sei nicht neidisch auf böse Menschen und begehre nicht, in ihrer Gesellschaft zu sein! Denn ihr Herz sinnt auf Gewalttat, und Unheil reden ihre Lippen. Durch Weisheit wird ein Haus gebaut, und durch Klugheit gewinnt es Bestand, und durch Einsicht werden die Kammern gefüllt mit allerlei kostbarer, lieblicher Habe.« (Spr. 23,29f.; 24,1ff.)

Die *harmonische Gesellschaft* wird im Hebräischen charakterisiert durch das Wort »schalom«. Wie das arabische »salaam« meint es Gesamtheit, Gesundheit, Friede, Ganzheit; es ist die ausgewogene, gesunde Gesellschaft, in der sozialer Friede herrscht und jeder »genug hat«. Als Richter, Beamte, Handwerker und Bauern arbeiteten die Weisen mit am Aufbau des sozial ausgeglichenen Staates. Unter harmonischer Gesellschaft verstanden sie vor allem, daß »Gerechtigkeit und schalom einander küssen« (Ps. 85,11). Wenige Reiche und viele Arme waren ein Zeichen dafür, daß die Gesellschaft nicht ausgeglichen war.

Das Gute und das Böse sind Kräfte, die der Weise im Alltagsleben vorfindet. Gut ist das, was Gutes *bewirkt*. Das Böse dagegen wirkt zerstörend im täglichen Zusammenleben der Menschen. Die Macht des Bösen wurde besonders intensiv erfahren im *Handel*. Das Böse und den Mammon sehen die Weisen eng verbunden. Böses und Gutes schaffen soziale Bedingungen. Das Gute zielt auf das harmonische Zusammenspiel. Das Böse zerstört die Harmonie, das Recht (mischpat), das dem Armen Schutz gibt, wird mißbraucht und dient zur Sicherung der Ausbeutung der Vielen durch einige wenige, die das Recht entsprechend »fertigen«.

Die Weisen erkannten den engen Zusammenhang zwischen Armut und Bedrohung der sozialen Harmonie der Gesellschaft. Die Lebenserfahrung hatte sie gelehrt, daß Armut und Reichtum auch mit Fleiß und Faulheit zusammenhängen:

»Ich ging am Acker des Faulen vorüber und am Weinberg des unver ständigen Menschen; siehe, da war er ganz überwuchert von Disteln, sein Boden war mit Nesseln bedeckt, und die steinerne Mauer war eingerissen. Ich ward es gewahr und nahm mir's zu Herzen, ich sah es und zog daraus eine Lehre: ›Noch ein bißchen schlafen, ein bißchen schlummern, ein bißchen die Hände ineinander legen im Bett‹ — da kommt über dich wie ein Räuber die Armut, der Mangel wie ein gewappneter Mann.« (Spr. 24,30-34)

Der verständige Mensch bekämpft die Armut durch Verbesserung der Felder und achtet auf eine gerechte Verteilung der Güter. Er weiß, daß Faulheit nicht die Frucht der Weisheit, sondern des Unverstandes ist. Der Weise unterscheidet sich vom Ungerechten, der »immer voll Gier« ist; er »gibt und hält nicht zurück« (Spr. 21,26). Der Weise versucht, der Ursache der Ungerechtigkeit auf die Spur zu kommen, und spricht im Gericht gerechtes Urteil, indem er die Korruption aufdeckt:

»Der falsche Zeuge bleibt nicht ungestraft, und wer Lügen vorbringt, der geht zugrunde. — Verstohlene Geschenke (Bestechung) nimmt der Gottlose an, den Gang des Rechts zu beugen. — Wer Getreide zurückhält, dem fluchen die Leute; wer es aber auf den Markt bringt, dessen Haupt wird gesegnet.« (Spr. 19,9; 17,23; 11,26)

»Der Weise kennt also die »Schliche« der Korrupten und bekämpft die Korruption. Dabei hat er aus Erfahrung gelernt, daß gute Gesetze und eine gute Regierung einander ergänzen müssen, um den »Schalom« in der Gesellschaft zu erhalten; das Böse muß an der Wurzel (radikal) angegriffen werden.
Deshalb finden wir in der Weisheitsliteratur so oft den Hinweis auf die Notwendigkeit einer *guten Verwaltung*. Man weiß, daß die Korruption immer »oben« beginnt und von dort sich schnell auf die ganze Gesellschaft ausbreitet: »Wenn ein Herrscher auf Lügen hört, so werden alle seine Diener zu Schurken.« (Spr. 29,12) Der gerechte Herrscher dagegen, der für die Einhaltung des Rechtes zugunsten der Armen sorgt, »hat ewigen Bestand« (Spr. 29,14).
Gekaufte Zeugen sind wohlbekannte Erscheinungen in einer korrupten Gesellschaft, in der die Hochmütigen (die Menschen mit dem »hoch-gestellten Herzen«[67]) das Sagen haben. Sie suchen nur ihren eigenen Vorteil. Ihnen gegenüber gilt es vorsichtig zu sein.
»Recht und Gerechtigkeit üben gefällt dem Herrn besser als Opfer. Hochmütig die Augen und aufgeblasen der Sinn — die Leuchte der Gottlosen ist Sünde.« (Spr. 21,3-4)
Gebefreudigkeit, Toleranz und Demut sind die wichtigsten Tugenden einer harmonischen Gesellschaft. Wo diese Tugenden herrschen, ist es nicht so leicht, korrupt zu sein, denn man fällt auf und wird erkannt; die Korrupten finden dann kaum Genossen. In einer sozial ausgeglichenen Gesellschaft gibt es Raum für den »Außenseiter« der Gesellschaft: »Wenn deinen Feind hungert, so speise ihn, dürstet ihn, so gib ihm zu trinken.« (Spr. 25,21)
Die staatstragende, harmonische Ordnung fanden die Weisen in Gottes Schöpfung; die Weisheit wurde als der Welt immanent verstanden (Hiob 28). Der Weise lernt deshalb von der Ameise und von den Jahresläufen. Er kann aus dem Verhalten der wilden Tiere lernen, wie man sich nicht verhalten soll in der menschlichen Gesellschaft: »Ein knurrender Löwe, ein gieriger Bär ist ein gottloser Herrscher für ein armes Volk.« (Spr. 28,15)
Der Mensch ist als homo faber und als soziales Wesen anderen Gesetzen unterworfen. Aber er kann aus der Schöpfung lernen: »Des Rechttuns Frucht ist ein Baum des Lebens, Unrechttun aber nimmt das Leben.« (Spr. 11,30)
Wichtiger als die Natur war den Weisen der *Mensch*. Der Mensch be-

droht das feine Zusammenspiel der Natur, korrumpiert die Erde und nicht umgekehrt. Weil man wußte, daß die Bedrohung des Menschen groß ist, setzte man schon ganz früh mit der *Erziehung* der Kinder ein. Generationenlange Erfahrung hatte gelehrt, daß das Gute nicht dem Menschen immanent ist. Die Kinder müssen das Gute vom Bösen unterscheiden lernen. So wird der *Hauptsatz* der israelitischen Weisen: »Die Furcht des Herrn ist der Weisheit Anfang.« (Spr. 1,7)
Nur der Tor verachtet die Weisheit und Disziplin. Der Tor ist in Israel der Atheist[68], und Torheit (Dummheit) ist praktizierter Atheismus. Die Gottesfurcht — das ist die Weisheit (Hiob 28,28). Gottesfurcht und Staunen sind Geschwister. Furcht ist nicht Angst.[69] Wer Gott wirklich erkannt hat, hat nicht Angst vor ihm, aber er fürchtet sich vor den Untaten, den Folgen seiner Fehler und Versäumnisse. Denn er weiß, daß der Mensch vor Gott Antwort auf seine Taten geben muß; die Verantwortung ist ein Existential des Menschen. Zum »Wissen um Gott« gehört auch das Wissen um seine Liebe: Gott lieben und den Nächsten wie sich selbst lieben bilden eine untrennbare Einheit. Wer Gott vergißt, macht sich selber zum Gott und Herrn der Schöpfung. In diesem Verdrehen des göttlichen Auftrags sieht der Weise die eigentliche Ursache der Korruption.
Der Weise verstand sich als Glied in einer (geschichtlichen) Kette mit denen, die vor ihm waren: Er lernte von Kain, daß das Bauen ohne das Bewahren der göttlichen Weisung ins Verderben führt. Aus der Geschichte Abrahams und der Väter lernte er, daß die Korruption jeden bedroht. David und Salomo waren ihm genauso warnende Beispiele wie Jerobeam und die Geschichte der umliegenden Nationen. Überall sah er, daß der Mensch ohne Grenzen Verderben über andere bringt. Der Weise war deshalb an *Lebensregeln* interessiert, die dem Menschen helfen, den Kampf gegen das Böse bestehen zu können.
Das »Wissen um Gott« lehrte ihn, daß Gutes oder Böses tun immer soziale Konsequenzen hat. Die Guten sind Garantie für das Wohlergehen der Gemeinschaft (Spr. 11,10 ff.). Wer Gutes tut in bezug auf die Gemeinschaft, ist der »gerechte Mensch«, denn er kommt den Forderungen der Gesellschaft nach; er hilft mit am Aufbau der Gesellschaft und an der Erhaltung des Wohls aller. Der so lebende Mensch ist »in Ordnung« und wird zum Vorbild der Jugend. Weil man um die Macht des Bösen (Korruption) wußte, konnte man auch sagen: »Zucht liebt, wer Erkenntnis liebt; wer die Rüge haßt, der ist dumm« (Spr. 12,1).

Um den rechten Weg des Lebens zu finden, braucht man deshalb scharfe Augen und einen wachen, kritischen Sinn.
Die Weisen waren überzeugt, daß dieses »gute Verhalten« dem Menschen anerzogen werden kann. Die Lebensregeln gelten allen und nicht nur einer Elite. Die Ehre und der ehrbare Name sind höchstes Gut, mehr wert als viele Schätze; und die guten Dinge im Leben überdauern den Menschen, sein guter Name bleibt für immer bestehen. Der Weise weiß um die Gefahr des elitären Denkens. Deshalb gelten die Tugenden, nämlich das gute Reden, die korrekte Zeugenaussage vor Gericht und der überlegte Umgang mit Besitz[70], allen Menschen gleichermaßen. Das Nachdenken, bevor man handelt, die Genauigkeit in allen Dingen und die Bescheidenheit sind Tugenden, nach denen der gute Mensch sein Leben ausrichtet. Der weise Mensch ist der (in sich) ausgeglichene Geduldige, der sich nicht Emotionen hingibt, sondern der wohl überlegt, bevor er etwas tut:
»Der Langmütige ist reich an Einsicht, aber der Jähzornige treibt die Torheit auf die Spitze. Ein gelassenes Herz ist Leben für den Leib; Leidenschaft aber ist Wurmfraß in den Gebeinen.« (Spr. 14,29.30)
Die *Lebensqualität*[71] ist kein neues Phänomen. Demut, Bescheidenheit, Selbstkontrolle und Ehrlichkeit sind Merkmale des Weisen, der Gütigkeit pflegt und gebefreudig ist. Seine Freude ist, »wenn Recht geschaffen wird«, auch wenn das dem Übeltäter ein Schrecken ist (Spr. 21,15). Er zeichnet sich aus durch Zuverlässigkeit. Wo diese Tugenden herrschen, hat es der Korrupte schwer, denn dort findet er nicht leicht Gleichgesinnte. Wo diese Qualitäten aber fehlen, macht sich die Korruption schnell breit und gedeiht wie das Unkraut nach dem Regen.

## 5. Zusammenfassung

Gut ist das Recht, die Gerechtigkeit und der Gehorsam gegen Jahwe und seine Gebote, und das Gegenteil ist das Böse. Der ehrliche, zuverlässige und unbescholtene Mensch ist der Gerechte. »Seine ›Gerechtigkeit‹ ist eben diese Unbescholtenheit, die Geltung, die er vor den Volksgenossen und vor Gott als der höchsten richterlichen Instanz genießt.«[72] Die Gerechtigkeit zeigt sich in der richterlichen Unparteilichkeit als Gegenstück zur »Käuflichkeit« (Bestechung), und »entsprechend ist das Böse ... Gegenwille gegen das Gute, nicht ein bloßes Verfehlen, ein Mangel an ethischer Bildung, eine Stufe, die überwunden werden kann und muß, sondern ein Verstoß, der entweder bestraft oder vergeben werden muß. Der Sünder isoliert sich von der Volksgemeinschaft und von Gott.«[73] Gut ist also, was das Gedeihen der Gemeinschaft fördert, und böse ist die Eigensucht auf Kosten der anderen, die wir als *eine* Quelle der Korruption erkennen können. In der Sprache des Alten Testaments heißt *Sünde* nämlich »Ungehorsam gegen das, was vom Menschen jeweils gefordert ist, und da alle Forderungen letztlich Forderungen Gottes sind, (ist) der Ungehorsam gegen Gott ... also *Empörung gegen Gott* letztlich als das Seinwollen wie Gott«.[74] Es ist der Zweifel an Gottes Macht und Herrschaft und an der Gültigkeit seiner Forderungen. Es ist die Skepsis, die sich in der Frage: »Sollte Gott gesagt haben?« artikuliert und ist somit »das Gegenteil von Gottesfurcht und von Glauben als dem vertrauenden Warten auf Gott«.[75] Sünde ist »die Schuld, durch die er (der Mensch) in Eigensinn und Undankbarkeit schuldig geworden ist gegenüber der menschlichen Gemeinschaft und gegenüber Gott«.[76] Der Mensch kann deshalb seine Schuld nicht individuell sühnen, sondern die Vergebung der Schuld hängt ab von der Gemeinschaft und von Gott. Der Mensch ist deshalb »auf die Vergebung Gottes angewiesen«.[77]

Das erfordert vom Menschen Buße: die »Rückkehr zu Gott aus der Isolierung des Eigensinnes«, und schließt die »Änderung der Gesinnung, den Entschluß zum Guten, zum Gehorsam« ein, verbunden mit »der Bitte, daß Gott vergebe, und in der Hoffnung, daß er es tue«.[78] Korruption ist Sünde. Deshalb sollte sich der Korrupte vom Bösen abwenden und das Gute tun.

# III. Korruption in der Umwelt des Neuen Testaments

Das Neue Testament entstand nicht in einem luftleeren Raum, sondern ist eingebettet in den Beziehungsrahmen der Palästina umgebenden Kulturen und mitgeprägt durch diese Umwelt. Deshalb können wir »das Urchristentum« nur »im Rahmen der Antiken Religionen« (R. Bultmann)[1] und Kulturen sinngerecht verstehen. Zum alttestamentlichen und hellenistisch-jüdischen kommt auch das griechische Erbe.[2] Das Urchristentum entwickelte sich im römischen Weltreich, und die »Pax Romana«[3] ist der allgegenwärtige Hintergrund. Wir wollen uns deshalb zuerst dem Thema »Korruption in der Umwelt des Neuen Testaments« zuwenden und dann fragen, welche Rolle die Korruption im Neuen Testament selbst spielt und wie sie dort beurteilt wird.

## 1. Korruption in der griechischen Gesellschaft

Wie wir bereits gesehen haben, verwandelte sich das »Geschenkegeben«, das die homerische Gesellschaft prägte, bald in Korruption, die in der nachhomerischen Zeit vor allem in der Gestalt des »Ämterkaufs« verbreitet war (vgl. oben S. 56f.)
Im *klassischen Athen* des 4./5. Jahrhundert v. Chr. war die Korruption ebenfalls ein weitverbreitetes Phänomen, wie wir aus der rednerischen Topik[4] erfahren können. Vor allem in den Gerichtsreden werden häufig Korruptionsfälle behandelt. Man unterschied dabei zwischen passiver und aktiver Bestechung, wobei für passive Bestechung eine zehnfache Buße vorgesehen war.[5] *Platon*[6] dagegen fordert als Strafe für Unterschlagung und Amtsmißbrauch die Todesstrafe für jeden Bürger ohne Ansehen der Person. Die Archonten mußten in ihrem Amtseid schwören, sich nicht bestechen zu lassen, und eine ähnliche Verpflichtung wurde auch den Richtern auferlegt.
*Aristoteles* erhebt in seiner »Athenaion Politeia« den Vorwurf, daß Anytos einen ganzen Gerichtshof bestochen habe[7], und in einer Ge-

richtsrede charakterisiert Isokrates einen Helfershelfer des Prozeßgegners als einen Mann, »der die Gesetze verfälscht, die Gerichtshöfe besticht, die Behörden schädigt (beleidigt?) und überhaupt alles mögliche Schlechte tut«[8]. Derselbe Isokrates klagt in seiner Friedensrede: »Obwohl die Todesstrafe auf aktiver Bestechung steht, wählen wir Leute, die das ganz offen betreiben, zu Feldherren.«[9] Schon damals sind manche Beamte »aus Bettlern zu reichen Leuten« geworden, weil sie sich durch Amtsmißbrauch bereicherten.

Besonders häufig werden die ins Ausland geschickten Gesandten der Bestechung durch fremde Mächte angeklagt, aber auch von korrupten Schreibern ist die Rede. Einen ganz speziellen Fall der Bestechung beschreibt Timarchos: einen Wahlbetrug durch Manipulation mit Lostäfelchen.

Hermann Wankel kommt zum Ergebnis, »daß Korruption in jener Zeit sehr verbreitet gewesen sein muß«[10], und daß sich viele Beamte durch Amtsmißbrauch sehr bereichert haben. Isokrates lehnte ein Amt ab mit der Begründung, er habe bereits genug Geld und wolle sich von aktiver politischer Tätigkeit zurückhalten[11], um denen Platz zu machen, die es nötig hätten, davon zu leben.

Öfter wird auch berichtet, daß sich Heerführer bestechen ließen und so zu großem Vermögen kamen.[12]

Nicht unbekannt war auch das Phänomen der »Korruption in der *hellenistischen Führungsschicht*«[13]. Es begegnet uns in Form der Bestechung von Beamten im Zusammenhang mit Erbstreitigkeiten. Eine davon ist uns aus dem Ende der Regierungszeit Philippos V. (221 bis 179 v. Chr.) erhalten.[14] Der rechtmäßige Erbe, Perseus, fühlte sich von seinem jüngeren Halbbruder Demetrios, der ein Favorit Roms war, bedroht. Er klagte ihn beim König des Verrates an uns sorgte schließlich dafür, daß er ermordet wurde. Der einzige unbestechlich gebliebene Freund des Königs, Antigonos, deckte die Korruption auf, ohne freilich etwas ausrichten zu können, denn der durch aktive Bestechung an die Macht gekommene Perseus war bereits zu mächtig. Antigonos zahlte mit seinem Leben.

Während die höheren und mittleren Beamten meist Korruptionsgeschäfte des Geldgewinns wegen betrieben, ging es den Mitgliedern der Führungsschicht vor allem um Macht und Einfluß. Daß Beamte ihre Ämter mißbrauchten, geht aus einem Rundschreiben eines Finanzministers hervor, der den Beamten vorwirft, sie hätten sich schuldig gemacht, weil sie die Direktiven zum eigenen Vorteil genutzt und sich bereichert hätten.[15] Das ist ein klarer Fall von Machtmißbrauch.

Besonders krasse Formen nahm der Amtsmißbrauch der Beamten im *ptolemäischen Ägypten* an.[16] Nach V. Martin waren es vornehmlich die ptolemäischen Staatsbeamten, die alle Reichtümer Ägyptens für sich und den König ausbeuteten. Die Beamten hatten relativ viel Freiheit in der Verwaltung und wurden kaum kontrolliert, mußten sich jedoch dem König gegenüber verantworten. Bestraft wurden nur die Vergehen, die der königlichen Kasse Schaden zufügten. Ende des zweiten und Anfang des ersten Jahrhunderts v. Chr. regierte eine raffgierige und skrupellose Funktionärsgruppe, die eine neue Aristokratie bildete, so daß der König sich verpflichtet fühlte, »die Untertanen gegen Beamte zu schützen«.[17]

Die verschiedenen korrupten Praktiken der Beamten sind uns durch den berühmten Papyrus I, 5 von Tebtynis (121-118 v. Chr.)[18] überliefert. Daraus erfahren wir, daß die Zollvorsteher illegal die Waren beschlagnahmten, die nach Alexandrien hineinkamen, eigenmächtig Steuern erhoben und diese sich aneigneten. »Bei der Verwaltung des heiligen Landes schlagen sie zum königlichen Eigentum die besten den Göttern gehörenden Aruren« und »prellen die Königsbauern durch Anwendung zu großer Maße bei der Abmessung der Pachtabgaben an Weizen«; sie bereichern sich durch illegale Einkünfte »und nehmen die besten Landstücke«. Außerdem mißbrauchen sie ihre Macht, indem sie »die Leute des Königs« für sich selber arbeiten lassen, und »behalten zum eigenen Gebrauch die für den königlichen Schatz eingenommenen Beträge . . . (sie) verurteilen und verhaften willkürlich die Untertanen des Königs.«[19] An diesen bereits aus früherer Zeit bekannten Mißbräuchen waren Strategoi, Epistatai, Oikonomoi, Sitologoi und Antigraphai, wie die damals üblichen Beamtenbezeichnungen lauteten, beteiligt, ebenso die Polizeichefs.

Die gegen Korruption verhängten Strafen waren äußerst streng; in einem Fall war es sogar die Todesstrafe.[20] Die Folgen dieser korrupten Praktiken blieben nicht aus: »Diese Mißbräuche versetzten dem Ansehen und der Macht des Souveräns einen schweren Schlag. Gleichzeitig schadeten sie dem Wohlergehen der Bevölkerung, die sie entmutigten und deren Aktivität sie verlangsamten.«[21] Am Ende brach die Revolution aus; das führte zum Untergang des Reiches.

## 2. Die Prinzipien des antiken Beamtentums

Die Folie, »auf deren Hintergrund sich Amtsvergehen abgespielt haben«[22], läßt sich aus den Prinzipien des antiken Beamtentums erkennen. Der Verwaltungsapparat, der schließlich bei den Römern seine stärkste Ausprägung erreichte, war streng gegliedert. Da gab es einmal die »officia«, die Büros und Stäbe der Provinzgouverneure, an deren Spitze der »praefectus praetorio« als oberster Zivilbeamter stand. Die »officiales«, die bei den Provinzstatthaltern »cohortales« genannt wurden, waren das, was wir heute Berufsbeamte nennen würden. Sie unterschieden sich jedoch durch zwei Merkmale vom heutigen Berufsbeamtentum. Zum ersten war ihr Dienst Kriegsdienst (militia), sie gehörten somit nominell zum Militär. Sie trugen teilweise auch »militärische Kleidung und hatten teilweise militärische Amtsbezeichnungen«[23]; ihr Dienst war also eine Art staatlicher Kriegsdienst, und entsprechend war auch ihre Macht. Andererseits aber waren die Beamten in einer Art Zunft organisiert, der »schola«. Diese private Organisationsform prägte den öffentlichen Dienst damals. Ein Amt erhielt man zwar offiziell durch die vom Kaiser eigenhändig unterzeichnete Ernennungsurkunde (sacra probatoria), doch in der Praxis kamen Beamte entweder durch eigenmächtige Entscheidung höherer Staatsbeamter oder durch Ämterkauf in ihr Amt.[24]

*Schuller*[25] vermutet, daß der *Ämterkauf* eine Wurzel in der Protektion (durch höhere Beamte) und eine zweite in der »decuria« oder den »collegia« — wie die Organisation der niederen Beamten genannt wurde — hatte. Es war verbrieftes Recht des Beamten, seinen Nachfolger selber zu bestimmen.[26] Dieses Recht konnte natürlich leicht in Geldforderungen umgemünzt werden. So war beispielsweise Horaz zu seinem Posten als Schreiber (scriba) gekommen, wie Sueton in der Biographie des Horaz berichtet.[27] Der Kaiser, als Vertreter des »Öffentlichen«, reagierte darauf nur dann, wenn verhindert werden sollte, daß Personen, die an anderer Stelle dringender gebraucht wurden, auf einen dem Kaiser nicht genehmen Posten kamen, oder wenn »durch die Höhe des Kaufpreises die Käufer, wenn dann im Amt, mehr oder weniger genötigt sein würden, das Geld durch Erpressung und Amtsmißbrauch wieder hereinzubekommen«, was »im Interesse des Steueraufkommens«, und doch wohl auch aus sittlicher Mißbilligung, vermieden werden[28] sollte.

Der Ämterkauf hatte sich aus der Erblichkeit des Amtes[29] entwickelt. Wer Beamter war, wurde automatisch nach Dienstalter (matricula decurrente) befördert. Hier kam dann die Korruption ins Spiel, wenn nämlich ein Beamter die »untere« Mindestdienstzeit abkürzen wollte. Dies gelang in der Regel nur durch Bestechung. Daneben konnten Beamte verschiedene Ämter gleichzeitig innehaben, was wiederum nur durch Geldzuwendungen möglich war. Und da diese Gelder wieder hereingeholt werden mußten, blieb es nicht aus, daß, je nach Lesart der alten Quellen, auch »Erpressung aller Art, bewußte parteiische Rechtsprechung, Aussaugen gerade der ärmeren Volksschichten, Bestechungen größten Ausmaßes, Urkundenfälschungen, Steuerdelikte, Nepotismus, Parasitentum, Sinekuren, Ineffizienz«[30] in der damaligen Zeit weit verbreitet waren.

### 3. Die Korruption im Römischen Reich

Die Korruptionsform des *Ämterkaufs* war im alten Rom besonders weit verbreitet, konstatiert *Werner Elk.*[31] Daran beteiligt waren vor allem die »mächtigen Frauen« wie Messalina, die Ehefrau des Claudius, und deren Freigelassene Agrippina, die Mutter Neros.[32] Sie verteilten, wenn die entsprechenden Geldsummen bezahlt worden waren, sehr freimütig Auszeichnungen und Ämter oder, wie Caenis, die Konkubine Vespasians, »die Statthalterschaften, Prokuraturen, Kommandostellen beim Heer und die Mitgliedschaft in römischen Priesterschaften«.[33]
Unter den Kaisern, die korrupter Methoden bezichtigt wurden, waren vor allem *Tiberius, Domitian, Commodus* und *Elagabal.* Meist ging die Korruption von den Kaisern selbst aus[34] und verbreitete sich dann schnell auf den mittleren und unteren Ebenen. Wir haben hier also den gleichen Sachverhalt, den wir auch in anderen Teilen der Welt finden (und der sich bis heute nicht verändert hat).[35] Durchgehend kann man dabei beobachten: »Je weniger kontrolliert diese staatlichen Organe selbst in ihrer lebenswichtigen Tätigkeit sind, desto stärker ist der Anreiz für die Bürger, ihre eigenen Interessen und Anliegen auch durch Bestechung und vielfältige Korruption zur Geltung zu bringen, und von der Seite der staatlichen Organe her, diese Bestechung auch anzunehmen«, wie *István Hahn* in bezug auf die »Immunität und

Korruption der Curialen in der Spätantike« konstatiert.[36] Als weiteres Motiv sieht Hahn, daß »das Gleichgewicht zwischen den individuellen Ambitionen für den gesellschaftlichen Aufstieg und den objektiven Möglichkeiten dieses Aufstiegs verloren gegangen war«.[37] Wenn ein Machtwort entscheiden könne und nicht mehr klare Gesetze, dann bestehe immer die Gefahr der Korruption, und die Verhältnisse seien dann, wie im Fall der spätrömischen Gesellschaft, höchstens noch zu kennzeichnen als »Despotismus — gemildert durch Korruption«.[38]
Wie ein roter Faden durchzieht also die Korruption die griechisch-hellenistische und römische Geschichte. Dabei ist zu beobachten, daß »bestochen wurde und wird, damit etwas geschieht, aber sehr oft auch, damit etwas nicht geschieht«, beispielsweise damit eine Nachricht gar nicht oder nur verzerrt weitergegeben wird.[39] Bestochen wird auch seit Urzeiten nicht nur mit Geld. Die Palette der Mittel, die für die Bestechung eingesetzt werden, ist breit. Schon *Marcus Tullius Cicero* beklagte sich, daß man neuerdings Richter auch durch »Bereitstellung von Mädchen und Jünglingen« besteche.[40] Eine weit verbreitete Form der Korruption war der Stimmenkauf bei Wahlen. Die Bestechung war seit dem Anfang des 8. Jahrhunderts v. Chr. so weit verbreitet, daß man Gesetze dagegen erlassen mußte[41], die allerdings keinen großen Erfolg hatten, da sie umgangen wurden.
Der römische Schriftsteller *Sallust*, der ein eifriger Parteigänger Caesars und der Popularen war, berichtet in seinem »Jugurthinischen Krieg« (111-105) sehr ausführlich über die Habgier und Korruption des römischen Adels, der patrizischen Senatoren und der aristokratischen Feldherren, ohne freilich seine eigenen korrupten Handlungen zu erwähnen. Jugurtha, so erfahren wir, »kaufte« den Senat und die Generalität der Römer, »um seine Macht zu festigen«.[42]
*Gajus Julius Caesar*, der selber aus dem hocharistokratischen Haus der Julier stammte, »schuf sich ein ungeheures Vermögen. Er plünderte schamlos alles ihm zugängliche Gebiet aus, um mit diesen Unsummen alles zu bestechen, was nur irgendwie in Frage kam, (um) . . . seine Machtergreifung vorzubereiten.«[43] Schließlich »kaufte« er in seinem größten Bestechungsskandal seinen letzten Widersacher, den zweiten amtierenden Konsul Aemilius Paulus, für 1500 Talente und seinen erbittertsten Feind, den Volktribun Curio. »Der Preis war hoch, aber die Ware war es wert«, kommentiert Mommsen lapidar. Das Geld Caesars floß in Strömen und verhalf ihm schließlich (45 v.

Chr.) zur Alleinherrschaft, um die er drei Jahrzehnte gekämpft hatte. Ein Jahr später starb er durch Mörderhand, denn auch andere wollten an die Geldquelle.

*Cicero* ereiferte sich, wie wir aus seinen Briefen ersehen können, sehr über die zu seiner Zeit herrschende Korruption, vor allem, wenn diese sich gegen ihn selber auswirkte. Plutarch berichtet uns, daß Cicero Verres, den Praeceptor von Sizilien, nur zu 750 000 Drachmen als Ersatzleistung für die Ausplünderung der Provinz verurteilte und deshalb den Vorwurf hinnehmen mußte, er sei bestochen worden, um die Summe so gering zu halten. »Die schamlose Ausplünderung der Provinzen sowie das gewissenlose Treiben der Steuerpächter zogen sich wie ein roter Faden übelster Korruption durch alle diese Zeiten«[44], in denen Cicero lebte. Und er partizipierte an dieser Korruption, bei der es teilweise um ungeheure Summen ging.[45] Die korrupten Praktiken nahmen schließlich ein solches Ausmaß an, daß der im Jahr 31 v. Chr. in der berühmten Schlacht von Actium zur Alleinherrschaft gekommene *Octavianus*, der nun *Augustus* genannt wurde, dagegen einschreiten mußte.[46] Augustus säuberte den Senat, indem er Hunderte, die durch Bestechung und Nepotismus in den Senat gekommen waren, zum Rücktritt zwang. Er verbot den Stimmenkauf und versuchte, wenigstens in seiner nächsten Umgebung der Korruption zu steuern; Sueton berichtet, daß Augustus seinem Sekretär Thallus die Beine zerschlagen ließ, weil er einen Brief des Augustus ausgeliefert und dafür ein Bestechungsgeld von 500 Denaren angenommen hatte.[47] Bleibenden Erfolg hatte er damit allerdings nicht, denn später konnte man von Claudius und dessen Nachfolgern wieder alles »kaufen«.[48]

Es wandelte sich nur die Form der Korruption. Während in der letzten Zeit der Republik die Bestechung in Form des Stimmenkaufs vorherrschte, bedienten sich nun die Caesaren des *Machtmißbrauchs* in Form erpresserischer Methoden: »Zu einer Pest wurde das System der Spitzel und Denunzianten, die, reich entlohnt, beteiligt wurden, um Menschen in Prozesse wegen Majestätsbeleidigung zu verstricken ... *nur*, um ihr Vermögen konfiszieren zu können.«[49] Zum Regierungsprinzip wurde nun »Brot und Spiele« (panem et circenses). Die Massen konnte man auf diese Weise ruhig halten.

*Vespasianus*, der seit 67 n. Chr. Oberbefehlshaber im »Jüdischen Krieg« geworden war, hatte nach Sueton den einzigen Fehler, daß er »geldgierig« gewesen sei und sogar eine »Urin-Steuer« eingeführt habe.

Seinem Sohn Titus antwortete er auf dessen Bedenken unter Vorzeigen eines Geldstücks: »Non olet!« Seither haben wir den noch heute bekannten Spruch: »Geld stinkt nicht!«[50]

## 4. Die Korruption im Synedrium

Das war der geschichtliche Hintergrund zur Zeit der Entstehung des Neuen Testaments. Die Korruption spielte eine große Rolle im Verkehr der »Eliten« untereinander. Die jüdischen Machthaber, die mit den Römern zusammenarbeiteten, saßen im Synedrium, dem »Hohen Rat« in Jerusalem. Sie hatten vor allem die Aufgabe, für die Römer die Steuern einzutreiben. Der Prokurator ernannte aus dem Kreis der »Ältesten« des Synedriums die Steuerbeamten, berichtet Josephus.[51] Diese legten die Tributsumme auf die Bevölkerung um und mußten mit ihrem eigenen Vermögen für die richtige Zahlung haften.[52]

Diese Ältesten gehörten zu den Reichen, denn nur solche wurden in der Regel gewählt.[53] Sie waren also Kollaborateure der römischen Steuerpraxis. Kein Wunder, daß es wohl Abgesandte des Synedriums waren, die Jesus die Frage nach der Steuerzahlung[54] stellten, denn ihre privilegierte gesellschaftliche Stellung und der Reichtum des Tempels waren in Gefahr.[55] »Da nämlich die Steuereintreibung den Ratsherren der Stadt (decuriones) bzw. der vermögendsten Gruppe unter ihnen übertragen war und sie als solche auch das Steueraufkommen aller Stadtbewohner zu garantieren hatten, war der Druck auf den weniger vermögenden Teil der städtischen Bevölkerung noch erheblich gewachsen; denn die Honoratioren versuchten, den auf ihnen selbst lastenden Steuerdruck auf die Massen abzuwälzen« (J. Bleicken).[56]

Die Kaisersteuer, der Tribut, galt als rechtmäßige Bezahlung der Unterworfenen für die »pax sempiterna«, den immerwährenden Frieden Roms. Die Steuerverweigerung war also ein Angriff auf die »Friedensideologie« des römischen Imperiums. Das hatten damals viele durchschaut. Tacitus legte den Anführern der Britannier in den Mund: »Die Räuber der Erde . . . durchforschen das Meer; wenn der Feind reich ist, sind sie gierig, ist er arm, sind sie geizig . . Als einzige von allen streben sie nach Reichtümern und Mangel mit gleicher Be-

gierde. Rauben, Niedermetzeln, Plündern nennen sie mit falschem Namen Imperium, und was sie zur öden Wüste gemacht haben, nennen sie Frieden.«[57]
»*Census*« kommt aus dem Aramäischen und bedeutete ursprünglich »Geldgier«; es wurde zum terminus technicus für eine der beiden direkten Steuern, die die Römer erhoben. Belastend war vor allem die Kopfsteuer, die jeder zu bezahlen hatte, da er ja seinen Leib als Kapital habe. Somit war die bloße Existenz eines Menschen vom 12. bzw. 14. (für Jungen) bis zum 65. Lebensjahr steuerpflichtig.[58] Um den genauen Besitz und die Zahl der »Köpfe« feststellen zu können, wurden Volkszählungen (census) organisiert. Das führte immer wieder zu Aufständen.[59]
Die Korruption in Form von Amts-/Machtmißbrauch hatte hier einen großen Spielraum. Das nutzten die römischen Prokuratoren auch entsprechend aus. Sie »bestraften« die Aufständischen durch höhere Steuern. So mußte das kleine Judäa beispielsweise 600 Talente Steuern jährlich aufbringen, während Herodes für sein Großreich nur 1000 Talente jährlich zu bezahlen hatte.[60]
Zur Zeit des öffentlichen Auftretens Jesu herrschte in Judäa *Pontius Pilatus*. Über ihn klagt Philon, daß seine Herrschaft bestanden habe aus »Bestechlichkeit, Gewalttätigkeit, Räubereien, Mißhandlungen, Beleidigungen, fortgesetzten Hinrichtungen ohne Gerichtsverfahren, fortwährenden unerträglichen Grausamkeiten«[61]. Pilatus verurteilte (in enger Zusammenarbeit mit den jüdischen Behörden des Synedriums) Jesus zum Tode am Kreuz. Verraten hatte Jesus sein eigener Jünger Judas Iskariot, der dafür mit 30 Silberlingen bestochen wurde.
Im griechisch-hellenistischen und römischen Denken galt die Macht an und für sich nicht als böse. Dieses Denken kam erst durch die christliche Theologie, die die Macht und die Erbsünde in engen Zusammenhang brachte. Das führt uns hinüber zum Neuen Testament.

# IV. Korruption in der Sicht des Neuen Testaments

Jesus war ein Jude. Das Alte Testament galt für ihn und für die Urgemeinde als Heilige Schrift. Deshalb hatte auch die Lehre, daß die Korruption eine Auswirkung des Bösen ist, für die ersten Christen unbedingte Geltung. Wir wollen uns deshalb im folgenden Abschnitt auf die wesentlichen Aussagen des Neuen Testaments zur Korruption konzentrieren. Eine detaillierte Untersuchung ist aus Raumgründen nicht möglich.

## 1. Jesus – das neue »templum incorruptum«

Im Gegensatz zu den drei anderen Evangelisten stellt *Johannes* (2,13-22) die »Tempelreinigung« an den Anfang des Wirkens Jesu. Der Zusammenhang macht deutlich, daß dies nicht zufällig ist. Der Tempel ist das Symbol des Gottesvolkes. Und Jesus ist die Erfüllung dessen, was der Tempel repräsentiert: Er ist die Erfüllung des apokalyptischen und pharisäischen Judentums.[1] Der Tempel aber war zur Zeit Jesu, wie wir gesehen haben, auch Symbol der korrupten Praktiken der Reichen geworden. Er war entheiligt. Jesus reinigt den Tempel und gibt ihn wieder »seinem Vater« zurück. Er soll nicht mehr länger ein »emporion« sein, ein »Platz des Handels«[2]. Mit dem »emporion« eng verbunden ist der »mamonas«[3]. Dieses Wort finden wir nur im Munde Jesu. Jesus stellt den Mammon Gott gegenüber und meint, man könne nicht gleichzeitig beiden »Herren« dienen.[4] Gott und Mammon sind also Mächte. Man kann sich höchstens Freunde machen mit »dem ungerechten Mammon«, indem man die Ungerechtigkeit wenigstens ein wenig zu mildern versucht wie jener Verwalter im Gleichnis Jesu (Luk. 16,1-8).

So kämpft Jesus nach Johannes ganz am Anfang seiner öffentlichen Wirksamkeit gegen Korruption, indem er den Tempel wieder zu dem machen will, was er ursprünglich einmal war: zum Haus Gottes. Das macht der Zusammenhang sehr deutlich. Der Berufung der ersten

Jünger (Joh. 1,35-51) folgt die Entwicklung des Hauptthemas, daß der ewige Plan Gottes in Jesus seine Erfüllung finden werde. Diese Erfüllung muß notwendigerweise mit dem Tempel beginnen, dem Zentrum der jüdischen Gemeinde und Symbol der Nation Israel. Weil aber der Tempel zum sichtbaren Zeichen der Korruption geworden war, muß er durch einen neuen ersetzt werden: »Sein eigener Leib, zuerst zerstört und dann auferstanden vom Tod, soll der wahre Tempel sein« (C. Barrett).[5] — Die drei anderen Evangelisten stellen die Versuchungsgeschichte (die Johannes nicht berichtet) an den Anfang.

## 2. Versuchung zur Korruption

Die Versuchung Jesu findet in der Wüste statt. Die Wüste ist im Alten Testament nicht nur Gegenstück zum Kulturland, sondern auch der Ort, wo das personifizierte Böse sein Unwesen treibt.[6] Sie ist der Ort der bösen Geister (Matth. 12,43; Luk. 8,29). Die Wüste (midbar = was hinten liegt) ist im Alten Testament Gegensatz zum »Garten«, dem Anfang der Kultur.

*Lukas* hebt besonders hervor, daß Jesus wie Adam Sohn Gottes ist.[7] Dem *ersten Adam* steht der *zweite Adam*, Jesus, gegenüber. Beide sind »Söhne Gottes« und repräsentieren einen Menschentypus. Der erste Adam wurde versucht und »sündigte«; so kam die Erbsünde (corruptio) in die Welt. Auch der zweite Adam, Jesus, wird versucht, »sündigt« aber nicht. Er erscheint dann später als der Auferstandene seinen Jüngern (den Frauen zuerst) im Garten (Joh. 20,15). Er wird bei Johannes »kepouros« (Aufseher über den Garten)[8] genannt und hat damit die gleiche Funktion wie der erste Adam im Garten Eden. Wie Johannes und Lukas sieht auch Paulus (Röm. 5,12 ff.) Jesus als den neuen Adam.

Der neue Adam ist in der Versuchungsgeschichte in die Wildnis versetzt. Bevor er seinen Auftrag »draußen« erfüllen kann, wird er vom »Versucher«[9] versucht. Die Versuchung liegt »darin, daß er die ihm zu Gebot stehende Würde und Macht mißbrauchen könnte« (J. Schniewind).[10] *E. Schweizer* sieht hinter der Geschichte »das Verkündigungsanliegen der Gemeinde« und meint, es sei weniger wichtig, wieviel an Einzelheiten historisch sei und was sich etwa in Jesu Seele abgespielt habe, sondern entscheidend sei die Frage: »Ist in Jesus wirklich der vom Alten Testament Verheißene gekommen, durch den Himmel und Erde wieder versöhnt worden sind?«[11] Schweizer ist überzeugt, daß die Gemeinde mit dieser Geschichte verkündigen wollte: »In Jesus hat sich der Himmel wieder geöffnet. In ihm hat Gott wieder eingegriffen.«[12] Damit hat die Gemeinde klargestellt, daß Jesus wie Gott »incorruptus« ist, da er der Versuchung der Korruption widerstanden hat und sich nicht zum Machtmißbrauch verleiten ließ. Damit ist aber auch für die in die Nachfolge Jesu gerufene Gemeinde deutlich gemacht, daß Korruption Sünde ist und daß die Gemeinde wie Jesus jeder Art von Korruptionsversuchen widerstehen soll.

Der Versucher erscheint dann später wieder im Zusammenhang mit »*Judas* mit dem Beinamen *Iskariot*, der zum Kreis der Zwölf gehörte« (Luk. 22,3). Judas ließ sich bestechen und lieferte Jesus dem Hohen Rat aus. Nach Matthäus (26,15) und Markus (14,10) ist das Motiv Habgier, während Lukas (22,3) und Johannes (13,2) darin eine Wirkung des Satans sehen. Beide bringen damit die Korruption und das Böse in enge Verbindung. Das Böse sitzt im Herzen des Menschen.[13] Aus diesem kommt auch die Habgier, eine der wichtigsten Sünden im Neuen Testament (Mark. 7,22).

## 3. Jesu Stellung zur Korruption — Der ungerechte Mammon

Jesus lebte in Galiläa. In Galiläa herrschte Herodes Antipas, ein von Rom abhängiger Vasall. Jesus erlebte die Pax Romana in verschiedener Weise. Judäa bildete damals mit Samaria und Idumäa zusammen eine römische Prokuratur. Der zuständige Prokurator war Pontius Pilatus, der seine Machtstellung zur persönlichen Bereicherung brutal ausnutzte. Die damals herrschende Korruption hatte große Auswirkungen auf das soziale und wirtschaftliche Leben. Die Gleichnisse Jesu sind ein Bilderbuch[14] der damaligen Gesellschaft und beschreiben die soziale und wirtschaftliche Situation seiner Zeit.

Gegen diesen Hintergrund wird die Botschaft Jesu vom hereinbrechenden Reich Gottes (Mark. 1,14 f.) zu einer einzigen Infragestellung der Pax Romana und gleichzeitig zur Herausforderung der damaligen Machthaber.[15] Jesus charakterisiert diese Pax Romana in Markus 10,42 so: »Ihr wißt: Die als Herrscher über die Völker gelten, unterjochen sie, und ihre Großen unterdrücken sie mit Gewalt.« So erlebte Jesus die römische Herrschaft, und alle anderen wissen das auch. Aber diese Wirklichkeit soll in der Gemeinde nicht gelten. Jesus stellt sich ihr entgegen und kritisiert sie. Kein Wunder, daß er dadurch den Zorn der Mächtigen auf sich zieht. Lukas berichtet uns (13,31f.), daß Herodes Antipas den Versuch unternahm, Jesus töten zu lassen. Aber das verändert nicht die Verhaltensweise Jesu. Er läßt sich nicht einschüchtern vom »Fuchs« Herodes und kann dessen Niedertracht nicht bewundern. Er kämpft gegen sie an, er demaskiert sie: »Siehe, die weiche Gewänder tragen, sind in den Palästen der Könige!« (Matth. 11,8 und Luk. 7,25). Herodes Antipas hatte seine Macht in bezug auf die Kritiker seiner Herrschaft bereits deutlich gezeigt. Er hatte Johannes den Täufer hinrichten lassen, denn er fürchtete, »das Ansehen des Mannes, dessen Rat allgemein befolgt zu werden schien, möchte das Volk zum Aufruhr treiben, und hielt es daher für besser, ihn rechtzeitig aus dem Weg zu räumen, als beim Eintritt einer Wendung der Dinge in Gefahr zu geraten und dann, wenn es zu spät sei, Reue empfinden zu müssen«, schreibt Josephus.[16] Jesus wußte also, was es bedeutet, Kritik gegenüber den Mächtigen zu üben. Seine Haltung macht deutlich, daß er eine kritische Distanz einnahm gegenüber der »ausgeübten Herrschaft seiner Zeit, die die Pax Romana sicherte«[17].

Diese Haltung wird besonders klar bei der Beantwortung der Frage, ob man dem Kaiser Steuern zahlen solle oder nicht (Mark. 12,13-17).[18] Die Frage stellen Abgeordnete des Synedriums.[19] Die Geschichte spielt sich in Judäa ab, das seit der Absetzung des Herodes-Sohnes Archelaos im Jahre 6 n. Chr. unter die direkte römische Herrschaft gekommen war und von einem Prokurator aus dem Ritterstand, der dem Legaten der Provinz Syrien unterstand, verwaltet wurde. Die von den Römern eingeführte Besteuerung (Kopfsteuer und Grundsteuer) hatte zu einem von den Zeloten angeführten bewaffneten Kampf gegen die Römer geführt[20], der schließlich in den Jahren 66 bis 70 n. Chr. in den jüdischen Krieg mündete. Die an Jesus gestellte Frage war also politisch äußerst brisant und eine Antwort darauf riskant, denn die Ablehnung bedeutete klaren Widerstand gegen die römische Macht, die in Form des römischen Denars Jesus vor Augen gestellt wurde.[21] Wer dieses Machtsymbol des Kaisers als Zahlungsmittel in Bordellen oder öffentlichen Bedürfnisanstalten benutzte, wurde

als Religionsverbrecher hingerichtet, denn er beleidigte damit den »Pontifex Maximus« Tiberius und die Göttin Pax, die mit einem Ölzweig und Langszepter auf dem Denar dargestellt waren.[22]
Dem Machtsymbol des römischen Kaisers steht das andere Symbol entgegen: der Tempel. Die Geschichte spielt sich ja im Tempel von Jerusalem ab, von dem viele Bewohner Jerusalems wirtschaftlich abhängig waren.[23] Die Gegner Jesu haben sich als Kollaborateure der Römer auf deren korrupte Praktiken eingelassen und stehen also im Beziehungsfeld »des Kaisers« und sind somit »des Kaisers«, und sie haben vergessen, »was Gottes ist«, meint M. Clevenot.[24] Jesus aber, der keine solche Münze besitzt, steht mit seinen Jüngern im Beziehungsfeld »Gottes«. So stehen sich, wie schon Joh. A. Bengel betont hat, die beiden als scharfe Gegensätze gegenüber.[25] Der Tempel ist Gottes Tempel. Das sagte nach Luk. 2,49 bereits der zwölfjährige Jesus im Tempel zu seinen Eltern. Und später treibt er dann die Händler aus dem Tempel, weil es verboten war, den Tempel mit »Stock, Geldbeutel, staubigen Füßen«[26] zu betreten. Indem die Gegner Jesu im Tempel den Denar ohne Bedenken hervorholen, zeigen sie, daß sie Gottes Bereich mit dem des Kaisers überlagert haben. Jesus ruft sie deshalb zu Gott zurück: Gebt Gott, was Gottes ist! Er ruft die Glieder des Synedriums auf, ihre korrupten Praktiken zu beenden und sich vom Geld-Gewalt-System befreien zu lassen.[27] Jesus selber hat das bereits getan: Er hatte keinen Denar bei sich.[28]
In diese Richtung weist auch die Anweisung Jesu an seine Jünger, sich entweder für Gott oder den Mammon zu entscheiden, denn: »Kein Sklave kann zwei Herren dienen. Entweder nämlich wird er den einen hassen und den anderen lieben, oder er wird dem einen anhängen und den anderen verachten. Ihr könnt nicht Gott dienen und dem Mammon« (Luk. 16,13 und Matth. 6,24).
Daß der Begriff »ungerechter Mammon« eine Umschreibung der Korruption ist, macht der Zusammenhang deutlich: Jesus erzählt eine Alltagsgeschichte von einem korrupten Verwalter und einem nicht weniger korrupten Gutsbesitzer (Luk. 16,1-8). Deren eigentliches Thema ist nach H. Thielicke »der ungerechte Mammon«.[29] Wie bereits erwähnt, wird der Begriff »mamonas« im Neuen Testament nur von Jesus verwendet. Das griechische »mamonas« kommt von aramäischen »mamon« und geht vielleicht auf die bekannte hebräische Wurzel »amn« (= das, worauf man traut) zurück.[30] In diesem Sinn ist

es auch in Lukas 16,10f. verwendet: »Wer im Kleinsten treu ist, der ist auch im Großen treu; und wer im Kleinsten unehrlich ist, der ist auch im Großen unehrlich. Wenn ihr nun mit dem ungerechten Mammon nicht treu seid, wer wird euch das wahre Gut anvertrauen?«
Dieses Wort steht im Zusammenhang der Schilderung einer Korruptionsgeschichte und Jesu anschließender Anweisung zum »rechten Gebrauch des Reichtums« (Einheitsübersetzung zu Luk. 16,9-13). Das Wortpaar »treu — ehrlich« und das Gegenteil »unehrlich« erinnert im Urtext an die hebräische Grundform, und die Übernahme des aramäischen Fremdwortes »mamon« in die griechische Sprache Syriens deutet darauf hin, daß es sich wohl um einen terminus technicus der damaligen Zeit handelte.[31] Im Alten Testament finden wir das Wort nicht, wohl aber in späteren jüdischen Quellen. Im Talmud haben wir bereits die Redewendung »ungerechter Mammon«[32]. Der Bedeutungswandel zeigt ebenfalls in diese Richtung: Zunächst bedeutet Mammon objektiv »Vermögen« im umfassenden Sinn von »Habe und ... alles, was Geldeswert hat (z. B. Sklaven)«. Später bekommt es den Sinn von »unredlichem Gewinn, Abbruch«, von »Schmälerung des Eigentums des Nächsten«. In einer Erklärung zu Sprüche 15,27 heißt es dann im Targum: »Wer unredlichen Gewinn (Bestechungsgeschenke) haßt, wird leben.«[33] Mammon bedeutet also, vor allem in Verbindung mit dem Zusatz »ungerecht«, Korruption. In diesem Sinn verwendet das Wort auch Jesus, als »Besitz, der auf unredliche Weise gewonnen ist«.[34] Und gegen diese Weise des Besitzerwerbs wendet er sich mit dem in Luk. 16, 10f. zitierten Wort. Der Korrupte ist unehrlich und verstößt gegen Treu und Glauben. Jesus ruft deshalb die am römischen Korruptionssystem beteiligten Zöllner Matthäus und Zachäus zur Umkehr auf. Matthäus verläßt seinen Posten, und Zachäus übt Wiedergutmachung (Luk. 19,1-10). Diese Aufforderung zur Buße ist für Jesu Einstellung kennzeichnend; er »verdammte die Korruption, aber nicht den Menschen« (David Kwang-suu Sah).[35]
Der »ungerechte Mammon«, die Korruption, ist Sünde, die ausgeführt wird vom »adikos«. Die Griechen sahen im »adikos« den Verletzer des Rechts im weitesten Sinn, der »verstößt gegen Gesetz und Billigkeit, ... gegen das ethos«, und bezeichneten ihn als einen »Wilden«.[36] Im Neuen Testament sind »adikoi« die »Lasterknechte und Gottlosen«, die als Richter oder Herrscher oder als weniger Mächtige sich durch ihr betrügerisches Verhalten als Sünder erweisen.[37] In

diesem Sinne gebrauchen auch *Paulus* und *Johannes* den Begriff, nämlich als Gegensatz zur Gerechtigkeit und als »Verletzung des göttlichen Rechts und seiner Norm«.[38] Im Lasterkatalog (Röm. 1,29ff.), der eine Beschreibung der Pax Romana zur Zeit Jesu und des Paulus ist[39], steht die »adikia« obenan und wird gefolgt von Begriffen, die alle in enger Beziehung zur Korruption stehen (porneria, pleonexia, kakia usw.). Die Pax Romana war gekennzeichnet durch die Herrschaft des Mammon, die besonders in der *Klassenjustiz* durch milde Behandlung schuldig befundener Angehöriger der Oberschicht und gleichzeitige Benachteiligung der kleinen Leute vor Gericht deutlich wurde. Die Bestechlichkeit der Richter wird auch deutlich aus der Geschichte, die uns Lukas (18,1-8) berichtet. Jesus beschreibt darin die Klassenjustiz der damaligen Zeit: Eine arme Witwe sucht ihr Recht vor Gericht. Doch sie bekommt es nur, weil sie den Richter nicht in Ruhe läßt und er fürchtet, daß sie ihm »ins Gesicht« schlägt. Der korrupte (adikos) Richter spricht nicht Recht um der Gerechtigkeit willen, sondern weil er seine Ruhe haben will. Daß das kein Sonderfall war, zeigt ein Gedicht von Petronius, das die Bestechlichkeit der Richter beschreibt:

»Wozu nützen die Gesetze, / wenn der Mammon nur regiert, / wenn der kleine Mann der Straße / immer den Prozeß verliert? / Also ist ein Trödelladen / und nichts weiter das Gericht, / wer den Vorsitz hat, dem zahle, / sonst kriegst du die Ware nicht!« [40]

Auf diesem Hintergrund wird erst die ganze Schärfe der Forderung Jesu deutlich, daß man wählen müsse zwischen Gott, der die Korruption haßt, und der Korruption als sozialer Gegebenheit (sozialer Sünde). Hier gibt es nach der Weisung Jesu nur ein Entweder — Oder und niemals einen Kompromiß. Das hat die Urgemeinde auch so begriffen und der Korruption den Kampf angesagt. Das zeigt sowohl die Geschichte von Ananias und Saphira (Apg. 5,1-11)[41] als auch der Bestechungsversuch von Simon, dem Magier (Apg. 8,9-25)[42].

Nach *Karl Hammer*[43] haben wir hier den »ersten Abfall in der Kirche«. Mit diesem Bestechungsversuch beginnt die Trennung in der Kirche, denn die »Korruption ist eine bittere Galle, ein Verderben«[44] und sie gründet in der Unaufrichtigkeit des Herzens. Das Böse (kakia) hat seinen Ursprung in der Begierde des Herzens. Wie Jesus lehnt auch der Sprecher der Urgemeinde, Petrus, die Korruption als eine schwere Sünde ab. Und dieses Verständnis hat sich durchgesetzt, denn die *Simonie*[45] als »gewollte Absicht, für einen weltlichen Vorteil (Geld, Empfehlungen, Dienstleistungen, sonstige geldwerte Vorteile) Sachen zu tauschen, die entweder in sich geistlich sind (z. B. Sakramente, kirchliche Jurisdiktion) oder bei denen der weltliche Bestandteil entweder unauflöslich mit einem geistlichen verbunden ist (z. B. ein Benefizium) oder der geistliche . . wenigstens auch Vertragsgegenstand ist«[46], wurde in der Kirche verboten, wenngleich erfolglos. Diese in der Kirche lange Zeit weit verbreitete Form der Korruption wurde erst infolge des wirtschaftlichen Rückgangs der Erträgnisse kirchlicher Ämter und Benefizien im 19. Jahrhundert allmählich unbedeutend. Das Problem der Korruption in der Kirche ist damit jedoch keineswegs beseitigt worden.

### 4. Habgier als Wurzel der Korruption

*Leonard Ragaz* schlägt vor, den griechischen Ausdruck »pleonexia« besser mit »Habsucht« oder »Raffsucht«[47] als mit »Geiz« zu übersetzen, denn diese Sünde sei der »Fluchbaum einer ganzen Zivilisation ohne Gott«; er wachse aus dieser Hauptwurzel, nämlich aus dem verirrten Drang nach Leben[48]. Habsucht ist nicht nur ein moralisches Vergehen des einzelnen Menschen[49], nicht nur Geldgier, Gewinnsucht oder Raffgier des einzelnen, sondern beschreibt das Verhalten *aller* Menschen, selbst der sittlich wertvollen, wenn sie in der Geldwirtschaft stehen[50]. »In einer Wirtschaftsordnung, die dagegen das Geld schon kennt, betrachten millenarische Bewegungen den Reichtum gewöhnlich als irreversibles Symbol für Korruption und Verfall«, kommentiert J. G. Gager.[51] Die Habgier ist L. Ragaz zufolge eng verbunden mit dem Götzen Mammon, der den einzelnen wie die ganze Gesellschaft im Drang nach Leben, Sicherheit, Ruhe, Macht und Besitz aus Lebensangst beherrsche.[52]
Der Kirchenvater *Tertullian* hebt hervor, daß in den christlichen Gemeinden Ältere den Vorsitz führen, »die sich bewährt und diesen Ehrenplatz nicht durch Geld, sondern durch das Zeugnis ihres Lebens erlangt haben; auch sonst ist nichts, was Gottes ist, für Geld feil«.[53] Man kannte also in der Urgemeinde sehr wohl den Zusammenhang von »ungerechtem Mammon« und Habgier. »Der Jammer der Alten über das Geld als Wurzel alles Bösen«[54] ist bekannt.[55] Und diese

Gedanken sind auch im Neuen Testament aufgenommen, wo man weiß, daß die Habgier ein Werk des Teufels ist (1. Tim. 6,9) oder zum Götzendienst führt (Kol. 3,5; Eph. 5,5), weil das Geld die Stelle Gottes einnimmt. Daß »Gott dienen« und »dem ungerechten Mammon dienen« unvereinbare Gegensätze sind, hat Jesus gezeigt (Matth. 6,24 par.). Und im Sinne Jesu proklamierte auch die Urgemeinde die Befreiung vom Götzendienst der Habgier. So lebt Paulus als einer, der nicht habgierig ist, sondern seinen Lebensunterhalt mit seiner Hände Arbeit als Handwerker-Theologe verdient (Apg. 20,33f.; 2. Thess. 3,6-12). Das Gegenstück zu Paulus ist der reiche Kornbauer, der seinen Reichtum (Überfluß) hortet aus lauter Gewinnsucht und dafür von Gott gestraft wird.[56]

Die Habsucht als Wurzel der Korruption ist jedoch nicht nur bei den Reichen zu finden, sondern bei allen Menschen, die sich nicht an Gottes Willen orientieren. Deshalb mahnt Jesus auch die Armen, die Opfer der Sünde der Reichen sind, sich nicht von der Habgier unterjochen zu lassen. Auch die Jünger Jesu, die auf allen Besitz verzichten, werden zur Befreiung von der Sorge und dem Mammondienst aufgerufen (Luk. 12, 22; vgl. Matth. 6,19-24.25-34).

Die Habgier begegnet uns vor allem in den sogenannten *Lasterkatalogen* des Neuen Testaments. Damit ist angedeutet, daß auch getaufte Christen von ihr bedroht sind, denn sie ist ein Teil der »Erbsünde«. Sie ist deshalb nicht nur ein Problem der Unmoral des einzelnen, sondern muß als strukturelle Sünde verstanden werden. In den meisten Lasterkatalogen wird behauptet, daß alle Menschen sich so verhalten. Deshalb ergeht der Ruf zur Umkehr. »Ihr sollt nicht mehr so wandeln wie die Heidenvölker in der Nichtigkeit ihres Denkens« (Eph. 4, 17). Das Leben der Christen vor ihrer Bekehrung wird in Kolosser 3,5-7 beschrieben als ein Leben, das bestimmt war durch Hurerei, Unreinheit, Leidenschaft, böse Begierde und Habgier. Paulus charakterisierte die römische Gesellschaft (Röm. 1,29) als angefüllt mit den vier Grundübeln Ungerechtigkeit, Bosheit, Habgier, Schlechtigkeit. Dieses falsche Verhalten ist eine Auswirkung der Gottesferne und des Ungehorsams gegen Gott, also der Sünde. Und diese Sünde wurzelt im Herzen der Menschen (Mark. 7,1ff.).

Die Habgier (avaritia), die Plinius der Ältere als Verbrechen an der Menschheit kritisiert, wird im Neuen Testament als Götzendienst beschrieben und steht Gott entgegen. Das aber ist Sünde. Und »die

Weltherrschaft der Sünde, die vor allem Paulus beschreibt, drückt sich auch darin aus, daß die Heiden von Habgier getrieben wurden«.[57] Unter dieser Herrschaft stehen alle, die nicht den Herrschaftswandel (weg vom falschen Gott hin zum wahren Gott, 1. Thess. 1,9) vollzogen haben. Das war zur Zeit Jesu nicht leichter als heute, auch wenn die gesellschaftlichen Gegebenheiten heute anders sind. Habgier war zu allen Zeiten eine der wichtigsten Ursachen des Abfalls vom Glauben an den wahren Gott (1. Tim. 6,10; Mark. 4,19; Luk. 8,14; Matth. 13,22). Der Rückfall in ein von der Habgier bestimmtes Leben ist eine stete Gefährdung der Christen (Eph. 4,22; 5,6; Kol. 3,5; 1. Kor. 5,11). Es gehört zum prophetischen Amt der Kirche, die mächtige Korruption beim Namen zu nennen und gegen sie anzukämpfen: »Ein wahrer Prophet Jahwes zu sein heißt, der Versuchung zu widerstehen, inmitten von Ungerechtigkeit und Korruption in Kirche und Staat zu schweigen« (Samuel P. Abrahams).[58]

### 5. Zusammenfassung

*Jesus* stellte sich gegen die Korruption seiner Zeit. Sowohl in den Gleichnissen, die mehr vom *Reiche Gottes* reden, als auch in der Bergpredigt, die die *Nachfolge* zum Thema hat und »die große Umdrehung«, die »Weltrevolution, die wahre«, vor uns ausbreitet (Ragaz).[59] Die der Bergpredigt vorangestellten Seligpreisungen richten sich gegen die Gewalt, die auf Herrschaft aus ist und unterjochen will. Sie gratulieren denjenigen, die »reinen Herzens« sind. Diese sind Gegenstück zu denjenigen, die ein »zerbrochenes Herz« (Augustinus) haben. Sie zielen auf Gerechtigkeit für alle und bekämpfen die Sünde, die aus der Entfernung von Gott als »ursprüngliche Todesfurcht des Abfalls von Gott« durch die *Gier* charakterisiert ist.[60] Diese Gier richtet sich sowohl auf den Menschen (Ehebruch) als auch auf den Besitz[61] und korrumpiert die Wahrheit zur Lüge[62]. Gegen dieses Böse gilt es anzukämpfen. Allerdings nicht auf der gleichen Ebene, sondern man muß ihm von »einer höheren Ebene her begegnen«, man muß ihm »*überlegen* sein«, dem Unrecht mit Recht, der Lüge mit Wahrheit, der Gewalt mit Geist begegnen.[63]
*Paulus* hat dieses Anliegen Jesu aufgenommen und die Christen in Rom ermahnt, das Böse mit dem Guten zu überwinden (Röm. 12,21).

Dem Bösen sollen wir widerstehen »bis aufs Blut« und es »mit dem scharfen Schwert der Wahrheit« bekämpfen.[64] Das allerdings führt zum »Sturz der Götzen«[65], denn in diesem Kampf tritt Gott der Welt und dem »Fürst dieser Welt« entgegen, und es wird »ein Kampf zwischen Gott und den Götzen« deren stärkster, der zum »eigentlichen Gegengott wird«, der Mammon ist[66]. Deshalb ruft Jesus zur Entscheidung zwischen Gott und dem Gegengott Mammon auf. Der Gott der Bibel (Gott Abrahams, Isaaks und Jakobs) ist unbestechlich. Der Götze Mammon aber ist der Inbegriff der Korruption; er ist das Symbol der irdischen Macht und des Besitzes.[67] Macht und Besitz aber brauchen als zwingende Konsequenz Waffen zur Verteidigung. Das hatte Jesus erkannt und deshalb die Verteidigung mit Waffen abgelehnt (Matth. 26, 47-56; bes. 51-53). In seiner Nachfolge antwortete später *Franziskus von Assisi* seinem Bischof, er lehne den Besitz ab, denn: »Wenn wir Güter besäßen, hätten wir *Waffen* zu unserer Verteidigung nötig; denn da ist die Quelle der Streitigkeiten und der Prozesse, und die Liebe Gottes und des Nächsten pflegt daran viele Hindernisse zu finden. Das ist der Grund, warum wir keine zeitlichen Güter haben wollen.«[68]

Den tiefsten Grund der Unterwerfung des Menschen unter den Götzen Mammon und der damit beginnenden Korrumpierung des Menschen sieht Jesus in der *Sorge* (Matth. 6,19-34), die nach Sicherheit begehrt.[69] Die *Gier* hat ihre Wurzel in der Angst[70] und zielt als Besessenheit sowohl auf den Menschen (Begehren nach dem anderen Geschlecht) als auch auf das Mehr-haben-Wollen von materiellem Besitz[71]. Überwunden werden kann diese Sorge, »die Mutter des Mammons und der durch ihn bewirkten Weltverderbnis«[72], nur durch »das Trachten nach dem Reich Gottes und nach seiner Gerechtigkeit« (Matth. 6,33). Das Leben aus Gott bedeutet aber gleichzeitig Kampf gegen das Böse und seine Auswirkung in Gestalt der Korruption — als Konsequenz der Befreiung vom Götzendienst der Habsucht.

Das Problem des Bösen als eine Herausforderung der Kirche Jesu Christi wollen wir nun im dritten Teil zusammenfassend behandeln.

# Dritter Teil:
# Die Korruption als weltweite Herausforderung der christlichen Kirche

## 1. Das Problem der Erbsünde in der heutigen Wirtschaft

Das Problem der *Erbsünde* (peccatum originale) taucht heute ganz neu wieder in der Wirtschaft auf. Das Problem der Macht, meint *Peter Koslowski* in seinem Aufsatz »Ethik gegen Ideologien«[1], sei keineswegs gelöst, sondern bleibe nach wie vor eine Grundfrage der Wirtschaft. Der Umgang mit der Macht bringe immer größere Probleme. Die Behauptung von Karl Marx, daß alles Böse vom Privateigentum komme und deshalb mit der Abschaffung des Privateigentums auch das Problem des Bösen sich automatisch in nichts auflöse, habe sich als ein Irrtum erwiesen. Nach Lenin gebe es für die Ethik keinen Raum im Marxismus, und das Problem des Bösen sei für ihn im Marxismus nicht existent gewesen. Die Ein-Parteien-Verantwortung bringe aber den gleichen Mißbrauch der Macht wie im Kapitalismus, wo das Kapital als alleiniger Machthaber gelte. So bleibe auch im Marxismus die Frage nach dem Bösen eine ungelöste Frage, die sich heute dringlicher als je wieder stelle. — Wie dringlich, zeigte sich gerade wieder bei den revolutionären Veränderungen in den sozialistischen Ländern Ende 1989; so traten in der DDR am 3. Dezember 1989 Zentralkomitee und Politbüro der SED geschlossen zurück – nicht zuletzt wegen der offenkundig gewordenen Korruption im Land.

Der Philosoph *Franz von Baader* nennt 1836 in einer ersten Bestimmung des Ideologiebegriffs solche, die die Erbsünde und damit den ethischen Charakter aller Handlungen leugnen. Der Ideologe leugnet die Erbsünde, das heißt die Auffassung, daß menschliche Schwäche und moralische Fehlentscheidung am Übel in der Welt mitschuldig sind. Die Ideologie ist Teil der Tendenz der Moderne, daß alle Wirklichkeit entmoralisiert werden müsse. Damit ist die Ethik irrelevant. Somit haben alle ökonomischen Ideologien die Überzeugung, daß wirtschaftliches Handeln keine ethische Dimension habe.

Dagegen protestiert Koslowski, denn die Wirklichkeit zeige, daß ökonomisches Handeln weder in Ethik aufzulösen noch vollständig von ihr zu trennen sei. Der Ideologe, so meint Koslowski weiter, leugne auch darin die Erbsünde, daß für ihn immer der andere, der ideologische Gegner, der Urheber alles Übels sei, während er seine eigene Ideologie und ihre Vertreter frei vom Makel des Irrtums und falschen Bewußtseins wähnt. Deshalb sei für den Marxisten der Kapitalist der Urheber des Übels; der Kapitalist sei sozusagen der von der Erbsünde

Belastete. Für die Kapitalisten seien es die Gewerkschaften, die das Gesetz der Marktwirtschaft und die freie Entfaltung des Marktes stören. Es seien also immer die anderen, sich selber aber halte man für frei von jeglicher Deformation.
Wir konzentrieren uns im folgenden auf das Problem des Bösen im theologischen Verständnis.

## 2. Korruption ist ein theologisches Problem

Seit Beginn der achtziger Jahre werden immer mehr afrikanische und asiatische Kirchenführer sensibel gegenüber der Korruption. Der anglikanische Bischof von Eldoret, *Alexander Muge*, hat in einer Rede in Nairobi (Kenia) vom 18. Juli 1985[2] dagegen Stellung genommen. In dem einwöchigen Seminar über Gerechtigkeit und Frieden erklärte er, daß die Kirchenführer gegen Korruption und Habgier politischer Führungskräfte energisch angehen sollten: »Unser Herr Jesus Christus verkehrte mit Armen und Bedürftigen, Ausgestoßenen und Sündern und identifizierte sich mit ihnen. Christen müssen dazu bereit sein, das Böse in der Gesellschaft zu bekämpfen, so wie Christus es tat. Die Kirche muß feststellen, wer durch die sozialen Machtkämpfe arm gemacht und unterdrückt wird.« Der Bischof meinte weiter, viele habgierige Leute erwarteten von den Kirchenführern, daß diese für ihren Wohlstand beteten. Solche skrupellosen und korrupten Personen erwarteten von der Kirche sogar, daß diese unredlich erworbenes Geld segnen solle, weil sie für die Kirche gespendet hätten. »Wir müssen diesen Menschen sagen, daß Gott einen Sinneswandel braucht und kein auf zweifelhafte Weise erworbenes Geld.« Wenn Kirchen soziale Mißstände in der Gesellschaft verurteilten, wie beispielsweise die Korruption in öffentlichen Ämtern, die Ungerechtigkeiten, Eingriffe in das Rechtswesen, den Erwerb von Wohlstand durch zweifelhafte Mittel und Amtsmißbrauch, dann würden die betreffenden Pfarrer und Bischöfe ermahnt, sie sollten von ihren kirchlichen Ämtern zurücktreten und Politiker werden, klagte Bischof Muge.
Nicht alle Bischöfe der Kirche sprechen so deutlich gegen die Korruption. In den meisten der bedeutenden amerikanischen Denomionationen ist sie weithin noch ein Tabu-Thema. Und sie ist auch in den traditionellen europäischen Großkirchen selten thematisiert worden.

Vor allem aber wird nur selten der volle Umfang der Korruption gesehen. Der Mensch lebt in zwei »Welten«: in der natürlichen Welt, die wir Natur oder Schöpfung nennen (Biosphäre), und in der vom Menschen gemachten Welt (Technosphäre). Korruption findet sich in beiden: Mit der Zerstörung der Natur korrumpiert der Mensch die Schöpfung; in der von Menschen gemachten Welt ist Korruption als Verdrehung des Wissens (das eigentlich »für das Wohl und die Verbesserung der Lage des Menschen« da sein sollte — Fr. Bacon[3]) die große Gefahr.

Auch bei jedem Machtmißbrauch zum Zweck der Bereicherung handelt es sich, wie wir gesehen haben, um Korruption. Disraeli stellte bereits im 19. Jahrhundert fest, daß wir »in England zwei Nationen haben, nämlich die Reichen und die Armen«. Daran hat sich nichts geändert[4]; hinzugekommen ist nur, daß wir heute von reichen und armen Nationen weltweit sprechen müssen.

*Choo Lak Yeow* sieht die Theologie erst ganz am Anfang des »langen Marsches gegen die Korruption«.[5] Auf die Frage, was die Theologie gegen die universale Praxis der Korruption tun könne, antwortet er: »Ein einfacher Anfang kann gemacht werden, indem wir alle Kirchenführer dazu bringen, zuzustimmen, daß wir die Korruption ausrotten müssen.«[6] Die Kirche müsse dabei allerdings bei sich selbst beginnen und die Korruption in ihren eigenen Reihen bekämpfen, denn nur so könne sie glaubwürdig auch die Korruption in der Gesellschaft anprangern. Theologie habe nur dann Glaubwürdigkeit in Asien, wenn die Theologen selber begännen, in der Praxis den Kampf gegen die Korruption aufzunehmen und die Gemeinden in dieser Hinsicht zu sensibilisieren. Denn die Korruption beeinträchtige die Entwicklung der Menschen und verhindere die Schaffung von Lebensraum, indem sie die Entstehung und Entwicklung von Identität und Würde erstickt.[7]

## 3. Korruption ist Sünde

*Joseph J. Ouko*[8] fragt sich, warum Menschen eigentlich Bestechungsgelder nehmen. Und als erfahrener ehemaliger Polizist aus Kenia (der später Theologe wurde) stellt er diese Frage neu im Zusammenhang mit der Korruption in seinem eigenen Land: Ist der Grund, wie allge-

mein angenommen wird, die Armut? Die langjährige Erfahrung lehrt ihn, daß diese nicht der letzte Grund für die Korruption sein könne, denn: »Ein höchster Verwaltungsbeamter, dessen monatliches Gehalt größer war als das Einkommen eines Parlamentsmitglieds, ... wurde vor Gericht geladen unter der Anklage der Bestechung.«[9] Unterbezahlung kann also nicht die alleinige Ursache für Korruptionsanfälligkeit sein.
Was aber dann? Unwissenheit?[10] Unkenntnis der Gesetze bei den Beamten? Auch das komme nicht in Frage, wie die Geschichte und alle Erfahrung lehrten. Bereits Samuels Söhne kannten die Gefahr der Korruption und wurden dennoch ihr Opfer. Warum gibt es trotzdem Bestechung?
Manche führen sogar religiöse Gründe dafür an. Wenn beispielsweise ein Verbrecher einem Polizisten Bestechungsgeschenke gibt, um dadurch freizukommen, so finden sie das ganz in Ordnung: Es sei ein Akt der Barmherzigkeit, man helfe ja einem Armen.[11]
Doch das sind nur Ausreden. J. J. Ouko meint, daß Bestechung in jedem Fall als vollständiger Gesetzesbruch und als Verbrechen angesehen werden müsse.[12] Für ihn ist Korruption eine soziale Sünde; sie verletze nicht nur das Gesetz Gottes, sie sei vor allem eine »öffentliche Sünde«, denn sie verletze staatliche Gesetze. Ouko sieht darin eine doppelte Sünde. Er meint, daß hier die Christen in Afrika, aber auch in anderen Ländern der Welt hinzulernen müßten, denn bisher habe man sich nur um die sogenannte individuelle Sünde, um das Übertreten eines Gebotes Gottes durch den einzelnen Menschen, gekümmert und habe die soziale Sünde, die in Gottes Augen nicht weniger Sünde sei, darüber in den Hintergrund treten lassen. Aber Korruption sei, daran gebe es keinen Zweifel, Bruch des Bundes Gottes mit den Menschen, also ein Treuebruch.
Ouko wehrt sich deshalb vehement gegen jede Verharmlosung der Korruption, auch wenn von manchen fromme Argumente angeführt würden, wie der Verweis auf Matthäus 10,10, wo es heißt, daß jeder Arbeiter seines Lohnes wert sei. Dieses Argument, so meint er, sei scheinheilig, denn ein Beamter bekomme ja sowieso sein Gehalt, und wenn er zu wenig bekomme, dann müsse sein Gehalt aufgebessert werden, er könne sich das Geld nicht selber holen. Er meint in diesem Zusammenhang auch, man dürfe sich dabei nicht auf afrikanische traditionelle Vorbilder berufen. Zwar sei es in Afrika üblich gewesen und

gehöre zur afrikanischen Tradition, daß man eine gute Tat jeweils belohne, doch das sei aus freien Stücken geschehen. Wenn aber ein Höhergestellter einen ihm Untergebenen zwinge, einen Teil seines Gehalts abzugeben, dann sei das eine Steuer und als solche auch zu behandeln. Davon aber müsse die Bestechung unterschieden werden.[13]
Es sei nicht die Armut, die die Bestechung verursache, noch sei die Bestechung ein Akt der Barmherzigkeit. Die Korruption könne jedenfalls durch keine biblischen, philosophischen und moralischen Gründe gerechtfertigt werden. Die Korruption sei ein universales Übel und verhindere die Gerechtigkeit.[14]
Korruption ist in der Regel immer ein Verstoß gegen bestehende Gesetze; der eine gibt, um ein solches Gesetz (und die gerechte Strafe) zu umgehen; der andere empfängt etwas, in der klaren Absicht, das staatliche Gesetz nicht anzuwenden. Beide vergehen sich dabei gegen ein Gesetz, aber sie haben in der Regel nicht einmal ein schlechtes Gewissen, denn sie fühlen sich nicht schuldig. Sie stellen sich über das Gesetz. Der nächste Schritt ist dann bereits programmiert: Er führt dahin, daß die Mächtigen auch die Gesetze zu ihren Gunsten ändern. Die Korruption wird dann auf einmal legalisiert. Dahinter steckt ein geistliches Problem. Nun werden Grundwerte verdorben und ins Gegenteil verkehrt. Christlich gedacht bedeutet das, daß »die Rechtfertigung allein aus Gnade«, die uns durch das Sterben und die Auferstehung Jesu Christi als Geschenk Gottes zugedacht ist, nun umgewandelt wird in eine neue Form der Selbstrechtfertigung: die Mächtigen fertigen sich das Recht (Gesetz) selber; so kann man das Böse legalisieren. Das ist die übelste Form und die höchste Stufe der Korruption.
*Laotse* (Tao Te King 38) beschreibt das so:
»Ist der *Sinn* verloren, dann das Leben. Ist das *Leben* verloren, dann die Liebe. Ist die *Liebe* verloren, dann die *Sitte.*«
Nach Laotse beginnt damit das Chaos; der Zusammenbruch der Gesellschaft ist dann unausbleiblich.

## 4. Das Böse als theologisches Problem

Auf die Frage, was Erbsünde sei, gab das alte württembergische Konfirmandenbüchlein die Antwort: »Die Erbsünde ist die angeborene Verderbnis menschlicher Natur und die reizende Lust zum Bösen.«[15]

Mit dem Problem des Bösen beschäftigen sich alle großen Weltreligionen. Aber in der christlichen Theologie ist das Böse in der Lehre von der Erbsünde in besonderer Weise hervorgehoben worden. Diese Lehre ist ein christliches Spezifikum und findet sich in dieser prononcierten Form sonst in keiner anderen Weltreligion. Die ältere Theologie benutzte für den Begriff Erbsünde das lateinische Wort »corruptio«[16], das die Verderbnis der menschlichen Natur beschreiben will. »Korruption« war also, bevor daraus jener allgemeine Begriff wurde, den wir im ersten Teil dieser Arbeit untersuchten, eine traditionsgefüllte theologische Konzeption, deren Bedeutung wir uns nun zuwenden wollen. Wir beschränken uns dabei auf die protestantische Tradition, die im wesentlichen die Gedanken der alten Kirche übernahm.
Nach *Immanuel Kant*[17] ist das Böse total, und der Mensch selber kann es nicht überwinden, da es für ihn eine »Perversion des Herzens«, eine »kongenitale Schuld« ist. Eine Rettung hält Kant nur für möglich durch eine Revolution in der Disposition des Menschen. Er versteht darunter eine Art »Wiedergeburt«; er meint, nur durch eine neue Schöpfung und eine »Transformation des Herzens« könne der Mensch gerettet werden. Diese Wende sei notwendig, also müsse sie auch möglich sein. Der Weg führt nach Kant vom Sollen (moralisches Gesetz) zur Fähigkeit, diesem moralischen Gesetz konform zu werden: Wenn das moralische Gesetz es befiehlt, dann können wir auch bessere Menschen werden. Daraus, daß wir müssen, folgt, daß wir auch können; Gott kann nach Kants Ansicht bessere Menschen machen, ohne etwas zum Menschen hinzufügen zu müssen. Kant geht also davon aus, daß ein »Rest« des Menschen nicht verdorben sei.
Die protestantische Theologie dagegen lehrt seit *Luther*, daß der Mensch »total korrupt« sei, und begründet diese »totale corruptio« von der Bibel her (1. Mose 6 und 8,21). Ähnlich wie in Artikel 14 der belgischen Konfession heißt es auch in anderen Bekenntnissen: »totamque naturam suam corrumpit.«[18] Diese totale Korrumpierung der menschlichen Natur ist für *David Fr. Strauß* etwas »Empörendes« für »Gefühl und Vernunft«[19], während nach *J. M. Lochman* im Gefolge von *G. Aulén* in der Sünde, die durch Adam in die Welt gekommen ist, »kein moralisch zu interpretierender, individuell zu klärender und zu verharmlosender ›Vorfall‹« zu sehen ist, »sondern der Sturz in die Feindschaft, der Bruch mit dem Schöpfer und folgerichtig der Verrat an der Schöpfung, nämlich Ausverkauf der guten Gaben der Schöp-

fung — an den Teufel, als Macht der Entfremdung«[20]. Versöhnung bedeutet dann nach Gustav Aulén[21] Befreiung von den korrumpierenden Mächten Sünde, Tod und Teufel.

Lochman meint, die mit der Erbsündelehre korrespondierende Lehre von der Versöhnung habe sowohl realistische als auch universalistische Züge, denn der Mensch sei »eingespannt in kosmische Bezüge«. Seine Freiheit sei beschränkt, denn er sei ein »beschränktes und bedingtes Wesen, ein ›Mit-Wesen‹, ein Geschöpf« und könne seine Freiheit mißbrauchen, und: »Der Mißbrauch — seiner Freiheit und Verantwortung — zieht seine Um-Welt in Mitleidenschaft.« Deshalb hat Lochman zufolge die von Aulén vertretene Versöhnungslehre auch eine »ökumenische Dimension«, auch wenn, wie er bedauert, dieser Akzent in der neueren Dogmengeschichte »nicht immer durchgehalten wurde«.[22]

Um diese kosmische, universale und ökumenische Dimension des Bösen und seiner Auswirkung in Form der Korruption geht es uns hier. Eine ausführliche Diskussion der Sündenlehre würde den Rahmen dieser Untersuchung sprengen.[23] Wir konzentrieren uns auf »die Erbsünde, ... die Wurzelsünde, die die Aktualsünden als Früchte trägt und sich in ihnen auswächst«[24]. Die Sünde und das Böse sind untrennbar. Das Böse ist als Sünde eine »Seuche« und eine »Schuld« und hat nach der *Confessio Augustana* zur Ursache sowohl den Willen des Teufels als auch den Willen des Sünders.[25] Die *Apologie*[26] nennt die Erbsünde ein »eigenverantwortliches Laster« (»proprium vitium«) des Menschen. Sie ist ein Mangel am Guten und Hang zum Bösen, eine »carentia iustitiae originalis«, also ein Mangel an der ursprünglichen Gerechtigkeit im Paradies[27]; und die »Konkupiszenz«[28] ist als »die angeborene böse Lust« kein »Adiaphoron«, sondern Sünde, und ist in Fortsetzung des thomistischen Verständnisses als »materiale peccati originalis«, als inhaltlicher Wesensbestandteil der Erbsünde zu verstehen[29]. Die *Konkordienformel*[30] nennt die Erbsünde eine »profundam humanae naturae corruptionem«[31], eine »tiefe Verderbung der menschlichen Natur«. Sie ist zwar »in der Natur« des Menschen, jedoch nicht »Natur« des Menschen, sondern Brunnquell, aus dem alle »actualia peccata« hervorgehen.[32]

Die *Orthodoxie* bringt die Sündenlehre der Reformation und der vorreformatorischen Tradition zusammen und definiert die Erbsünde als »die innerste und tiefste Verderbung der ganzen menschlichen — von der Ungerechtigkeit entblößten — Natur, die entstanden ist aus dem Fall der ersten Eltern und von ihnen auf alle Nachkommen durch fleischliche Zeugung übertragen wurde«.[33] Wie in der Reformation wird also die Erbsünde als »privatio« und »corruptio«, als eine »inclinatio« und somit als Mangel und Begierde zugleich verstanden. Die Erbsünde (corruptio) macht den Menschen böse, sie korrumpiert seine Natur selbst. Im Gegensatz zur Lehre Luthers wird dabei aber die biologische Herleitung (Adam und seine Nachkommen) besonders hervorgehoben. Dieses Verständnis der Erbsünde als einer tragischen Erbmasse konnte leicht dazu führen, daß der Sünder *ent*schuldigt und weniger *be*schuldigt wurde, obwohl der Zusammenhang von Erbsünde und Tatsünde nie aus den Augen verloren wurde. Für *Johann Andreas Quenstedt* (1617-1688) jedenfalls war »peccatum originale«, die Erbsünde, »fons . . . omnium peccatorum actualium« — die Quelle aller Tatsünden.[34]

Ganz anders beurteilte die Theologie zur Zeit der *Aufklärung* die Erbsündenlehre. Während *I. Kant*, wie wir gesehen haben, »das radikale Böse in der menschlichen Natur« anerkannte und aus den menschlichen Taten meinte schließen zu können, daß die bösen Handlungen des Menschen »auf böse Maximen an ihm schließen lassen«[35], finden wir sonst in der Aufklärung und im Idealismus eher ein verflachtes Sündenverständnis. Für *Friedrich Schleiermacher* ist die Sünde nur »eine Störung der Natur[36], aber nicht mehr ihre Zerstörung oder gar ein Abbruch der Entwicklung. Und *G. W. F. Hegel* sieht das Böse nur als das »Negative Gottes«[37], es ist für ihn eine »Entfremdung«, die durch »Entsagung« zu »negieren« sei. Das Böse sei eine notwendige Durststrecke auf dem Weg der Entwicklung des Menschen, die aus der »Dumpfheit« zum »Licht des Bewußtseins« führe[38].

Für *Friedrich Nietzsche* ist »Sünde« ein »jüdisches Gefühl und eine jüdische Erfindung«; er möchte deshalb den Begriff Sünde grundsätzlich abschaffen.[39]

### 5. Das Böse in der Sicht von Karl Marx

Das Böse sieht *Karl Marx* in der »Entfremdung« des Menschen, der davon nur geheilt werden könne, wenn das Privateigentum, aus dem die Entfremdung (Sünde) erwachsen sei, beseitigt werde. Als Quelle der Korruption sieht Marx das Geld, den Mammonismus, den er Kapitalismus nennt. Im Jahr 1843 schrieb der damals noch junge Marx im Zusammenhang der gerade erschienenen Studie Bruno Bauers über »die jüdische Frage«, daß »der weltliche Gott das Geld« sei und die Emanzipation vom »Schacher und vom Geld« die »Selbstemanzipation unserer Zeit«.[40] Das Geld ist für Marx das Böse schlechthin und Mammon der neue Gott des Menschen. In »Nationalökonomie und Philosophie«[41] geht er im letzten Kapitel der Phänomenologie auf den Begriff der »Entfremdung« ein und schreibt über die »verkehrende Macht des Geldes«. Er betont dort, das Geld sei mehr als ein bloßes Mittel zur Befriedigung von Wünschen; es sei vielmehr ein Talisman, der die Eigenschaft besitze, sowohl die Fähigkeiten der geldbesitzenden Person als auch ihr Verhältnis zu anderen zu verändern. Geld sei in der Lage, sich alle Eigenschaften anzueignen und die bisher geltenden zwischenmenschlichen Beziehungen zu verändern. Das Geld erhält hier die Züge des Bösen als mächtige Zauberkraft. Marx meint, es sei »der Kuppler zwischen dem Bedürfnis und dem Gegenstand, zwischen dem Leben und dem Lebensmittel des Menschen«.[42] Das Geld verändert Marx zufolge den Menschen so sehr, daß er sagen kann:

»Was das Geld kaufen kann, das *bin ich* . . . So groß die Kraft des Geldes, so groß ist meine Kraft. Die Eigenschaften des Geldes sind meine — seines Besitzers — Eigenschaften und Wesenskräfte . . . ich bin ein schlechter, unehrlicher, gewissenloser, geistloser Mensch, aber das Geld ist geehrt, also auch sein Besitzer. Das Geld ist das höchste Gut, also ist sein Besitzer gut, das Geld überhebt mich überdem der Mühe, unehrlich zu sein; ich werde also als ehrlich präsumiert; ich bin *geistlos*, aber das Geld ist der *wirkliche* Geist aller Dinge, wie sollte sein Besitzer geistlos sein? Zudem kann er sich die geistreichen Leute kaufen, und wer die Macht über die Geistreichen hat, ist der nicht geistreicher als der Geistreiche! Ich, der durch das Geld *alles*, wonach ein menschliches Herz sich sehnt, vermag, besitze ich nicht alle menschlichen Vermögen? Verwandelt also mein Geld nicht alle meine Unvermögen in ihr Gegenteil? . . Es ist die wahre *Scheidemünze* wie das wahre *Bindungsmittel*, die galvano*chemische* Kraft der Gesellschaft.«[43]

Aber, so meint Marx am Ende seiner Abhandlung, das sei letztlich nur Selbstbetrug, denn: »Wenn du durch eine *Lebensäußerung* als lie-

bender Mensch dich nicht *zum geliebten Menschen* machst, so ist deine Liebe ohnmächtig, ein Unglück.«[44]
Schärfer als manche Theologen seiner Zeit hatte Marx des Böse in der Gestalt der korrumpierenden Macht des Geldes als »Sünde« erkannt. *Gordon A. Craig* sieht in der Erkenntnis von K. Marx »eine tiefe politische Wahrheit« in bezug auf Deutschland, »eine Gesellschaft, die mittels Geld Werte in Waren umwandeln konnte«.[45] Craig zufolge ist »nicht daran zu zweifeln, daß der Zuerkennungsprozeß, den Marx beschrieb, tatsächlich stattfand und daß Besitz großen Reichtums gleichgesetzt wurde mit dem Besitz bewundernswerter Eigenschaften jeder Art«.[46] Was mit Alfried Krupp begonnen und durch Hugo Stinnes und Friedrich Flick weitergeführt worden sei, habe Geltung behalten auch beim zweiten »Wirtschaftswunder« nach dem Ende des Zweiten Weltkrieges.[47] Auch heute noch gelte für viele Deutsche, was Adolf Hitler 1930 auf Otto Strassers Vorschlag, die Enteignung der Großindustriellen ins nationalsozialistische Programm aufzunehmen, geantwortet hatte: »Die Unternehmer haben sich aufgrund ihrer Tüchtigkeit an die Spitze gearbeitet. Und aufgrund dieser Auslese, die wiederum die höhere Rasse beweist, haben sie ein Recht zu führen.«[48]
Dieser Zusammenhang von rassistisch begründetem Führertum und gnadenloser Ausbeutung besteht bis heute weiter und zeigt besonders in *Südafrika* sein wahres Gesicht. Die von verschiedenen Seiten erhobenen Vorwürfe, daß Leute wie *Hermann J. Abs*, der frühere Vorstandssprecher der Deutschen Bank, und andere in ähnlicher Position zur Korruption der Gesellschaft beitrügen[49], sind, wie die Ereignisse der *Flick-Affäre* zeigen, nicht aus der Luft gegriffen.
Der Theologe *Helmut Gollwitzer* warnte bereits 1955 anläßlich des zehnten Jahrestags des Kriegsendes, daß die Deutschen über der Tatsache, daß es ihnen wieder besser gehe, nicht vergessen sollten, die alten christlichen Werte zu achten und die Leiden und Bedürfnisse anderer Menschen zu respektieren, denn vielleicht sei die gegenwärtige Übersättigung eine noch größere Gefahr als der zehn Jahre zuvor herrschende Hunger.[50] In die gleiche Richtung weist auch das Votum des katholischen Schriftstellers *Carl Amery*, der 1963 die neue kapitalistische Gesellschaft vor der Korruption warnte. Die alten Werte seien durch die neuen ersetzt worden, nämlich durch die der »Massenproduktion und -konsumtion, des Marketing und der Bedarfs-

deckung. Staatsbewußtsein, Bewältigung der Vergangenheit, Handwerkertugenden — all das verlor an Wichtigkeit... Fast keiner weiß, daß man in diesem Casino nicht ›anständig‹ bleiben kann... Das Spiel verändert die Werte, es verändert die Charaktere.«[51] Und in der Tat, in gleicher Weise wie das Problem des Bösen verharmlost und verdrängt wird, zeigen sich die Auswirkungen des Bösen in Form der Korruption in der Gesellschaft.

## 6. Das Problem des Bösen in der gegenwärtigen Theologie

Nach *H. Richard Niebuhr*[52] hat die Korruption auch eine kulturrelevante Bedeutung. Eine Konsequenz des Sündenfalls, so sagen die sogenannten *Konversionisten* , sei die Korruption, denn des Menschen gute Natur sei korrumpiert worden[53], sie sei »verkehrt, verdreht und fehlgeleitet«, der Mensch liebe zwar, aber in der falschen Ordnung. Zwar wünsche er das Gute, ziele dabei aber auf Güter, die nicht gut für ihn sind, und misse dabei das eigentlich Gute. Er organisiere die Gesellschaft mit Hilfe seiner praktischen Vernunft, arbeite dabei aber wider den Strich und desorganisiere die Dinge trotz guten Willens ins Gegenteil. Deshalb sei auch die Kultur korrumpiert. Das Problem der Kultur sei deshalb das Problem der Konversion und nicht das des Ersatzes durch eine neue Schöpfung, obwohl diese Konversion so radikal sein müsse, daß sie einer Art Wiedergeburt gleichkomme. »Christus ist der Transformer der Kultur«[54], und er sei nach Augustinus in diese Welt gekommen, um die Menschheit mit ihrer pervertierten Natur und korrupten Kultur zu heilen und zu erneuern[55]. Dieser Glaube an das inkarnierte Wort Gottes, an den Gekreuzigten und Auferstandenen, der nicht nur das Haupt der Kirche und der Retter der Welt sei, muß nach Niebuhr Grundlage aller Entscheidungen des Christen in der jeweiligen Kultur, in der er lebt, sein. Und diese Entscheidungen im Glauben treffen wir Niebuhr zufolge angesichts des Faktums, »daß die Welt der Kultur — des Menschen Errungenschaft — existiert innerhalb der Welt der Gnade — Gottes Reich«.[56]
*Carl Heinz Ratschow* meint, daß man den Grund der Sünde verstehen müsse, wenn man von Sünde reden wolle.[57] Aus den Religionen erhielten wir zwei unterschiedliche Erklärungen der Sünde: Die erste Form sei in den Ursprungsmythen gegeben, die davon sprechen, daß

der Mensch »ein in sich gespaltenes Wesen ist«.[58] Daneben gebe es aber auch eine zweite Erklärung der Sünde, daß nämlich am »Anfang des Menschengeschlechts eine Ur-Untat stand«.[59] Das finde man besonders in den »hohen Kulturen der sogenannten Naturvölker«[60], deren Mythen um diesen Sachverhalt kreisten, wie beispielsweise in einem Mythos aus West-Celebes deutlich werde: Am Anfang der Tage gab es ein wunderschönes Mädchen, der besondere Stolz seines Vaters. Die Dorfbewohner aber wurden neidisch auf sie, tanzten sie in einer Mondnacht in eine Grube hinein und trampelten sie zu Tode. Der Vater zerstückelte seine tote Tochter und pflanzte die Teile in die Erde ein, die dann als Knollenfrüchte das Dorf ernähren mußten: »So fressen die Menschen ihre (des Mädchens) Unschuld Tag für Tag in sich hinein. So kamen der Tod und der Mord und der Haß und die Lüge in die Welt.«[61] Ratschow hebt hervor, daß wir ähnliche Mythen überall auf der Welt finden. Sie wollen seiner Ansicht nach, ähnlich wie die Geschichte vom Paradies, die wir in der Bibel und im Koran finden, verdeutlichen, daß »Sünde« einen transrationalen und transmoralischen Grund als »Lebenshorizont des Menschen« hat. Er meint, die Religionen zeigten, daß der Mensch »das in sich selbst zerfallene« und »das seiner Welt verschlossene und entfremdete Wesen« sei, »das mit sich allein und vereinzelt existiert«.[62]

Doch während alle Religionen sich darin einig seien, »daß angesichts der tiefen Verletzung von Selbst- und Welt-Verhältnis des Menschen nur religiöse Hilfe möglich ist«, betone die christliche Lehre dagegen, daß Gott selber das Opfer bringe, »nämlich in Jesu Wort, Werk und Person«.[63] Dieses Besondere des christlichen Verständnisses vom Bösen und seiner Überwindung gelte es besonders heute, angesichts der Oberflächlichkeit unserer Zeit, in der die Menschen »das Wort ›Sünde‹ scheuen und den darin ausgesprochenen Sachverhalt bestreiten«[64], wieder hervorzuheben. Die Taufe und das Abendmahl dürften nicht mehr »mit Sündenvergebung nur noch am Rand zu tun haben«, sondern es müsse wieder deutlich werden, daß des Christen »Handlungsfreiheit — als Ganzheit seiner selbst und als Offenheit vor der Welt — an einem tief religiösen Heilungsvorgang hängt, den man früher Vergebung der Sünden oder Rechtfertigung nannte. Es geht darum, diesen Heilungsvorgang wahrzunehmen, den Vorgang, in dem Gott alles wird und der Mensch in eine neue Lebensbewegung gehoben wird.«[65] Denn die Rechtfertigung allein aus Glauben unterscheide das Christentum von den anderen Religionen. Die Gesetzeserfüllung konstituiere nicht, wie bei den anderen Religionen, das Heil, sondern sei »konsekutiv« zu dem widerfahrenen und empfangenen Heil.[66]

*Paul Schütz*, angeregt durch die Frage eines jungen Mathematikprofessors aus einem Ostblockland, warum die Theologie in Deutschland zu wenig vom Bösen spreche, schrieb 1969: »Im Nicht-mehr-sehen-Wollen, schließlich im Nicht-mehr-sehen-Können der Wirklichkeit des Bösen erreicht die Umnachtung des ›aufgeklärten Denkens‹ den Tiefpunkt ihrer Unheilbarkeit. Hier, an diesen unbewachten Toren auf Posten zu stehen, gehört zum Auftrag der Theologie.«[67] Paul Schütz meint, die Deutschen hätten in der Philosophie, der Literatur und der modernen Naturwissenschaft immer Schwierigkeiten mit dem Problem des Bösen gehabt, aber das sollte uns nicht hindern, als Theologen gerade an dieser Stelle die biblische Lehre besonders zu verteidigen. Es sei eben nicht so, wie Goethe seinen Mephisto sagen läßt, daß das Böse ein Teil jener Macht sei, die zwar das Böse wolle, jedoch das Gute schaffe. Das sei zwar im 19. Jahrhundert die »Geheimreligion der Gebildeten« gewesen, und in der modernen Naturwissenschaft habe das Böse ebenfalls keinen Platz gehabt, denn in der »kristallklaren Ordnung« (Heisenberg) des Weltbildes der Physik sei kein Raum für das Böse, und der Teufel der Bibel sitze hier hoffnungslos in der Wohnungsnot[68]; doch gerade die Erfahrungen des 20. Jahrhundert hätten uns gelehrt, daß wir eher mit *Reinhold Schneider* von einer »rotierenden Hölle«[69] des Lebens sprechen sollten. Denn: »In unserem Erfahrungsraum sind Gewalten losgeworden, die uns vor die Frage stellen, ob es das Böse nicht doch gebe.«[70] Das Böse sei nicht direkt greifbar und wechsle seine Erscheinung, es sei jedesmal die Erscheinung der »Vermummung«, und deshalb sei »das Böse im Gewand des Guten ... der Wolf im Schafspelz«, wie es ein biblisches Gleichnis ausdrückt. »Nur an Symptomen läßt sich das Böse erkennen.«[71] Nicht die einzelnen Wissenschaftler kann man nach Schütz für die Krise unserer Zeit verantwortlich machen, sondern: »Adam muß es heißen. Denn in diesem Zeichen gründet die Solidarität der Schuld all dessen, was Menschenantlitz trägt. Und diese Schuld bleibt die Hybris, sein zu wollen wie Gott.«[72]

Schütz meint, in der Wissenschaft zeige sich diese Hybris besonders deutlich, denn die »Freiheit von den Werten« sei zu einer Ideologie geworden, und »die Ideologie ist ein Symptom des Bösen«.[73] Einst habe man das Böse die Macht genannt, die das Böse wolle und doch das Gute schaffe. Heute dagegen sei das Böse »die Macht, die vorgibt, das Gute zu wollen, in Wirklichkeit aber das Böse schafft«. Und die Ideologie sei »die Kunst, ein gutes Gewissen über böses Tun zu haben«.[74] Diese Ideologie sei weltweit anzutreffen, und von daher erklärten sich auch die vielberufenen »Interessenverbände«, die eine »Ideologie der Rechtfertigung« seien. Dieses Interesse verkörpert sich nach Schütz' Ansicht im Geld: »Hier hat die tiefe Vertrauenskrise, die uns alle ergriffen hat, ihre Wurzel. Wer mehr Geld hat, hat mehr Recht und kann sich alles kaufen: die Ehre, das Recht, die Wissenschaft.« Schütz konstatiert, man frage sich heute in bezug auf die »widersprechenden Gutachten über Strahlungsgefahren oder über die Ernährungsindustrie«, wer eigentlich wen gekauft habe, wage es aber schon nicht mehr laut zu sagen, denn die versteckten Diktatoren, die mit Hilfe der Ideologie Recht behielten, würden »uns dafür bestrafen«.[75] Die Ideologie sei der »Kunstgriff des Bösen, sich als das Gute, ja, wenn es hoch kommt, sich als das Heil selbst auszugeben«.[76] Doch das bisher Beschriebene seien, so meint Schütz, nur Symptome des Bösen. Das eigentliche Böse beschreibe die Bibel in mythischer Sprache. Daraus werde aber deutlich, »daß die Macht des Bösen eine Person sei« und »daß die Bosheit der Bösen die Sucht sei, wie Gott sein zu wollen« und »daß da ein Kampf im Gange sei«, der dazu führe, daß der »Drache« auf die Erde geworfen werde. Das heißt aber, »im Menschengeschlecht und mit dem Menschengeschlecht«[77] werde als Folge des Fortschritts und der Entwicklung ein Kampf von universalem Ausmaß stattfinden, an dessen Ende aber die ewige Liebe das letzte Wort behalten werde. Schütz sieht also einen engen Zusammenhang zwischen der Macht des Bösen und der Korruption, die eine Auswirkung des Bösen auf der Erde ist. Aus den »Metamorphosen des Bösen in der Weltgeschichte«[78] werde deutlich, daß der Sohn Gottes die Werke des Teufels (des Bösen) zerstöre, aber auch, daß der Mensch wollen müsse.[79] Wer nicht mit Christus gegen das Böse ankämpfe, der sei gegen ihn und damit auf der Seite des Bösen.

Dieses Böse zeigt sich heute, wie *Ingo Walter* treffend beschreibt, besonders in bezug auf das »secret money«[80] und die »schattige« Welt der Kapitalflucht und der Korruption in ihrer vielfältigen Form. Mit Recht meint deshalb P. Schütz, es gebe für die Kirche nur eine Frage, die ihr »auf Herz und Nieren brennt, in der alle Not der Kirche und ihrer ganzen Zeit zusammengefaßt ist. Es ist die Frage nach dem Feind Gottes... Er ist persönlicher Geist. Durch die Leugnung seines Person-Charakters (›das‹ Böse!) verdeckt er das Geheimnis seiner Macht.«[81]

Das Sündenverständnis von *Karl Barth* geht in die gleiche Richtung, wenn er sagt, daß wir erst in Christus den »Spiegel« vor uns haben, »in welchem der Mensch der Sünde als solcher zu erkennen ist«.[82] In der dreifachen Funktion Christi[83] spiegelt sich dann auch die dreifache Form der Sünde des Menschen wider: Sünde ist 1. der »Hochmut«, 2. die »Trägheit« und 3. die »Lüge«.[84] Des Menschen »Hochmut« bedeutet bei K. Barth »Ungehorsam« und »Unglauben«[85]; »Trägheit« sei, wenn der Mensch den ihm von Gott gewiesenen und gebahnten Weg eigenwillig verlasse und den der Gnade zuwiderlaufenden eigenen Weg des Leichtsinns, der Traurigkeit und Verzweiflung gehe. Die dritte Form der Sünde, die »Lüge«, beschreibt Barth mit den folgenden Worten: »Lüge ist Selbstzerstörung. Der Mensch, die Welt lebt, weil unter der Herrschaft der Sünde, weil vor Gott lügend und sich selbst belügend, in der Selbstzerstörung. Daß die Sünde nicht Ja, sondern nur Nein sagen, nicht aufbauen, sondern nur zerstören, nur Elend und Tod schaffen kann, wird hier offenbar.«[86]

Die Sünde ist nach Barth eine Wirklichkeit, wenn auch keine selbständige, »sondern nur als das dem göttlichen Ja sich entgegensetzende Nein, auf jenes bezogene, ihre widerstreitende Wirklichkeit« und kann für Barth deshalb nur von Christus her verstanden werden.[87] Doch was sonst als das Bekenntnis zu Christus »macht das Bekenntnis unserer radikalen und totalen Sünde notwendig«?[88] Die traditionelle Erbsündenlehre, die den Akzent auf die »Vererbung« lege, lehnt Barth allerdings ab, weil sie die Sache mehr verdunkle als kläre. Er schlägt deshalb vor, in Übersetzung des lateinischen Begriffs »peccatum originale« von des Menschen »Ursünde« zu reden und versteht darunter »die — in einem bestimmten, noch aufzuweisenden Zusammenhang mit ›Adam‹ — sich ereignende höchst willentliche, höchst verantwortliche Lebenstat eines jeden Menschen, die laut des in und mit seiner Versöhnung mit Gott über ihn ergehenden richterlichen Urteils seine *Lebenssünde* ist: die Verkehrung, die er *selbst* vollbringt, um als ihr Vollbringer — wieder in jenem Zusammenhang — *ganz* verkehrt sein zu müssen«[89].

Im Gegensatz zu Barth behandelt *Paul Tillich* die Sündenlehre *vor* der Christologie. Den Sündenfall beschreibt er als »Übergang von der Essenz zur Existenz«[90], von der träumenden Unschuld »zur Selbstverwirklichung«[91]. Den Erbsündebegriff ersetzt er durch die Begriffe »Schicksal« und »Tragik«[92] und übersetzt die traditionellen drei Merkmale der Sünde (Unglaube, Konkupiszenz und Hybris) neu: Unglaube ist bei Tillich der »Akt, in dem der Mensch sich in seiner Ganzheit von Gott abwendet. In seiner existentiellen Selbstverwirklichung wendet er sich seiner Welt und sich selbst zu und verliert seine essentielle Einheit mit dem Grund von Selbst und Welt«, mit Gott. »Der grundlegende Charakter der Sünde« ist für Tillich »die Zerreißung der essentiellen Einheit mit Gott«[93]; die Hybris als zweites Merkmal der Sünde »ist die Selbsterhebung des Menschen in die Sphäre des Göttlichen« und hat ihr Hauptsymptom darin, »daß der Mensch seine Endlichkeit nicht anerkennen will«[94]. Unglaube ist bei Tillich der »Drang des Menschen, sein Zentrum vom göttlichen Zentrum zu entfernen«, und »Hybris« sein Drängen, »sich selbst zum Zentrum seines Selbst und seiner Welt zu machen«; die »Konkupiszenz« (als drittes Merkmal der Sünde) ist »die unbegrenzte Sehnsucht, das Ganze der Wirklichkeit dem eigenen Selbst einzuverleiben« und »die ganze Welt in sich hineinzuziehen«.[95]
Vor allem von den Verfechtern des theologischen Personalismus, zu denen besonders *Paul Althaus*[96], *Emil Brunner*[97] und *Friedrich Gogarten*[98] zählen, wird die Erbsünde in Frage gestellt. Im Gegensatz zu Brunner, der den Erbsündebegriff zwar ablehnt, den ontischen Aspekt der Sünde aber neben dem personalen bejaht, hat man bei *Gogarten* den Eindruck, daß er den personalen Charakter der Sünde gegen den ontischen ausspielt, wenn er schreibt, daß die »Vorstellung von Adams Sündenfall und dessen folgenreicher Bedeutung für die ganze Menschheit einem mythischen Denken entstamme und für den modernen Menschen nicht mehr nachvollziehbar sei.[99] Sünde könne »vom heutigen Denken nur in den Elementen des Individualismus und der Subjektivität verstanden werden«.[100] Der prä- und transpersonale Aspekt der Sünde ist bei Gogarten kaum zu sehen. Aber entfällt damit nicht auch das extra me des Bösen und damit die ganze Tiefe dieses Begriffes? Der Begriff »Erbsünde« wolle, so meint *Helmut Thielicke*[101], das »logisch unauflösliche Ineinander von Persönlichem und Unpersönlichem« in der Sünde zum Ausdruck bringen. Die

Erbsünde sei nicht eine »zweite Gestalt neben der Aktsünde«, sondern damit sei »nur ein bestimmter Zug an der Sünde: ihre Transsubjektivität« gemeint. Und *Althaus* möchte Erbsünde verstehen als die Feststellung, daß »wir« alle »Sünder sind« zusammen mit allen anderen Menschen und trotzdem »mit eigenem Willen Sünder«.[102] Die Erbsünde bedeutet nach Tillich[103], daß der Sünde neben der »persönlichen Verantwortlichkeit« eine »tragische Universalität« zu eigen sei. Der fortschrittsgläubige sogenannte moderne Mensch wollte lange nicht der Aussage zustimmen, daß Sünde eine »profunda corruptio« ist. Er erkannte an, daß es Konstruktionsfehler in unserer Gesellschaft gebe, lehnte aber die Vorstellung ab, daß eine transsubjektive Macht unsere Welt bedrohe. Erst in letzter Zeit kommt das Bewußtsein des Bösen wieder ins Gespräch. *S. Freud* kennt eine Art Erbsünde, wenn er das Schuldgefühl des Menschen und seine Moral auf einen Urvatermord zurückführt[104]; und die Psychologin *L. Frey-Rohn*[105] sieht im »Bösen« eine »Urtatsache, die dem Menschsein gegeben« und die unvermeidlich ist. Ähnliche Ansichten kann man auch aus der Literatur erschließen. Aber der Begriff des Bösen erfährt dadurch auch eine Umwertung. Es ist nicht mehr der Unglaube, der den Menschen böse macht. Gut ist vielmehr, was der Natur entspricht. Gerade deshalb muß die christliche Theologie wieder ihr Proprium betonen, daß die Sünde gegen Gott und die Sünde gegen den Menschen ein und dieselbe Sünde sind. Als der Mensch vom Baum in der Mitte des Gartens aß, um Gott gleich zu werden, zerbrach etwas Wesentliches: »Die Mitte ist betreten, die Grenze ist überschritten, nun steht der Mensch in der Mitte, nun ist er ohne Grenze (!)«, schreibt *Dietrich Bonhoeffer*.[106]
Zusammenfassend können wir sagen, daß die Sünde wesensmäßig immer Mangel und Begehren ist und deshalb als peccatum originale und peccatum actuale, also als Ur-Sünde und Tat-Sünde verstanden werden muß. Sie sind zwei Seiten *einer* einzigen Wirklichkeit, denn Sünde ist Sein und Tun, sie ist zugleich Schicksal und Schuld. Die »Erbsündelehre will die Sünde lediglich als eine Sünde beschreiben, die durch Universalität und Transsubjektivität, also durch Unentrinnbarkeit gekennzeichnet ist. Das Böse, das mit dem Erbsündebegriff benannt werden soll, ist mehr als nur etwas Intrapersonales; es ist etwas Transpersonales. Wir können deshalb sagen, daß es nicht nur *aus* dem Menschen kommt, sondern *über* den Menschen herfällt. Der

Mensch war schon immer ein Sünder und ist es auch noch. Er ist Subjekt und Objekt der Sünde. Das Böse (die Sünde) ist das extra me wie die Gnade. Beide werden erst in ihrer ganzen Tiefe und Schärfe im Spiegel Christi erkennbar und in ihrem innersten Wesen offenbar; die Sünde ist ein Aufstand gegen Gott, sie ist Unglaube und somit Hybris und Konkupiszenz. Da der Mensch das Böse nicht selber besiegen kann, wurde die Menschwerdung Gottes in Christus und dessen Tod am Kreuz notwendig. So groß ist die Macht des Bösen, daß nur Gott sie überwinden konnte. Er ruft aber den Menschen auf, in der Nachfolge Christi nun gegen das Böse und dessen Auswirkung, die Korruption, anzukämpfen. Das Böse ist nur erkennbar auf dem Hintergrund des Guten — das ist Gott.
Die Bibel lehrt uns, daß das Böse eine Macht ist. Wir wollen uns deshalb noch kurz dem Thema »das Böse in biblischer Sicht« zuwenden und dann die »strukturelle Sünde« in der gegenwärtigen Weltwirtschaft behandeln.

## 7. Das Böse in biblischer Sicht

In der biblischen Literatur sind das Böse und die Sünde identisch, deshalb kann die Thematik des Bösen nur unter dem »Aspekt der Hamartiologie und Satanologie« betrachtet werden.[107] Die verschiedenen »Erscheinungsformen des Bösen«[108] finden wir in der Rahmenerzählung des Hiobbuches in ihren beiden wesentlichen Aspekten unverbunden nebeneinander.[109] Es wird vom Bösen als Tun (bzw. Verhalten) und »vom Bösen als Widerfahrnis, als negatives Weltgeschick, das man traditionell als Übel oder Unheil bezeichnet«, gesprochen.[110] Diese beiden Aspekte kann man als Generalüberschrift für die ganze biblische Überlieferung bezeichnen. Beide Erscheinungsformen werden in der Bibel sehr konkret beschrieben. Das Böse existiert »als übles Ergehen«[111] etwa in Gestalt einer Krankheit oder wie immer sonst der strafende Zorn Gottes über den Menschen kommt, es »trifft den, der vom rechten Wege abweicht« (Spr. 15,10). Aber es bezeichnet auch in der »erdrückenden Überzahl der Stellen in der biblischen Literatur ein *Verhalten* oder *Tun*«.[112] Und beide Erscheinungsformen gehen in einigen Redewendungen gewissermaßen ineinander über[113], denn: »Was vom Täter her als böses, das heißt hier schlimmes oder feindliches Tun ausgeht, das kommt beim Betroffenen als Leben beeinträchtigendes Ergehen oder als Leiden zur Erscheinung.«[114]

Das Böse ist in der Bibel einmal mit Worten ausgedrückt, die das Verhalten und die Tat (bzw. die Taten) umschreiben, zum anderen mit Bezeichnungen im Bereich negativer Welterfahrung (die sowohl personal als auch kosmisch bedingt sein kann). Das Böse ist charakterisiert als »ungerechtes, gesetzeswidriges, sündiges oder gottwidriges Verhalten oder Tun«[115]. Es ist die Antithese zum Guten[116], und nur der Mensch mit dem »verständigen Herzen« kann unterscheiden, was gut und böse ist (1. Kön. 3,9), denn er »hat Einblick in das Ordnungsgefüge der Welt, kann sich im Wandel entsprechend verhalten und andere in solchen Wandel einweisen, mit beiden die Lebensverhältnisse fördernd«.[117]

Aus Sirach 39,4 können wir entnehmen, daß die Wirkungsweisen und Wertungen von Gut und Böse *universal* erfahrbar und gültig sind. Darauf weisen sowohl die Propheten hin[118] als auch Paulus[119], der das Gute dem Bösen gegenüberstellt und vor den Folgen des Bösen warnt; er ruft deshalb in seinen Briefen zu dem Gott entsprechenden »wohlgefälligen« Lebenswandel auf. Denn das Böse ist die »mehr oder weniger bewußte, willentliche Tat, die sich als Schädigung von Leben und Lebensbeziehungen auswirkt und insofern als bedrohend und feindlich gesinnt empfunden und bewertet wird«.[120]

Die Thematik des Bösen ist hauptsächlich im Lebensbereich des Ethos angesiedelt. Die Weltorientierung geht dabei von dem Grundmuster des Tun-Ergehen-Zusammenhangs aus. Die böse Tat hat ihre Konsequenzen in bezug auf den einzelnen und auf die Gesellschaft. Gott hat aber dem Menschen Wegweisungen gegeben, die in den Gesetzen niedergelegt sind.[121] Die Lebensbereiche des Ethos wie auch des Kultus und des Rechts stehen unter der Herrschaft Gottes.

Das Gute als das Allgemeingültige erfährt im Neuen Testament eine Wandlung. Nun ist nicht mehr die Weisheit das letzte Kriterium für das Gute, sondern dieses wird »christologisch im Kerygma fundiert« (Mark. 8,31)[122], in der Verkündigung Jesu bzw. im Evangelium.

Das Böse legt ein ganz bestimmtes Grundverhalten an den Tag. Die Bibel spricht in diesem Zusammenhang vom »bösen Herzen«.[123] Diese Redewendung finden wir bereits im Alten Testament[124], sie wurde aber besonders in der synoptischen Tradition aufgenommen und wurde wohl auch von Jesus selber benutzt.[125] Die Wendung will

aussagen, daß alle bösen Dinge aus dem Herzen des Menschen kommen und den Menschen verunreinigen. Das Böse ist eine besitzergreifende Macht und zeigt sich in vielfältiger Weise. Die sich verselbständigende irdische Weisheit, die ohne Bezug auf Gott, den Urgrund der Weisheit, lebt, kann dann leicht zum Dämonischen werden; deshalb warnt der Jakobusbrief: »Widersteht dem Teufel, so flieht er von euch. Naht euch zu Gott, so naht er sich zu euch« (Jak. 4,7f.). Daß das Böse eine feindliche Macht ist, gehört »zum Grundbestand der Werterfahrung der verschiedensten Strömungen des Urchristentums«.[126] Diese böse Macht ist zusammengefaßt in dem Begriff *der Böse*. Er wird als transzendente Macht verstanden, deren Wirkungen auf der Erde deutlich spürbar sind. Er ist seinem Wesen nach eine aggressive und feindliche Potenz, deshalb beschreibt die Bibel ihn auch als *den Feind*. Er versuchte, Jesus zu korrumpieren (Mark. 1,12f.). Aber Jesus widerstand ihm, indem er das Gute (Gott) als Richtschnur für sein Leben wählte.
Die Wirkungsweisen des Bösen sind deshalb auch im Bereich der Gemeinde als Versuchung erfahren und entsprechend beurteilt worden. Der Böse kann aus diesem Grund auch der »*Versucher*« genannt werden (1. Thess. 3,5; Matth. 4,3 anstelle von »diabolos« wie in Luk. 4,3). Insgesamt können wir mit *Egon Brandenmüller* aus der biblischen Literatur und in ihrem näheren Umkreis sechs Typen des Bösen unterscheiden[127]:

1. Die Weisheitstradition kennt das »böse Herz« des Menschen als das innere Zentrum bösen Tuns.
2. Die Erfahrung hatte die Weisen gelehrt, daß der Mensch schwach und hinfällig ist, so daß er leicht ein Opfer der Sünde werden kann.
3. Der Mensch, der Böses tut, ist vom Bösen besessen und steht unter seiner Herrschaft.
4. Das Böse hat seinen Grund in überirdischen Auseinandersetzungen, es kommt von »oben« auf die Welt und den Menschen.
5. In die umgekehrte Richtung weist die mythische Erzählung vom urbildlichen Sündenfall Adams. Sie will vor allem die Hybris des Menschen, der Gott gleich werden wollte, aufzeigen und sieht darin die Ur-Sünde. Das Fehlverhalten zeigt sich hier am einzelnen, der für seine Tat verantwortlich ist.

6. Adam ist der unwiderruflich prägende Anfang und Urheber bösen Ergehens der Menschenwelt insgesamt. Seither ist, wie Paulus betont, die ganze Menschheit unter die Macht der Sünde gekommen. Die »Wirkungsmächtigkeit eines prägenden Anfangs und geschickhafter Urheberschaft ist mit dem menschlichen Dasein als solchem gegeben«.[128]

Dennoch ist, wie Paulus (Röm. 7,8-11) betont, jeder Mensch für sein eigenes Handeln verantwortlich. Sein Ungehorsam hat zur Konsequenz die Verfallenheit an die herrschende Macht des Bösen. Das Böse im weitesten Sinn umschreibt alles *Schlechte*. Es umfaßt das dem Menschen vorgegebene (physische) Übel, aber auch das vom Menschen gewollte (moralische) Böse, das sich besonders in den strukturellen oder sozialen Unrechtssituationen als »strukturelle (bzw. soziale) Sünde« zeigt.[129]

Die Bibel lehrt uns aber auch, daß die Macht des Bösen durch Christus besiegt worden ist. Der Gebetsruf »Herr, komm!« (1. Kor. 16,22) bezeugt, daß es eine Kraft gibt, mit deren Hilfe man das Böse bekämpfen kann, »indem man sich ihm stellt. Daß man uns Christen mehr denn je daran mißt, dürfen wir niemandem verübeln. Man nimmt uns nur beim eigenen, als Glaube bezeugten Wort« (H. Häring).[130]

Diesen Glauben gilt es heute vor allem angesichts der Auswirkungen des Bösen in den politischen und wirtschaftlichen *Strukturen* zu bekennen.

## 8. Die Herausforderung der Kirche Jesu Christi durch die strukturelle Sünde in Politik und Wirtschaft

Der Begriff »strukturelle Sünde« oder »soziale Sünde« kam im Gefolge der lateinamerikanischen Theologie der Befreiung in die Diskussion.[131] Die Ergebnisse des Zweiten Vatikanischen Konzils ebneten den Weg für eine neue theologische Reflexion in Lateinamerika. Vor dem Hintergrund der südamerikanischen Gesellschaftswirklichkeit definierte *Gustavo Guitiérrez*: »Sünde wird greifbar in unterdrückerischen Strukturen, in der Ausbeutung des Menschen durch den Menschen, in der Beherrschung und Versklavung von Völkern, Rassen und sozialen Klassen. Die Sünde erscheint so als fundamentale Entfremdung, als Wurzel einer Situation der Ungerechtigkeit und

Ausbeutung.«[132] Dieses sündhafte Handeln und dessen Manifestation bezeichnet Guitiérrez als eine »Beleidigung« Gottes, weil sie sich gegen dessen Schöpfungsordnung und gegen den Menschen als Gottes Ebenbild richte.

In die gleiche Richtung weisen auch die Worte des lateinamerikanischen Erzbischofs *Oscar Romero*, der kurz vor seinem gewaltsamen Tod sagte, wir wüßten heute besser als frühere Generationen, was Sünde sei: »Wir wissen, daß der Widerstand gegen Gott den Tod des Menschen verursacht. Wir wissen, daß Sünde wahrhaft zum Tode führt. Sie bewirkt nicht nur den inneren Tod dessen, der Sünde begeht, sondern sie produziert den realen, objektiven Tod ... Man kann Gott nicht angreifen, ohne dabei den Menschen anzugreifen. Der schlimmste Angriff auf Gott ... besteht darin, daß man Kinder Gottes, die Tempel des Heiligen Geistes, den geschichtlichen Leib Christi zu Opfern von Unterdrückung und Ungerechtigkeit macht, zu Sklaven wirtschaftlichen Strebens, zu Leidtragenden politischer Niederhaltung.«[133] Die faktische soziale Situation wird hier mit der Wurzel allen Elends, der Sünde, in enge Verbindung gebracht. Damit wird der Gedanke der bei einigen alttestamentlichen Propheten bereits aufgezeigten »sozialen Sünde«, die in den gesellschaftlichen und ökonomischen Strukturen zu finden ist, wieder aufgenommen.

Einer der ersten, der diesen Aspekt der Sünde wieder neu erkannt hatte, war Bischof *Bartolomé de Las Casas* im »Goldenen Zeitalter« der Entdeckung der Neuen Welt zur Zeit der Reformation. Las Casas führte einen langen (vergeblichen) Kampf gegen die Habsucht (avaritia), die seit dem Hochmittelalter den Hochmut als erste der acht Kapitalsünden abgelöst hatte.[134] Diesen Kampf führte er in zweifacher Weise. Er ermahnte, getreu seiner pastoralen Verantwortung, seine Landsleute, das Gewissen durch strenge kirchliche Bußdisziplin zu schärfen. Zu diesem Zweck verfaßte er ein »Confesionario« (Anleitung zur Beichte). In diesem bestand er auf einer notariell beglaubigten Verpflichtung zur Wiedergutmachung des Schadens, den die Eroberer, Kolonisten, Sklavenbesitzer und Waffenhändler angerichtet hatten. Den spanischen Kaiser forderte er auf, die entsprechenden Gesetze gegen diese korrupte Form der Ausbeutung der Indianer zu erlassen. Die strukturellen Veränderungen wurden dann auch tatsächlich in den »Nuevas Leyes« (1542) gesetzlich verankert. Aber sie blieben nur für eine kurze Zeit gültig. Las Casas bekämpfte also

bereits zur Zeit der Reformation die Sünde in ihrer individuellen und sozialen Erscheinungsform und kann damit als »Kirchenvater« im Kampf gegen die strukturelle Sünde bezeichnet werden.
Eng verbunden mit dem damals in Lateinamerika herrschenden Ausbeutungssystem war die Korruption, besonders in der speziell kirchlichen Form der »Simonie«[135]. Die Mission und die Kirche standen meist auf der Seite der Reichen, und letztere nahm ihr »Wächteramt an diesen unbewachten Toren« (Schütz) nicht immer wahr.[136] Es gab Ausnahmen, wie wir gesehen haben. Und diese Randfiguren der Kirche wiesen auch immer wieder auf die »strukturelle Sünde« und die christliche Antwort darauf hin.
Im *Protestantismus* waren es einige Pietisten, die gegen die »strukturelle Sünde« ankämpften. Der »Vater des Pietismus«, *Philipp Jakob Spener*, klagte bereits 1675 in seinen »Pia Desideria«, daß man es auch in christlichen Kreisen nicht für Sünde halte, »wo man solche Vorteile gebraucht, die ... dem Nebenmenschen neben uns sehr beschwerlich sind, ja, ihn gar unterdrücken und aussaugen«; er fordert deshalb eine andere Verteilung der Güter, »weil ich daran denken muß, daß ich nichts zu eigen habe, denn es ist alles meines Gottes Eigentum, ich bin allein ein darüber bestellter Haushalter«.[137] Die Korruption könnte kaum gedeihen, wenn die Christen diesen Answeisungen folgen würden.
Ganz in diesem Sinn gab auch *Christian Gottlieb Blumhardt*, der erste Inspektor der Basler Mission, den zum ersten Mal nach Liberia ausreisenden Missionaren 1828 die Wegweisung[138] mit, Wiedergutmachung begangenen Unrechts in Afrika zu verwirklichen, denn: »Ihr seyd diesen mißhandelten Geschöpfen eine unerschöpfliche Geduld und ein Übermaß von wohlthuender Liebe schuldig, wenn auch nur einigermaßen die tausend blutenden Wunden geheilt werden sollen, welche ihrem Volke seit Jahrhunderten die schmutzigste Habsucht und die grausamste Arglist der Europäer geschlagen hat.« Und 1861 geißelte der am Basler Missions-Seminar lehrende *Albert Ostertag*[139] »die moderne Industrie« als »die grausamste, rücksichtslose, tyrannische Macht, welche den Versuch scheint machen zu wollen, wie weit man unter der trügerischen Form allgemeiner Wohlthat die natürlichen Menschenrechte der Individuen und der Völker mit Füßen zu treten vermöge zugunsten des großen Kapitals ...«

In Indien erkannte schon 1862 der Basler Missionar *Kies*[140] bei der Untersuchung der soziologischen Struktur der Stadt Guledgudd die Korruption als ein Haupthindernis der wirtschaftlichen Entwicklung der Stadt. Er meinte: »Nur die Durchbrechung des ganzen Lebenssystems ... nur die Versetzung in eine andere Ordnung des Denkens und Wollens, also nur die Gotteskraft des Evangeliums wird hier Änderung schaffen.«[141] Für Kies ist die Korruption eine »strukturelle Sünde«, auch wenn er den Ausdruck selber nicht gebraucht. In einem »Bericht über die Hungersnot vom Juli 1877 bis 1878« schrieb Missionar *Mack* am 27. Juli 1878, daß das meiste Vieh wegen Futtermangels zugrunde gegangen sei und verhungerte Menschen überall auf der Straße herumlägen; die Korruption blühe: »Wer dem Schreiber nicht ein Handgeld zahlte, wurde nicht auf die Liste gesetzt..., so daß die Hungernden bei dem so knapp berechneten Tagelohn forthungerten und dabei arbeiten mußten. Die Arbeiter fanden deshalb zu ihrer Erleichterung überall heraus, den vierten Theil ihres Tagelohnes (sechs von 24 Pfennigen) dem gut bezahlten Schreiber und Aufseher zu geben, damit er sie an der Arbeit nicht muthwillig plage oder gar wegschicke.«

Er kam zum Ergebnis: »So sammelten manche sich Reichtümer auf Kosten der Hungernden und Sterbenden. Die Selbstsucht, Ungerechtigkeit und Hartherzigkeit steigerte die Noth bedeutend... die Schreiber und Aufseher über die Geschäfte suchten — wie es bei den Hindu Brauch ist — dabei ihren Profit zu machen.«[142]

Der Widerstand gegen die Korruption war allen Genannten eine christliche Pflicht.

Für *Albert Schweitzer* wurde Wiedergutmachung für die von Europäern begangenen Sünden zum eigentlichen Missionsmotiv. In einer Predigt zum Missionsfest am Sonntag, dem 6. Januar 1905[143], ging er auf dieses Thema ein. Er wisse aus eigener Erfahrung, daß die Mission keinen guten Ruf habe und vielfältiger Kritik ausgesetzt sei. Er selber verteidige jedoch die Mission immer, auch wenn er die vielen Fehler der Missionare nicht verschweigen wolle. Der Mission gehe es nicht um einen Erfolg, sondern sie tue ihren Auftrag, weil sie es müsse; das Muß sei »das Wesen aller Dinge, wo Jesus Christus drin ist«. Deshalb geschehe in der Mission nichts vergeblich, denn das Eigentliche sei durch das Sterben Jesu Christi ja bereits geschehen. Und der Tod Jesu habe dem Wörtlein »umsonst« alle Macht genommen.

Aus seinem Tod komme alle Kraft. »Und die heilige tausendfältige Frucht trägt alles, was in seiner Nachfolge ›umsonst‹ getan wird. Zuletzt ist die Mission nur eine Sühne für die Gewalttaten, die die dem Namen nach christlichen Nationen draußen begehen.« Die Europäer hätten »unter dem Vorwand des Rechts den Eingeborenen ihr Land genommen« und sie zu Sklaven gemacht. Sie hätten den »Abschaum der Menschheit auf sie losgelassen« und schreckliche Greueltaten begangen. Sie hätten »mit Branntwein und allem anderen« die Menschen systematisch zerstört. Besonders grausam seien die Deutschen in Südwestafrika vorgegangen und nähmen dort auch weiterhin das Land den Bewohnern weg.
Schweitzer will das Argument, daß in der Welt die Macht herrsche und man deshalb nichts dagegen tun könne, nicht gelten lassen. Vor allem nicht, wenn »diese Vergewaltigung und all die Schuld und Sünde und Schande unter den Augen des deutschen Gottes, oder des amerikanischen Gottes, oder des englischen Gottes begangen wird, und unsere Staaten sich nicht bemüßigt fühlen, zuerst die Bezeichnung ›christlich‹ abzulegen — so ist der Name Jesu geschändet und gelästert, und das Christentum unsrer Staaten ist geschändet und gelästert vor jenen armen Menschen; der Name Jesu ist zum Fluche geworden, unser Christentum, dein eigenes, zur Lüge und Schande, wenn das nicht dort, wo es begangen, gesühnt wird, und nicht für jeden Gewalttätigen im Namen Jesu ein Helfer im Namen Jesu kommt, für jeden, der etwas raubt, einer, der etwas bringt, für jeden, der flucht, einer, der segnet.«
Schweitzer fordert in seiner Predigt, daß für die 15 000 »Streiter des christlichen deutschen Reiches« auch 15 000 »Streiter für Jesus den Herrn der Menschlichkeit dort hinaus geschickt« werden sollten.
»Prof. Lucius, der edle, leider so früh dahingeraffte Missionsfreund«, habe ihn durch eine Vorlesung über Mission, in der er diesen Gedanken der Sühne im Zusammenhang mit der Mission hervorgehoben habe, Mitte der 90er Jahre zu der Erkenntnis gebracht, daß dies der »tiefere Sinn der Mission« sei. Dieser Gedanke habe ihn seither nicht mehr losgelassen, »und von jenem Tag an verstand ich das Christentum besser und wußte, warum wir Mission treiben müssen«. Mission bedeute, »daß wir sühnen müssen, alles Grauenhafte, was wir in den Zeitungen lesen, alles Grauenhafte — und das ist noch schlimmer —, was wir nicht darin lesen, was der Urwald mit Nacht und Schweigen

zudeckt«. Wenn so gepredigt würde, dann würde »Christentum und Mission zugleich« gepredigt werden. — »Und ich bitte euch, daß ihr's predigt.«

Diese Argumentation, daß das Böse nicht als Sachzwang hingenommen werden dürfe, sondern aktiv bekämpft werden müsse durch Sühne, ist der tiefste Beweggrund des Widerstandes gegen alle Formen des Bösen, eingeschlossen die Korruption.

Daran hat sich bis heute wenig geändert. Die »strukturelle Sünde« herrscht nach wie vor, und eine ihrer Erscheinungsweisen, die Korruption, ist auch heute noch Bestandteil der Politik des »totalen Marktes«[144]. Die Kirche ist dadurch herausgefordert, denn es gehört zum christlichen Glauben, daß sie sich gegen das Böse stellen muß.

*Yun-Po-Sun*, der ehemalige Präsident der Republik Süd-Korea, sagte am 5. Juni 1977 in seiner Verteidigungsrede vor dem Gericht in Seoul, wo er zusammen mit anderen (insgesamt 18) Christen wegen eines angeblichen Regierungsumsturzes angeklagt war: »Unser gegenwärtiges System ähnelt gefährlich jenem, das in Vietnam herrschte, wo die Korruption und die Diktatur, nicht aber die Demokratie, dem Kommunismus erlag.«[145] Yun kämpfte aus christlicher Überzeugung gegen die Korruption in seinem Heimatland. Er nahm dafür in Kauf, als alter Mann noch ins Gefängnis zu gehen. Gleicherweise nennt auch der führende Oppositionspolitiker *Kim Dae Jung* in seiner Rede vor demselben Gericht als Hauptgrund seines Kampfes gegen die Korruption seine christliche (katholische) Überzeugung: »Wir wollen versuchen, die Dinge im Lichte des Evangeliums zu sehen, in der Konzentration auf das Gebet. Wir dachten an den Präzedenzfall der deutschen Bekennenden Kirche und fühlten, daß etwas Entsprechendes heute in Südkorea nötig sei.«[146] Ähnliche Gründe geben auch die anderen Mitangeklagten an. Die »Theologische Erklärung Südkoreanischer Christen« (1974) sieht als »die Sendung der Kirche in der modernen Welt die Befreiung des Menschen ...« Man unterstütze »aus vollem Herzen (die Erklärungen der südkoreanischen Kirchen aus der letzten Zeit)«, die »die Verabsolutierung der Macht, die Korruption der privilegierten Klasse und das wirtschaftliche Eindringen fremder Länder kritisieren.«[147] Die *Herrnhuter-Brüderkirche* in *Südwest-Tansania* befaßte sich auf ihrer Synode 1981 ebenfalls mit dem Thema »Schwarzhandel und Korruption« und erinnerte daran, daß Korruption »Sünde« sei: »Es liegt hier die Ursache für verschiedene Übel, so

z. B. die Schwächung des christlichen Glaubens, den Verlust des Gerechtigkeitssinnes und die Unterhöhlung von Regierung und Wirtschaft des Landes. Dagegen muß der Christ unbedingt ankämpfen. Dieser Kampf beginnt zuerst bei jedem einzelnen, und zwar nicht mit Worten, sondern durch ein Verhalten, das Möglichkeiten der Versuchung ausschließt. Dazu sollen sich die Christen in der kirchlichen Gemeinschaft zusammenschließen.« Die Synode beschloß weiter, der Tansanische Christenrat solle bei der Regierung darauf hinweisen, daß »die Kirche solche Zustände mißbilligt«. In den Gemeinden solle über die Korruption offen geredet und informiert werden, und alle Christen sollten gemeinsam mit anderen gegen die »Feinde ›Schwarzhandel‹ und ›Korruption‹ ins Feld« ziehen.[148]
Die Korruption als eine Auswirkung des Bösen ist ein Feld für die »Bekennende Kirche«.[149] Und weil es zum Wesen des christlichen Glaubens gehört, sich dem Bösen auch in der Form der Korruption entgegenzustellen, hat die Kirche gar keine andere Wahl, wenn sie ihrem Auftrag treu sein will, als diesen Kampf mit allen Konsequenzen aufzunehmen. Sie wird dabei zuerst in den eigenen Reihen, im eigenen »Haus« der Kirche mit gutem Beispiel vorangehen müssen, weil sie sonst unglaubwürdig wäre.

## 9. Zusammenfassung

*Korruption ist ein uraltes und weltweites Phänomen*

Die Korruption existierte zu allen Zeiten und an allen Orten seit dem Beginn der Zivilisation. Sie war als »sündhaftes Vergehen« sowohl im Alten Ägypten als auch in Mesopotamien bekannt und wurde in China als Zeichen des Untergangs einer Dynastie charakterisiert. In den sogenannten primitiven Kulturen dagegen existiert die Korruption kaum, da das Gemeinwohl dort dem persönlichen Gewinnstreben übergeordnet ist.
Die Korruption hat viele Gesichter und tritt vermehrt in Zeiten eines forcierten Kulturwandels auf, wenn die alten Werte nicht mehr gelten und persönlicher Profit zum erstrebenswerten Ziel wird. Die Korruption ist sowohl ein sozial-ökonomisches als auch ein theologisches Problem. Sie hat ihre eigentliche Wurzel im Bösen und kommt nach

den Worten Jesu aus dem »Herzen des Menschen« (Mark. 7,21). Die alten Kirchenlehrer benutzten deshalb den Begriff »corruptio«, um die »Erbsünde« oder die »Ursünde« (peccatum originale) zu umschreiben. Diese spezielle Form des Sündenverständnisses finden wir nur in der christlichen Lehre. Einig sind sich aber alle großen Weltreligionen, daß die Korruption verwerflich ist und deshalb bekämpft werden muß. Sowohl die Bibel als auch der Koran reden vom »Ausbreiten der Korruption auf der Erde« und sehen darin ein todeswürdiges Verbrechen, das Unglück über die Menschen bringt. Die drei monotheistischen Religionen sind sich darin einig, daß Gott selber *unbestechlich* und also Garant der Gerechtigkeit ist. Wo Gerechtigkeit und Integrität (Schalom) sich küssen, da hat die Korruption keinen Platz. Wo aber der Mensch seine persönlichen Vorteile über das Wohl aller setzt, da kann sie gedeihen und blühen.

### *Korruption hat ganz bestimmte Merkmale*

Die Grundformen der Korruption werden soziologisch als Bestechung, Amts-/Macht-Mißbrauch und Nepotismus definiert und haben als gemeinsames charakteristisches Merkmal die Bereicherung von mindestens zwei Menschen auf Kosten Dritter (Staat, Firma etc.). Theologisch handelt es sich also um eine »soziale Sünde«, und als solche wurde die Korruption auch bereits bei den Propheten im Alten Testament verstanden und entsprechend bekämpft.

Weitere charakteristische Merkmale der Korruption sind die Geheimnistuerei, die gegenseitige Verpflichtung beim gemeinsamen Verdienen, das Tarnen der Tat, die wohlüberlegte, inszenierte Täuschung der Öffentlichkeit, der Verrat des Vertrauens und die Vergewaltigung der Pflicht bzw. der Verantwortung.

Sie beginnt in der Regel bei den Mächtigen (oben) und breitet sich dann auf die mittleren Schichten aus, um schließlich den ganzen Körper der Gesellschaft wie eine Krebskrankheit zu verderben. Das Ende ist dann der wirtschaftliche Zusammenbruch.

### *Korruption hat ihre eigentliche Wurzel im Machtstreben*

Die Korruption der Macht ist ein weltweit bekanntes Phänomen. Schon die alten Philosophen kannten die Versuchung der Macht. Pla-

ton wollte deshalb den Philosophen-König als Herrscher. Erst in der biblisch begründeten Apologetik im frühen Christentum aber wird die Macht im Zusammenhang mit der Erbsünde als böse beschrieben: Die Macht als solche infiziere den Menschen, und auch der beste Mensch könne ihr nicht widerstehen. Die Geschichte der Menschheit zeigt die Wahrheit dieser Erkenntnis, denn sowohl die absoluten Herrscher des Altertums als auch die Herrscher der modernen Zeit, ob sie nun als »Macher« im Kapitalismus oder als Zentralsekretäre im Kommunismus die Hebel der Macht bedienen, werden früher oder später zum Opfer der Korruption der Macht.
Als Konsequenz wird dann das Recht der Macht untergeordnet, und die »Technik des politischen Lügens« verkehrt die Wahrheit ins Gegenteil. Das eigentlich Böse ist dann die Rechtfertigung des Bösen als das Gute in der modernen Ideologie, die nicht mehr sagt, »wie es in Wirklichkeit ist« (D. Bonhoeffer), sondern die Wirklichkeit vernebelt und die Lüge als Wahrheit suggerieren möchte.

*Korruption ist kein unvermeidbares Übel*

Die Korruption in Politik und Wirtschaft ist zwar ein weltweites Problem, aber sie ist nicht unbesiegbar, wie die Geschichte Englands im 18. und 19. Jahrhundert zeigt. Die dort weitverbreitete Korruption in der Politik konnte erfolgreich bekämpft werden, als die Menschen sich auf ihre religiösen Grundwerte besannen und das Gute, das das Wohl aller sucht, zum Durchbruch kommen konnte.
Verschiedene Faktoren trugen dazu bei. Die Industrielle Revolution erforderte eine bessere Verwaltung und damit eine striktere Kontrolle über die Parlamentarier. Ein erster Durchbruch erfolgte durch die Einführung klarerer Gesetzesbestimmungen und eines weithin korruptionsfreien Richterstandes. Doch der eigentliche Durchbruch kam erst dann, als das Bewußtsein, daß Korruption Sünde ist, sich durchsetzte und durch die Kirche und die Erziehung in den Familien unterstützt wurde. Einen entscheidenden Beitrag dazu leisteten die Frauen und die geistliche Erneuerung in der Gesellschaft. Neben den Methodisten waren es vor allem die Quäker und andere Freikirchen, die die biblische Lehre in die Lebenswirklichkeit umsetzten. Die anglikanische Großkirche schließlich folgte dem Beispiel der »Außenseiter«, und so entstand ein Klima, in dem »die Korruption verwelkte«.

*Korruption zeigt sich heute vor allem in der engen Verbindung von Wirtschaft und Politik*

Die moderne Form der Korruption ist die seit dem Watergate-Skandal bekanntgewordene sogenannte Wirtschaftskorruption. Durch die immer enger zusammenwachsende Welt hat sie, mehr als alle anderen bisher bekannten Formen der Korruption, katastrophale Folgen. Ein großer Teil der heute so bedrohlichen Verschuldung der Dritte-Welt-Länder hat ihre Ursache in der Bestechung der Politiker durch Wirtschaftsvertreter aus den Industrieländern.
Die wirtschaftliche Entwicklung eines Landes wird dadurch — ganz im Gegensatz zu den offiziellen Erklärungen — bedrohlich behindert und zuweilen sogar verhindert. Die durch Bestechung der Politiker erst ermöglichten großen Darlehen an die Entwicklungsländer müssen heute mit hohen Zinsen zurückbezahlt werden und verursachen meist großes Elend unter der Masse der Bevölkerung.
Doch ist diese Form der Korruption keineswegs nur auf die Länder der sogenannten Dritten Welt beschränkt; sie ist vielmehr eine weltweite Erscheinung. In der kommunistischen Sowjetunion wird sie immer mehr zum Problem, und es zeigt sich, daß sie tief im Wesen des durch Lenin geprägten Sozialismus verankert ist, weil Lenin die Machtfrage analog zum kapitalistischen System löste und die Beschränkung der Macht (wie sie andere Sozialisten schon früh gefordert hatten) nicht ins kommunistische System übernahm.

*Die Folgen der Korruption bedrohen uns alle*

Die Korruption ist nicht nur eine »soziale Sünde« in bezug auf die Menschen, sondern als Korruption der Natur auch eine Sünde gegen Gottes Schöpfung. Die Umweltzerstörung durch die Menschen um des Profits willen gab es schon in alten Zeiten. Aber erst in der modernen Zeit, als der Mensch sich an die Stelle Gottes setzte und sich zum Herrn der Welt machte, wurde sie zum lebensbedrohenden Problem. Die Folgen der Korruption sind heute in aller Welt zu sehen. Die Wälder verschwinden, Rohstoffe, die für künftige Generationen erhalten werden sollten, gehen schnell zur Neige. Hinzu kommt die alle bisherigen Vorstellungen überschreitende Waffenrüstung, die es den Menschen ermöglicht, die Erde mehrfach zu zerstören. Beim genauen

Hinsehen kann man leicht feststellen, daß auch hier die anderen Formen der Korruption oft eine entscheidende Rolle spielen. Doch »die Aufrechterhaltung des öffentlichen Schweigens kann das Problem nicht eliminieren, sondern wird es so sehr festigen, daß es bestimmt das Los der Armen und Schwachen verschlechtern und die Qualität der Umwelt schließlich ruinieren wird« (G. Singh).

Daß die Korruption zum wirtschaftlichen Ruin führt, lehrt uns die Geschichte; daß sie heute Hunger für Millionen von Menschen bewirkt, kann jeder aufmerksame Beobachter der Zeitgeschichte leicht feststellen. Die Korruption als eine Auswirkung des Bösen trifft am Ende auch die Korrumpierenden selbst, wie das paradigmatische Beispiel des Bluthandels uns lehrt. Weil die Korruption nach der Lehre aller großen Religionen der Welt »Sünde« ist, sind vor allem die Religionen aufgerufen, ihrer Bestimmung entsprechend gegen dieses Krebsgeschwür der Gesellschaft anzukämpfen.

### *Korruption als eine Auswirkung des Bösen zwingt alle Menschen guten Willens zum Widerstand*

In allen großen Weltreligionen gab es immer wieder Menschen, die aufgrund ihrer religiösen Überzeugungen die Korruption als eine Auswirkung des Bösen beim Namen nannten und vehement bekämpften. In Indien waren es im Altertum Kautilya und in neuerer Zeit Mahatma Gandhi, die in der Korruption ein Verbrechen gegen die Menschen und die Gesellschaft sahen und entsprechend energisch dagegen ankämpften. Ähnliche Beispiele finden wir in der Geschichte des Islam und in der Geschichte der christlichen Kirchen. Auch im Sozialismus chinesischer und sowjetischer Prägung wird die Korruption von verantwortungsbewußten Politikern als Böses erkannt und bekämpft.

Doch mehr als in allen anderen Religionen und Ideologien ist im christlichen Glauben die Korruption als Sünde und somit als Feindschaft gegen Gott und Menschen bezeichnet. Die Kirchen können deshalb gar nicht anders, wenn sie ihrer Bestimmung, Kirche Jesu Christi sein zu wollen, treu bleiben möchten, als gegen die Korruption in ihren vielfältigen Formen energisch einzuschreiten. Indem die Christen bekennen, daß ihr Herr unter Pontius Pilatus gekreuzigt wurde, sagen sie gleichzeitig, daß er ein Opfer der

Korruption seiner Zeit geworden ist und auch im Kampf gegen diese sein Leben hingab. Die Warnungen der Bibel vor der Habsucht, die wir als eine Wurzel der Korruption erkannt haben, sind eindeutig und haben heute mehr als je aktuelle Bedeutung.

Der aktive Kampf gegen dieses schnell wuchernde Krebsgeschwür der Gesellschaft, das tödliche Folgen hat, ist *die* große Herausforderung der Kirche Jesu Christi und ein Feld für die Bekennende Kirche! Es ist ihre Aufgabe, an den unbewachten Toren zu wachen und das Böse beim Namen zu nennen, es zu entmythologisieren, obwohl sie um die Macht des Bösen weiß, und im Namen des Gekreuzigten und Auferstandenen dagegen anzukämpfen! Sie weiß, daß sie die Hilfe dessen, dem alle Macht im Himmel und auf Erden gegeben ist, braucht, und betet deshalb: »Und erlöse uns von dem Bösen« — aber sie tut das aktiv, indem sie gegen das Böse mutig zu Felde zieht, weil sie nur so als Kirche Jesu Christi seiner Gegenwart gewiß sein kann und auch getrost gewiß sein darf.

# Anmerkungen

Zur Zitierweise: In den folgenden Anmerkungen werden alle im Literaturverzeichnis (S. 259ff.) aufgeführten Titel in Kurzform angegeben: nur mit Verfassernamen und Erscheinungsjahr des zitierten Werks. Sind zwei Werke eines Autors in demselben Jahr erschienen, wird der jeweilige Titel mit einem Stichwort genannt.

## Einleitung

1 *Asia Week*, 27.5.1977.
2 Ebenda.
3 *Die NEUE*, 27.10.1978.
4 Zitiert ebenda.
5 Ebenda.
6 Ebenda.
7 Ausgangspunkt war eine Meldung der Agence France Press. Aufgrund dieser Meldung stellte Martin Buchholz seine Recherchen an. Der Journalist Georg Biemann hatte in einer Sendung für den WDR die wesentlichen Vorarbeiten geleistet.
8 Der genaue Wortlaut wurde veröffentlicht in *Extra-Dienst* No. 97 VII, Dezember 1973.
9 *Die NEUE*, 27.10.1978.
10 Ebenda.
11 Das Stichwort »Korruption« finden wir beispielsweise weder in der RGG noch im LThK; auch im EKL fehlt es.
12 Kampong = Dorf; oft als »hinterwäldlerisch« bzw. »unterentwickelt« verstanden.
13 *C. Schnibben* u. *V. Skierka* 1988.
14 *A. Sullivan* u. *C. Leong* 1981, beschreiben die Geschichte Sabahs in den letzten hundert Jahren aus dem Blickwinkel der damaligen Regierung. Die Korruption wird im ganzen Buch nicht erwähnt. Stanislaus Yee Fong Chung erwähnt in seinen Gedanken über die Zukunft Sabahs die allbekannte Korruption mit keinem Wort ( S. 587-593).
15 *Heilbronner Stimme*, 30.1.1986, S. 4; siehe dazu auch *Aargauer Tageblatt*, 12.5.1986, und *Far Eastern Economic Review*, 15.5.1986, S. 14-15.
16 *B. Whyte* 1988, S. 52f.
17 *Duri* 1979, S. 25.
18 *Patton* 1897, S. 178f.
19 *Heidenheimer* 1970, S. 566f.
20 *D. Bonhoeffer* 1970, S. 21.
21 *St. Seagrave* 1986.
22 *New York Daily Tribune*, 20.5.1853. In diesem Leitartikel brachte Marx die Korruption und den Opiumschmuggel in enge Verbindung und sah im Kampf gegen sie den Anfang der Weltrevolution. Vgl. dazu *Rennstich* 1978, S. 211ff.
23 *H. Häring* 1985.

24 *W. Schulz* 1972, S. 721.
25 *H. Häring*, a. a. O., S. 1.
26 *L. Mumford* 1977, S. 316ff.
27 *K. Barth* , KD IV/3, Zweiter Teil, S. 881.
28 *H. W. Wolff* 1973, S. 182-205.
29 *K. Barth* , a. a. O., S. 880.
30 A. a. O., S. 888.
31 Wir verstehen darunter vornehmlich gesellschaftsbezogene Sünde: soziale Ungerechtigkeit, wirtschaftliche Ausbeutung etc.
32 Vgl. *M. Lehmann-Habeck* 1980.
33 Diesen Ausdruck brachte vor allem *R. Fung* aus Hong Kong in der Vorbereitungsphase für Melbourne durch seine Beschreibung der Armen als »those sinned against« (Menschen, gegen die gesündigt wird).
34 Auch in den Berichtsbänden der Vollversammlung des ökumenischen Rates der Kirchen und des Lutherischen Weltbundes sucht man das Stichwort »Korruption« vergeblich; vgl. *W. Müller-Römheld* 1975 (ÖRK, Nairobi 1975) und 1983 (ÖRK, Vancouver 1983) und *C. H. Mau jr.* 1985 (LWB, Budapest 1984).
35 *R. Hofstadter* 1962, S. 185ff.
36 A. a. O., S. 186.
37 *J. Lydenberg* 1946.
38 Vgl. a. a. O., S. 186.
39 Diese neue Form der Korrumpierung der Presse ist bekanntlich bis heute eine Gefahr. Siehe dazu: *H. H. Fabris* 1981, S. 239-264 und *L. Berg, H. Hahn* und *J. R. Schmidhauser* 1976, vor allem S. 87-107.

## Erster Teil

## I. Was ist eigentlich Korruption?

1 Zitiert in *W. Van Hoeve* 1964, S. 105.
2 *G. C. S. Benson* 1978, X, II.
3 *S. H. Alatas* 1968, S. 11ff.
4 Ebenda.
5 *S. W. Mintz* 1985. Die Geschichte des Zuckerhandels, die Mintz darstellt, ist ein gutes Beispiel für den Zusammenhang von Habgier und Korruption.
6 *H. Hucke* 1983, S. 59.
7 *L. Bloy* , Die Armut und die Gier, 1897 (dt. 1950).
8 A. a. O., S. 349-356.
9 *N. Kazantzakis* 1966.
10 *L. Mumford* 1977, S. 237ff.
11 *S. H. Alatas*, a. a. O., S. 47ff.
12 *G. Myrdal* 1968, Vol. II, S. 937f.
13 A. a. O., S. 937.
14 *Time Magazine*, 3.2.1986, S. 7.
15 *G. Wint* 1955, S. 91.
16 Siehe dazu *K. Rennstich* 1978, S. 212ff.

17 Vgl. *G. Myrdal*, a. a. O., Vol. II, S. 938f.
18 Vgl. ebenda.
19 *G. Myrdal* 1972, S. 202ff.
20 Vgl. ebenda.
21 A. a. O., S. 222.
22 In dem verdienstvollen Werk von *K. H. Rudersdorf* 1975 spielt die Korruption keine entscheidende Rolle.
23 *G. Myrdal* 1968, Vol. II, S. 937ff.
24 A. a. O., S. 951ff.
25 Second Public Services International — Asian Regional Conference, 14.11.1968, hektographiert.
26 Zitiert in *G. Myrdal* 1972, S. 223.
27 A. a. O., S. 226. Während meines Aufenthaltes in Singapur (1972-1977) erzählten mir Vertreter der deutschen Firmen ihre Erlebnisse; sie waren stolz darauf, diesen oder jenen Politiker mit einem höheren Betrag als ihre Konkurrenten »besiegt« zu haben. Keiner hatte dabei ein schlechtes Gewissen, und meine zaghafte Anfrage, ob sie darin kein Unrecht sähen, stieß höchstens auf Kopfschütteln und Verwunderung: »So kann nur ein Pfarrer fragen!« Die doppelte (geheime!) Buchführung übernahmen die Herren dann auch später, als sie in Deutschland Karriere machten. Die »Flick-Affäre« ist die logische Fortsetzung der jahrelang geübten Praxis, die bekanntlich auch schon im Hitlerreich üblich war.
28 A. a. O., S. 226f.
29 A. a. O., S. 228.
30 Ebenda.
31 A. a. O., S. 229.
32 Ebenda.
33 *G. Myrdal* 1968, Vol, II, S. 940ff.
34 A. a. O., S. 940-942.
35 *R. K. Karanjia* 1960, S. 61.
36 Zitiert bei *Myrdal* 1972, S. 230.
37 A. a. O., S. 230f.
38 A. a. O., S. 232.
39 *Evangelische Presseinformation* 37/1985, S. 6.
40 *Alatas*, a. a. O., S. 12ff.
41 *H. D. Lasswell* u. *A. A. Rogow* 1960; *dies.* 1963, S. 132ff.; *A. A. Rogow* 1970, S. 54f.
42 *Alatas*, a. a. O., S. 14f.
43 So auch *James Q. Wilson* 1970.

## II. Korruption und Macht

1 *A. A. Rogow* u. *H. D. Lasswell* 1963.
2 Diese Formulierung finden wir zum ersten Mal in einem Brief vom 5. April 1887 an Creighton.
3 Vgl. *A. Rogow* und *H. Lasswell* 1963, S. 1.

4 Vgl. a. a. O., S. 2.
5 *Th. Hobbes* , Leviathan, Part I, chap. 11.
6 *A. Rogow* und *H. Lasswell* 1963, S. 2.
7 Zitiert bei *B. de Jonveuel* 1952, S. 319.
8 Das Schreiben an Creighton zitieren *Rogow* und *Lasswell* 1963, S. 4.
9 Zitiert ebenda.
10 Siehe dazu *L. Strauss* 1953, v. a. S. 132ff.
11 Vgl. *Rogow* und *Lasswell* 1963, S. 6.
12 Ebenda.
13 *J. Calvin* 1955, IV, 20.8, S. 1038-1039.
14 *G. P. Gooch* 1927, S. 307, berichtet, daß innerhalb von vierzig Jahren nach dem Erscheinen von »Oceana« vier koloniale Verfassungen, die eine »verblüffende Ähnlichkeit mit deren Details« gehabt hätten, erschienen seien. Sie führten schließlich zum Unabhängigkeitskrieg in den USA.
15 Vgl. *Rogow* und *Lasswell* 1963, S. 30. »Menschliche Natur« wurde zum Äquivalent für »Korrumpierbarkeit des Menschen« – und ist es bis heute geblieben.
16 A. a. O., S. 129-131 und 132-134.
17 *J. Burckhardt* 1955, S. 97-98.
18 A. a. O., S. 97.
19 A. a. O., S. 66-67.
20 A. a. O., S. 262-263.
21 A. a. O., S. 263.
22 A. a. O., S. 264; siehe auch S. 36f.
23 *J. M. Lochman* 1981, S. 11ff.
24 A. a. O., S. 12.
25 *D. Schellong* 1977, S. 577, zitiert in *Lochman* 1981, S. 13.
26 *Lochman*, a. a. O., S. 15.
27 A. a. O., S. 31-32.
28 *F. Nietzsche* verurteilte das Christentum wegen seiner überlieferten »Herdentier-Moral« und verdammte das Ideal »Gleichheit der Rechte«; das »Mitgefühl für alles Leidende« und »Sicherheit und Frieden« waren für ihn Relikte einer abzulehnenden Moral, die zur Verflachung und Dekadenz des Menschengeschlechtes führe. Die »zukünftigen Herren der Erde« sollten andere Wege einschlagen. Der Typus Mensch brauche zu seiner Erhöhung »Härte, Gewaltsamkeit, Gefahr auf der Gasse wie im Herzen, Ungleichheit der Rechte«. Die Zukunft liege im gesteigerten Lebenswillen »bis zu einem unbedingten Willen zur Macht und zur Übermacht«. (Vgl. Friedrich Nietzsche, Werke in 3 Bänden, 3. Band, S. 468.)
29 Siehe *J. Burckhardt*, a. a. O.
30 *Lochman* 1981, S. 37.
31 A. a. O., S. 38.
32 A. a. O., S. 40f.
33 Ebenda.
34 *S. L. Parmer* 1976, S. 34.
35 *Lochman*, a. a. O., S. 44. Ähnlich fordert auch *L. Boff* 1985, daß die Kirche zwischen »Charisma und Macht« wählen und sich als Gegenmacht zur Korruption in die Politik einmischen solle.
36 *E. Buess* u. *M. Mattmüller* 1986, S. 110ff.

37 Zitiert a. a. O., S. 112.
38 Zitiert a. a. O., S. 114.
39 Über Korruption in der UdSSR siehe unten S. 116ff.
40 Vgl. *A. Sturminger* 1982, S. 304-309.
41 A. a. O., S. 308. Siehe auch *F. Fischer* 1964 und *M. Pearson* 1977.
42 *A. Sturminger*, a. a. O., S. 308.
43 A. a. O., S. 309.
44 Zitiert in *K. Acham* 1981, S. 73.
45 *A. Sturminger*, a. a. O., S. 316-317.
46 Zitiert a. a. O., S. 318-319.
47 Vgl. *W. C. Schwarzwäller* 1986.
48 A. a. O., S. 212.
49 A. a. O., S. 148.
50 A. a. O., S. 214.
51 *E. Kogon* 1980, zitiert in *A. Sturminger*, a. a. O., S. 321.
52 A. a. O., S. 322.
53 Ebenda.
54 A. a. O., S. 323.
55 Zitiert a. a. O., S. 324-326.
56 Zitiert a. a. O., S. 326-327.

## III. Korruption in traditioneller, ideen- und sachgeschichtlicher Perspektive

1 *S. H. Alatas* 1968, S. 11; *W. F. Wertheim* 1965, S. 105, war einer der ersten, der den Begriff »Korruption« zu definieren versuchte.
2 Vgl. *N. H. Jacoby* u. a. 1977.
3 Watergate (1972) ist der Anfang dieser Bewegung. Die späteren Untersuchungen brachten zutage, daß American Airlines 55 000 Dollar aus Firmengeldern zur Unterstützung der Wahl des amerikanischen Präsidenten gegeben hatte. 1973 mußten dann alle Namen der Firmen genannt werden, die an dieser neuen Form der »Watergate-Korruption« partizipiert hatten. Vgl. *Jacoby*, a. a. O., S. XV.
Der Ausdruck »Geld waschen« setzte sich in Deutschland im Zusammenhang mit der Flick-Affäre durch; diese ist die direkte Fortsetzung der Watergate-Affäre in Deutschland. Siehe dazu: *Th. Clarke* u. *J. J. Tigue* 1976.
4 Das Böse hat viele Gesichter und wurde im Laufe der Geschichte auch entsprechend definiert... *H. Häring* 1985, S. 6, beschreibt verschiedene dieser Gesichter des Bösen. Wir verstehen darunter vor allem das »strukturell Böse« und die Umwandlung des Guten in »id quod nocet!«. Vgl. *Augustinus*, De moribus Manichaeorum II, 3.5., P. L. 32, 1396.
5 *C. Leys* 1965, S. 225.
6 *W. F. Wertheim*, a. a. O., S. 125; siehe auch: *A. J. Heidenheimer*, a. a. O., S. 195ff.

7 Die Bedeutung der Geschenke in der modernen Wirtschaft beschreibt *N. Jacoby*, a. a. O., S. 6 — dort finden wir die verschiedenen Namen für »political payment« in den verschiedenen Ländern.

8 In China gilt auch heute noch die Familie mehr als alles andere. Und in den anderen Ländern Südostasiens denkt man ähnlich. Siehe *Wertheim*, a. a. O., S. 208.

9 Lee Kuan Yu's Sohn Lee Hsien Loong ist heute der zweitmächtigste Mann in Singapur, »seines Vaters Stadt«: *Far Eastern Economic Review*, 27.3.1986.

10 *S. Seagrave*, a. a. O., S. 72-81; *R. N. Clough* 1978.

11 Literatur über Chiang: *B. Crozier* u. *E. Chou* 1977.

12 *M. Perham* 1937, S. 51.

13 In der *Vierteljahrschrift für Sozial- und Wirtschaftsgeschichte* seit 1957 finden wir auch einige Untersuchungen aus der europäischen Geschichte.

14 *A. Smith*, The Theory of Moral Sentiments, Hamburg 1977.

15 *J. J. Rousseau*, Abhandlung über den Ursprung und die Grundlagen der Ungleichheit unter den Menschen, Hamburg 1971, vor allem S. 247ff.

16 Zitiert in *K. Acham*, a. a. O., S. 41.

17 Ebenda.

18 Vgl. *P. Koller*, a. a. O.

19 *P. Thiry d'Holbach* 1898, Zweiter Teil, S. 73.

20 *E. C. Banfield* 1964, S. 20 versucht dies am Beispiel der Stadtverwaltung von Chicago nachzuweisen.

21 Siehe dazu den Artikel: »Agenten im Kleid des Scheichs. Wie das FBI den größten Bestechungsskandal im amerikanischen Kongreß aufdeckte« (*Die ZEIT*, Nr. 8, 15.2.1980, S. 5).

22 *K. Acham*, a. a. O., S. 46.

23 *R. Michels* 1970.

24 A. a. O., S. 68.

25 So im Bericht: »Roseninsel und Saunaklub für polnischen TV-Gewaltigen«, *Kleine Zeitung*, Graz 14.10.1980, S. 5.

26 *S. Ossowski* 1962, S. 232; vgl. auch in diesem Zusammenhang S. 139-146.

27 *R. Michels*, a. a. O., S. 360.

28 *M. Horkheimer* 1934, S. 61.

29 *F. Kürnberger* 1967, S. 67.

30 *W. Schuller* 1980 und *D. Lieb* 1978.

31 *H. O. Lüthi* 1964.

32 *W. Schuller* 1982, S. 12.

33 A. a. O., S. 13.

34 Siehe dazu *Herodot* 3, 148; 5, 51; 6, 50; 6, 72, 82; 8,5 und *Aristoteles*, Politik 1272 a 41f. und 1273 a 2.

35 *K. Acham*, a. a. O., S. 53.

36 A. a. O., S. 52.

37 Ebenda.

38 Ebenda.

39 A. a. O., S. 33.

40 Ebenda. – Diesen Mißbrauch der Jenseitsvorstellung zur Aufrechterhaltung ungerechter Zustände hatte schon Nietzsche dem Christentum heftig vorgeworfen: Werke Bd. 3, S. 793.

41 *St. Ossowski*, a. a. O., S. 229f.
42 Zitiert nach *A. M. Knoll* 1968, S. 95; siehe auch S. 94.
43 *K. Acham*, a. a. O., S. 55.
44 A. a. O., S. 56.
45 *E. Hoffer* 1965, S. 18.
46 *K. Acham*, a. a. O., S. 60-61.
47 A. a. O., S. 61-62.

## IV. Erscheinungsformen der Korruption

1 *P. J. Schick* 1981, S. 573-592.
2 A. a. O., S. 574.
3 Ebenda; *G. Stratenwerth*, Schweizerisches Strafrecht, besonders Teil II (1978), S. 378. Dagegen fehlt in der italienischen Ausgabe das Stichwort »Korruption«.
4 Vgl. *P. J. Schick*, a. a. O., S. 574.
5 A. a. O., S. 575.
6 A. a. O., S. 579.
7 A. a. O., S. 580.
8 *Süd-Ost Tagespost* vom 9.11.1980, S. 2, zitiert in *Schick*, a. a. O., S. 581-582.
9 A. a. O., S. 589ff.
10 A. a. O., S. 592.
11 *H. J. Uibopuu* 1981, S. 281.
12 A. a. O., S. 282.
13 A. a. O., S. 282-286.
14 A. a. O., S. 286.
15 Lockheeds Bestechungsversuche sollen bis 1954 zurückgehen, als die Regierung der Niederlande beeinflußt werden sollte, F-104-Starfighter zu kaufen. Siehe *E. C. Lashbrooke* 1979 mit weiteren Hinweisen.
16 Siehe dazu *A. Simpson* 1977, zit. nach *Die Weltwoche*, 21. 9. 1977.
17 *The Times*, 1.1.1978, S. 13.
18 *E. North* 1978.
19 Ebenda.
20 Europarat, FAO, ILO, WHO, WMO, UNESCO.
21 *Uibopuu*, a. a. O., S. 297.
22 In: *Chr. Brünner* 1981, S. 469-489.
23 A. a. O., S. 470.
24 A. a. O., S. 471.
25 Siehe dazu auch: *G. Ogger* 1978. Der Betrag geht auf die dort angegebene Bewertung zurück.
26 *P. Fischer*, Das transnationale Unternehmen, 1980, S. 354.
27 Vgl. *Z. Mikdashi* 1966, S. 20.
28 *P. Fischer*, Korruption im internationalen Wirtschaftsverkehr, 1980, S. 473.
29 Nach: XVII. International Legal Materials, March 1978, S. 417ff., Absatz 4 und 5.
30 *P. Fischer*, Korruption, a. a. O., S. 474.

31 Siehe dazu *N. Jacoby, P. Nehemkis* u. *R. Eells*, 1977, XVII ff. und Abschnitt IV/5: »Die neue Form der Bestechung – Wirtschaftsbestechung«, S. 100ff.

32 Darüber vor allem Artikel II, 2 des Konventionsentwurfs »To Eliminate and Prevent Illicit Payments, in Whatever Form, in Connexion with International Commercial Transactions by Transnationals and other Corporations, their Intermediaries and others Involved«. UN Documentation E/6006 vom 5. Juli 1977, S. 2.

33 *P. Fischer*, Korruption, a. a. O., S. 475ff.

34 UN Documentation E/C 10/38 vom 20. März 1978, S. 123ff.

35 *P. Fischer*, a. a. O., S. 486.

36 Siehe dazu: *K. H. Böckstiegel*, Wörterbuch des Völkerrechts II, Berlin 1962, S. 64f.

37 XVII. International Legal Materials, March 1978, S. 420f., zitiert in *Fischer*, a. a. O., S. 484-485.

38 IBM-Grundsätze, S. 10.

39 *H. H. Fabris* 1981, S. 239-264.

40 *S. Chaffee* 1975.

41 *C. Bernstein* u. *B. Woodward* 1974.

42 *S. Besen* u. *B. Michell* 1975, *E. Dennis* u. *W. Rivers* 1974 und *L. Downie* beschreiben diese neue Bewegung des Journalismus in den USA.

43 *W. Moore* 1974.

44 *K. Fierles* 1977, S. 7.

45 Zitiert in *H. H. Fabris* 1981, S. 260; siehe auch *K. Fierles* 1977, S. 19.

46 *Fierles* 1977, S. 19.

47 *H. H. Fabris* 1981, S. 261.

48 A. a. O., S. 262.

49 *R. W. Rasberry* 1981.

50 *J. Ellul* hat mehr als 20 Bücher geschrieben. Er ist Professor für Geschichte und Soziologie in Bordeaux. Seine Werke über die »technologische Gesellschaft«, die »Propaganda« und »politische Illusion« kommen hier vor allem in Betracht.

51 Zitiert nach *R. W. Rasberry* 1981, S. 16.

52 A. a. O., S. 38.

53 A. a. O., S. 49.

54 A. a. O., S. 54.

55 *L. Mumford* 1977.

56 Vor allem a. a. O., S. 523ff. geht er unter dem Stichwort »Massenproduktion und menschliche Automation« auf dieses Problem ein.

57 *R. Dubos* 1969.

58 *I. Kant*, »Über ein vermeintes Recht aus Menschenliebe zu lügen.« Werke in sechs Bänden, hg. von W. Weischedel. Bd. IV, 1963, S. 637ff., zitiert in *R. W. Rasberry*, S. 99.

59 *D. Bonhoeffer* geht in seiner Ethik (1956, S. 287) auf das von Kant (a. a. O.) gegebene Beispiel ein, daß er selbst einen Freund, der von Mördern bedroht sei, nicht durch eine Lüge schützen würde. Bonhoeffer glaubt, daß Kant durch dieses Beispiel die Wahrheitsfrage ad absurdum geführt habe, denn »bezeichnet man ein derartiges Verhalten als Lüge, so empfängt die Lüge dadurch eine sittliche Weihe und Rechtfertigung, die ihrem Begriff in jeder Weise widerspricht (S. 287).

60 A. a. O., S. 283-290.
61 A. a. O., S. 284.
62 A. a. O., S. 285.
63 A. a. O., S. 287.
64 A. a. O., S. 283.
65 A. a. O., S. 290.
66 *I. Kant*, Anthropologie, zitiert in *Bonhoeffer*, a. a. O., S. 290.
67 Ebenda.
68 A. a. O., Bd. I, S. 101.
69 *Augustinus*, Bekenntnisse und Gottesstaat, 1955, S. 118ff.
70 Vgl. *R. Rasberry*, a. a. O., S. 102.
71 A. a. O., S. 103.
72 Die Korruptions-Affären im Zusammenhang mit der Flick-Affäre und der »Neuen Heimat« zeigen, daß diese »Technik« auch in Europa durchaus ihre Anhänger hat. Zur »Neuen Heimat« siehe *A. Sturminger* 1982, S. 426-427.
73 Vgl. *R. Rasberry*, a. a. O., S. 254.
74 A. a. O., S. 259.
75 Vgl. a. a. O., S. 257.
76 Einige Ausnahmen der bundesdeutschen Politik bestätigen diese Regel: So trat G. Heinemann während der Adenauer-Zeit zurück, weil er die »Technik« des Lügens ablehnte, und später Heinrich Albertz. Beide taten das aus innerster, am Glauben an Jesus (genauer: an der Bergpredigt) ausgerichteter Überzeugung. Vgl. *H. Albertz* 1981, S. 57-58 (Nepotismus, Verfilzung: S. 136f.; 140f.; Gründe für den Rücktritt: S. 235-252).
Albertz gibt als eigentlichen Grund seines Rücktritts an, daß er an den »Machern« gescheitert sei. Diese glichen sich, ob sie nun in der Politik oder in der Industrie tätig seien. Seine fünfundzwanzigjährige Erfahrung in der Politik habe ihn gelehrt, »daß die Machtfrage wie keine andere die Entscheidung nach Maßstäben und Normen überschattet« (S. 249). Eine tragfähige Basis im Dschungel der Realitäten und Interessen könne nur das 1. Gebot des Dekalogs sein. Richtungweisend sei Micha 6,8: »Es ist dir gesagt, Mensch, was gut ist und was der Herr von dir fordert: nichts als Recht üben und die Güte lieben und demütig wandeln vor dem Herrn.«
Albertz beschreibt in seinem nachträglichen Rechenschaftsbericht genau die »Technik« des politischen Lügens (als Abwendung von allen absoluten Maßstäben) als eigentlichen Grund seines Rücktritts. Und er meint, wenn wir auf diesem Weg weitergehen, dann »landen wir wirklich wieder im Urwald« (S. 251).
77 *P. Gerlich* 1981, S. 165-181.
78 A. a. O., S. 166; siehe auch *G. Benveniste* 1977, S. 112.
79 Vgl. *C. J. Friedrich* 1972 und *H. A. Brasz* 1970, S. 41-45.
80 *J. Peters* und *S. Welch* 1978, S. 974.
81 A. a. O., S. 103ff.
82 *Th. Eschenburg* 1964, S. 110-128; 139-141; 204-207; 243-245. Eschenburg stellt an den Anfang seiner Untersuchung die lapidare Feststellung, daß die Deutschen mehr als eineinhalb Jahrhunderte lang durch eine ehrliche öffentliche Verwaltung »verwöhnt« worden seien. Die protestantische Ethik habe die Beamten davon abgehalten, korrupte Praktiken anzuwenden; andere Klassen hätten deshalb nicht einmal gewagt zu bestechen. Der Abstand des Öffentli-

chen Dienstes von anderen Gruppen der Gesellschaft »schützte ihn vor der Korruption« (S. 259). Mit der Gründung der Bundesrepublik sei das aber anders geworden. Nun hätten wir nicht nur wirtschaftliche Korruption, sondern auch politische.

83 *O. von Bismarck* 1919 berichtet (S. 204-205) aus seinen Erinnerungen einen klassischen Bestechungsversuch eines österreichischen Agenten. Dieses Bestechungsangebot in den Anfangsjahren seiner politischen Tätigkeit lehnte Bismarck energisch ab, weil das seiner preußisch-pietistischen Überzeugung widersprach. Später aber wurde auch er, wie wir sehen werden, ein Opfer der Korruption der Macht.

84 *A. Sturminger* 1982, S. 249-260.

85 Haus der Abgeordneten, 41. Sitzung am 30. Januar 1869; zitiert a. a. O., S. 253f.

86 A. a. O., S. 258.

87 A. a. O., S. 259.

88 *Ronald Wraith* u. *Edgar Simpkins* 1963.

89 Zitiert in *R. Wraith*, a. a. O., S. 63.

90 A. a. O., S. 65f.

91 Schreiben vom 19.12.1867 und 12.4.1868, zitiert in *R. Wraith*, a. a. O., S. 66.

92 A. a. O., S. 67.

93 Ebenda.

94 A. a. O., S. 68.

95 A. a. O., S. 69.

96 Ebenda. – Zur Korruption der Politiker der Französischen Revolution dagegen vgl. *A. Sturminger* 1982, S. 231-235.

97 *R. Wraith* u. *E. Simpkins*, a. a. O., S. 69.

98 *A. R. Vidler* 1968, S. 36f. und *J. Pushon* 1984.

99 A. a. O., S. 41f.

100 *R. Wraith* u. *E. Simpkins*, a. a. O., S. 87ff.

101 A. a. O., S. 87.

102 Siehe dazu *A. Bryant*, Samuel Pepys, Saviour of the Navy, o. J.

103 *R. Wraith* u. *E. Simpkins*, a. a. O., S. 89.

104 A. a. O., S. 91.

105 A. a. O., S. 93.

106 A. a. O., S. 96.

107 A. a. O., S. 94.

108 Vgl. a. a. O., S. 94f.

109 Neben der preußischen galt die englische Verwaltung weltweit als vorbildlich.

110 Vgl. a. a. O., S. 97.

111 A. a. O., S. 98ff.

112 A. a. O., S. 102.

113 A. a. O., S. 105.

114 Vgl. a. a. O., S. 108-109.

115 A. a. O., S. 110ff.

116 A. a. O., S. 130ff.

117 A. a. O., S. 130.

118 Ebenda.

119 Rev. Collins ist ein klassisches Beispiel für den privilegierten »Vicar« der

anglikanischen Kirche. Siehe dazu *J. Austen*, Pride and Prejudice, deutsch: »Stolz und Vorurteil«, Frankfurt 1980. Der Roman der kaum zwanzigjährigen Pfarrerstochter erschien 1796/97.

120 Zitiert in *R. Wraith* u. *E. Simpkins*, a. a. O., S. 130.

121 A. a. O., S. 131.

122 Ebenda.

123 A. a. O., S. 132; *A. Young*, An inquiry into the state of mind amongst the lower classes, 1798.

124 Vgl. *E. Z. Norman* 1976, S. 3-4. Bekanntlich nahm Karl Marx diesen Satz in seiner Kritik der Hegelschen Rechtsphilosophie auf; siehe dazu: *K. Marx*, Die Frühschriften, 1953, S. 208.

125 *Macaulay*, History of England, Chapter 3, zitiert in *R. Wraith* u. *E. Simpkins*, a. a. O., S. 132.

126 A. a. O., S. 133.

127 Vgl. ebenda.

128 Vgl. ebenda.

129 A. a. O., S. 135.

130 Vgl. ebenda.

131 A. a. O., S. 136.

132 *J. Pushon* 1984.

133 *R. Wraith* u. *E. Simpkins*, a. a. O., S. 136.

134 Ebenda.

135 A. a. O., S. 167.

136 Vgl. ebenda.

137 Zu nennen wären hier neben *Octavia Hill* (1838-1912), die ein neues »housing management« organisierte, vor allem *Elizabeth Garret Anderson* (1836-1917), die als erste Frau Ärztin wurde, *Dorothea Beale* (1831-1906) und *Francis Mary Buss* (1826-1894), die die Mädchenschulen förderten. Ihnen vorausgegangen war die Quäkerin *Elizabeth Frey* (1780-1845). Das sind einige Frauen, die dazu beitrugen, daß der professionelle, soziale und moralische Standard der Frauen jener Zeit gehoben wurde. Vgl. *R. Wraith* u. *E. Simpkins*, a. a. O., S. 168. Daneben waren es vor allem literarische Werke mit hohem moralischen Standard, die prägend auf die heranwachsende Jugend wirkten und die in den Familien vorgelesen wurden.

138 A. a. O., S. 169.

139 Im Fußball gilt das »austricksen« als besonders »gekonnt« und hebt den Wert eines Spielers. Das »foul play« hat häufig das »fair play« ersetzt.

140 *R. Wraith* u. *E. Simpkins*, a. a. O., S. 69.

141 A. a. O., S. 139ff.

142 A. a. O., S. 148.

143 Vgl. ebenda.

144 A. a. O., S. 149ff.

145 A. a. O., S. 152.

146 A. a. O., S. 157.

147 Melbourne 1980, S. 171.

148 Ebenda.

149 A. a. O., S. 172.

150 A. a. O., S. 173.

151 A. a. O., S. 174.
152 A. a. O., S. 174-175.
153 A. a. O., S. 176.
154 A. a. O., S. 177
155 A. a. O., S. 178
156 Ebenda.
157 Einen guten Überblick gibt *Ch. Muzaffar*, The Scourge of Corruption, a. a. O., S. 8-33.
158 *S. Andreski* 1966.
159 A. a. O., S. 230-231.
160 Vgl. ebenda.
161 Vgl. *Alatas* 1968, S. 44.
162 Ebenda.
163 *The Sunday Times* berichtet bereits am 12. 9. 1976 über diese Hintergründe und warnt die Welt vor Idi Amin. Die Ereignisse geben dem Bericht recht. Idi Amin ist einer der korruptesten, brutalsten und zynischsten Politiker geworden. Er lebt heute wohlversorgt in Saudi-Arabien. Sein Nachfolger Obote machte es nicht viel besser!
164 *J. van den Brand* 1902 untersucht die Korruption in den holländischen Kolonien. Er berichtet über diese Formen indirekter Erpressung hoher Beamter.
165 *Ch. Yanaga* 1956, S. 317-318.
166 A. a. O., S. 318.
167 *TIME*, 16. 3. 1981, S. 38-40: »Big Profits in Big Bribery«.
168 A. a. O., S. 38.
169 *N. H. Jacoby, P. Nehemkis* u. *R. Eells* 1977.
170 *Jacoby* u. a. 1977, S. XIX.
171 A. a. O., S. 6.
172 Ebenda.
173 *Wall Street Journal*, 27. 8. 1976, S. 4.
174 Ebenda. Der Vorsitzende von Lockheed, Robert W. Haack, bestätigte das in einer Rede vor dem Commonwealth Club in San Francisco. Er gab auch bekannt, daß Prinz Bernhard ursprünglich 4 Millionen für seine Verdienste verlangt hatte. Siehe dazu *Los Angeles Times*, 5. 2. 1977, S. 3 und 8; u. *J. Ziegler*, a. a. O., S. 54; 55-56.
175 *Jacoby*, a. a. O., S. 6-7.
176 *The Economist*, 31. 12. 1977, S. 46.
177 Ebenda.
178 *TIME*, 16. 3. 1981, S. 38.
179 Ebenda.
180 *The Economist*, 31. 12. 1977, S. 46.
181 Ebenda.
182 *TIME*, 12. 10. 1981, S. 39.
183 Ebenda.
184 Ebenda.
185 Zitiert in *D. M. Miller* u. *C. D. Moore* 1970, S. 123-124.
186 *Economist*, 3. 12. 1977, S. 105.
187 Ebenda.

188 *Economist*, 6. 9. 1980, S. 62.
189 Ebenda.
190 *Jacoby*, a. a. O., S. 7.
191 A. a. O., S. 10.
192 A. a. O., S. 11.
193 A. a. O., S. 13.
194 Ebenda.
195 A. a. O., S. 14.
196 Zitiert ebenda.
197 A. a. O., S. 18.
198 Ebenda.
199 *Chee Khoou Tan* 1985.
200 *Frankfurter Allgemeine Zeitung*, 12.3.1986.
201 *K. Rennstich* 1978, S. 227ff. und *ders.* 1988, S. 189-203; *G. Alexander*, The Invisible China, 1973.
202 *Alexander* a. a. O., S. 61.
203 *G. Alexander*, Silent Invasion, 1973, S. 1ff. »Yellow Peril«.
204 Ebenda.
205 *Chr. Hibbert* 1970, S. 5-6.
206 *S. Seagrave* 1986 erzählt eindrücklich, wie Charlie Soong als ein solcher Mittelsmann für die reiche Familie Fon-Fong ein Vermögen machte (S. 83ff.). »Der Hauptanteil ... kam aus der Nudelindustrie.«
207 Siehe dazu »Bemerkungen zum ›Li Kitabi‹« in: *W. Eberhard* 1978, S. 123-127.
208 A. a. O., S. 124.
209 A. a. O., S. 124-125.
210 Zur Geschichte der Korruption in China selbst im Zusammenhang der Verflechtung von Handel und christlicher Mission vgl. *K. Rennstich* 1988, S. 115-203.
211 *G. Alexander*, The Invisible China, a. a. O., S. 61.
212 *Jacoby*, a. a. O., S. 24.
213 A. a. O., S. 24-25.
214 *Ch. T. Goodwell* 1974, S. 98ff.
215 *Jacoby*, a. a. O., S. 26f. und *Entwicklungspolitische Korrespondenz* 1/1986 (März).
216 A. a. O., S. 28; siehe zum Ganzen vor allem *S. Andreski* 1966, S. 62.
217 *Wall Street Journal*, 28. 12. 1976, S. 2 berichtete, daß der Präsident der Republik regelmäßig Geldzuwendungen von der Zigaretten-Firma Philip Morris erhält. Das wurde auch ohne Bedenken von offizieller Seite her bestätigt. Siehe zu den Einzelheiten: *Jacoby*, a. a. O., S. 29-31.
218 *Entwicklungspolitische Korrespondenz (EPK)* 1, 1986 (März) berichtet über Mexiko unter diesem Titel: »Zerstobene Träume. Mexiko – die bürokratisierte Revolution«.
219 *EPK*, a. a. O., S. 4.
220 *J. Metzger* 1985.
221 A. a. O., S. 186.
222 *M. P. Duschinsky* 1977.
223 Der Lonrho-Fall zeigt, daß auch die sozialistische Regierung Bestechungsgelder annahm und die konservative Partei der Vorgängerin in nichts nachsteht. Siehe zum Ganzen: *Jacoby*, a. a. O., S. 34f.

224 *Jacoby,* a. a. O., S. 32.

225 *Los Angeles Times,* 27. 11. 1976, S. 2 berichtet, daß die französische Industrie in hohem Ausmaß, sowohl im Ausland als auch im Inland, der Wirtschaftsbestechung huldigt. Polymer Corporation beispielsweise zahlte 2 Millionen Dollar Bestechungsgelder an europäische Kunden, indem sie ihnen überhöhte Rechnungen ausstellte und dann den Differenzbetrag auf vorher bestimmte Nummernkonten einer Schweizer Bank zahlte.

226 *L. Barzini* 1964 beschreibt die Korruptionspraxis in Italien. Siehe auch *Jacoby,* a. a. O., S. 35ff.; *K. Laermann* in: *DIE ZEIT,* 25. 8. 1989; vgl. o. S. 111ff.

227 Laut *Spiegel* vom 8. 6. 1981 teilte der CDU-Finanzminister von Baden-Württemberg, Guntram Palm, mit, daß nicht nur Geschäftsleute oder Freiberufler, sondern auch schlichte Arbeitnehmer Schmiergelder nehmen und geben dürfen. Die Finanzämter müßten »Schmiergelder«, die ein Arbeitnehmer an einen Dritten zahlt, als Werbungskosten bei den Einkünften aus nichtselbständiger Arbeit berücksichtigen. Kein Wunder, daß es angesichts einer solchen Rechtslage »allerhand Ganoven« auch bei der Polizei gibt.

*Der Spiegel* Nr. 23/1981, S. 56ff. berichtete, daß eine »Neue Schmiergeldaffäre« in der Pharma-Industrie nun Schlagzeilen mache. Die Pharma-Industrie kaufe Politiker in der Bundesrepublik und in anderen Ländern. Ludwig Poullain, der Chef der drittgrößten Bank Westdeutschlands, hatte auch kein schlechtes Gewissen, weil er lukrative Nebeneinnahmen hatte. »Im Grunde war ich viel zu billig«, meinte er. Vgl. *Der Spiegel* Nr. 1/1978, S. 40ff.

Die neuen Korruptionsfälle in Berlin und Bonn gehören zum Alltagsgeschäft. Über die »Steueroase Rheinland-Pfalz« berichtet *DIE ZEIT* Nr. 37, 7.9.1984, daß es unter den Steuerbeamten bis hinauf in die höchsten Kreise einen größeren Kreis von Mitwissern und sogar einigen Mittätern der illegalen Parteifinanzierung zwischen 1958 und 1979 gab. »Wohin die Flick-Millionen flossen« (*Der Spiegel* Nr. 48, 29. 11. 1982, S. 17ff.), weiß man auch 1986 noch nicht genau. Aber die Folgen sind spürbar.

228 *Jean Ziegler* 1976; *Gutner, Strahm,* Internes Arbeitspapier, Subkommission EVB, »Bankgeheimnis« gehen davon aus, daß rund 9 Milliarden Franken (1974), das sind rund 6 Prozent des Volkseinkommens, durch Auslandsvermögen und aus Dienstleistungen den Finanzplatz Schweiz interessant machen. Laut Schweizerische Kreditanstalt sind etwa 6-8 Prozent der schweizerischen Erwerbstätigen (180 000 bis 240 000) vom Wohl und Wehe des Bankplatzes Schweiz abhängig.

*Jean Ziegler,* a. a. O., schreibt (S. 6):

»Die Schweiz ... ihre Oberfläche beträgt ... 0,15 % der bewohnbaren Gebiete der Erde. Ihre Bevölkerung macht weniger als 0,03 % der Weltbevölkerung aus, nämlich 6 431 000. Die Eidgenossenschaft ist der erste Geldmarkt der Welt, der erste Markt für Gold, der erste Markt für Rückversicherung; sie ist die drittstärkste Finanzmacht der Erde, die elftwichtigste Industriemacht. Die Schweizer sind das zweitreichste Volk der Erde.« (Schweiz OECD, Etudes economiques, Paris 1975).

J. Ziegler beschreibt die Beteiligung der Schweiz am internationalen Geldgeschäft und geht auch auf den Zusammenhang von »Flucht-Kapital« (S. 52ff.), »Bankgeheimnis« (S. 56ff.), »Gerichtspraxis« (S. 58ff.) und »Reinvestition der Beute« (S. 65ff.) ein.

229 *DIE ZEIT* Nr. 35, 25. 8. 1989, S. 40.
230 *C. Schnibben* u. *V. Skierka* 1988.
230a Zitiert a. a. O., S. 11.
231 *Noack* 1985.
232 A. a. O., S. 136.
233 Ebenda.
234 A. a. O., S. 147.
235 A. a. O., S. 172.
236 A. a. O., S. 175.
237 *J. R. Shackleton* 1978.
238 *H. Smith* 1976, S. 113.
239 Ebenda.
240 *K. M. Simis* 1982.
241 A. a. O., S. 17 berichtet er, daß in den sechziger Jahren die staatlichen Autoritäten eine Kampagne gegen den »Schwarzen Markt« begonnen hätten und dabei recht erfolgreich gewesen seien, weil Alexei Adzhub, der Schwiegersohn Nikita Chruschtschows, die Übeltäter in der von ihm geleiteten Zeitung groß herausgebracht habe.
242 Ebenda schreibt Simis, die niederen Ränge hätten kraft ihres Amtes gute Gelegenheit gehabt, Bestechungsgelder zu nehmen und illegale Geschenke zu empfangen.
243 A. a. O., S. 22ff.
244 A. a. O., S. 31.
245 A. a. O., S. 34.
246 A. a. O., S. 44ff.
247 A. a. O., S. 51.
248 Ebenda.
249 A. a. O., S. 55.
250 A. a. O., S. 67ff., 78.
251 A. a. O., S. 88.
252 A. a. O., S. 89ff.
253 Vgl. a. a. O., S. 95-96.
254 A. a. O., S. 96.
255 A. a. O., S. 102ff.
256 A. a. O., S. 118.
257 A. a. O., S. 127ff.
258 A. a. O., S. 164f.
259 Vgl. a. a. O., S. 167.
260 A. a. O., S. 174.
261 A. a. O., S. 175ff.
262 A. a. O., S. 209.
263 Vgl. a. a. O., S. 210.
264 *A. Katsenelinboigen* 1983, S. 220- 238.
265 A. a. O., S. 237. Siehe zum Ganzen auch: *G. Grossmann* 1979, S. 834-855; *R. Ericson* 1980 und *J. M. Montias* u. *S. Rose Ackermann* 1980.
Den Zusammenhang von Korruption und falschen statistischen Angaben untersucht *St. Shenfield* 1983, S. 239-258.
266 *M. A. Edey* 1977, v. a. S. 53ff.

267 *B. Ward* u. *R. Dubos* 1972 und *B. Ward* 1976; S. 12ff. berichtet B. Ward über die Indusstädte.

268 *Der Spiegel*, Nr. 30/1981, S. 115.

269 A. a. O., S. 114.

270 Ebenda.

271 *Global 2000*, S. 83f. Über die Gefahren der Atomkraftwerke berichtet aufgrund gründlicher Untersuchungen *H. Strohm* 1961.

272 *K. Marx*, MEW, Bd. 23, S. 145ff.

273 *G. Singh* 1981, S. 63ff.

274 *C. Bernstein* u. *B. Woodward*, a. a. O.

275 *G. Singh*, a. a. O., S. 63ff.

276 *Global 2000* gibt darüber erschütternde Auskunft.

277 *H. Strohm* 1961, S. 31f. berichtet, daß Wissenschaftler aufgrund der direkten Abhängigkeit von den geldgebenden Institutionen das »schäbige Spiel« falscher Informationen mitspielen und »für die Industrie die Propagandatrommel (rühren), wofür sie reichlich honoriert werden«. Dagegen habe z. B. der Basler Universitätsprofessor Max Thürkauf seine Stellung verloren, weil er sich als Gutachter kritisch zur Atomkraft geäußert habe.

278 *G. Singh*, a. a. O., S. 64.

279 Die Internationale Arbeitsorganisation (ILO) bezeichnet Transnationale Unternehmen als »öffentliche, gemischt-wirtschaftliche oder private Unternehmen, die Produktions-, Vertriebs-, Dienstleistungs- oder sonstige Einrichtungen außerhalb des Landes besitzen oder kontrollieren, in denen sie ihren Sitz haben«.

280 Siehe dazu: Transnationale Unternehmen als Thema der Entwicklungspolitik. Texte zum kirchlichen Entwicklungsdienst 34, Frankfurt 1985; und *M. Arruda* 1981.

281 Bericht der TNU-Konsultation in Afrika, Lomé, September 1981, zitiert in: Transnationale Unternehmen, a. a. O., S. 25, und *Sharing* Bulletin Nr. 7, Genf 1981.

282 *E. Simonis* 1986, S. 75-77.

283 *H. Strohm*, a. a. O., S. 938-939 berichtet über die Bestechlichkeit des Deutschen Bundestages. So erklärten einige Sachverständige nach ihrer offiziellen Aussage vor dem Bundestag, daß ihre wirkliche Meinung anders sei, als sie offiziell hätten sagen dürfen.

Der Interessenkonflikt der Politiker wird dadurch deutlich, daß einige der führenden Politiker gleichzeitig auch in den wichtigen Aufsichtsräten der Atomkraftwerke sitzen. So war der frühere Ministerpräsident von Baden-Württemberg, Dr. Filbinger, Aufsichtsratsvorsitzender des Badenwerkes, und der bayerische Ministerpräsident Goppel war Mitglied des Aufsichtsrats der Oberen Donaukraftwerke AG, München.

Das wahre Ausmaß der Korruption läßt sich wohl nur erahnen, wenn man sich vergegenwärtigt, daß der ehemaligen SPD-Vorsitzende von Schleswig-Holstein Günther Jansen dem damaligen Bundeskanzler Schmidt vorwarf, er sei wohl »zuviel mit Industriellen und Bankiers auf Auslandsreisen gegangen«. Und in einem Brief des Arztes Dr. Klaus-J. Seelig an den einstigen Präsidenten des Bundesverfassungsgerichts Prof. Ernst Benda heißt es: »Uns von der Atomlobby ist seit langem bekannt, daß jedermann im Bundestag seinen Preis hat, und für uns ist es nur eine Frage der Kalkulation, ob wir ihn uns leisten kön-

nen.« Auf eine Rückfrage hin, wie denn die Herren das Geld erhalten würden, antwortete der Schreiber: »Wer, glauben Sie denn, bezahlt den Herren ihren Wahlkampf?« In Amerika sei diese Art von »Beeinflussung« normal. Amerikanische Bürgerinitiativen nennen sogar die Summen, die an amerikanische Zeitungen im Laufe der Jahre bezahlt worden sind, um diese für die Nuklearindustrie zu gewinnen.
»Zwischen 1979-1980 wurden von der amerikanischen Nuklearindustrie über sechs Millionen Dollar an ausgewählte Senatoren und Abgeordnete bezahlt. Die vier hauptsächlichen Reaktorhersteller: Westinghouse, General Electric, Combustion Engineering und Babcock & Wilcox Company wie auch die 63 privaten Elektrizitätsgesellschaften der USA bringen zusätzliche Gelder auf, um willige Politiker in die richtige Stimmung zu bringen. Ähnliches passierte in Kanada.« Strohm meint, man müsse sich deshalb fragen, wer eigentlich das Sagen habe. Auch in bezug auf die Bundesrepublik Deutschland müsse man sich die Frage stellen, wer »das Sagen hat: die Bundesregierung und Genehmigungsbehörden oder die Industrie?«. Die Interessenverflechtung ist so eng, daß der nordrhein-westfälische Minister Farthmann sagen muß, der Verwaltungsbeirat (der RWE) sei nur »eine moderne Form legalisierter Korruption«. Kenner von RWE schätzen, daß die RWE-Leitung alljährlich über nahezu 1000 Mandanten in den Kontrollgremien ihrer vielzähligen Tochter- und Beteiligungsgesellschaften und deren Firmen mitzuentscheiden habe. Ein Frankfurter Bankier meint mit Recht: »Kein anderes Unternehmen hat sich auch mit Hilfe seiner Räte eine solche politische Machtstellung sichern können.«
Vgl. »Nicht mehr haltbar«, *Der Spiegel*, Nr. 28, 9.7.1979, S. 66, 67; siehe auch: *Strohm*, a. a. O., S. 925.

284 *D. Meadows* 1972.

285 *K. Scholder* 1973, S. 42 kommt zum Ergebnis, daß die folgenden drei Grundannahmen unbestritten seien: »1) Die Erde ist ein begrenztes System. 2) In einem begrenzten System ist ein unbegrenztes Wachstum nicht möglich. 3) Das Wachstum wird also eine Begrenzung finden. Außer diesen drei Grundannahmen ist kein gemeinsamer Nenner zu finden; der Rest ist umstritten.«

286 *Ch. Birch* 1976, S. 12.

287 *Materialdienst* 17, 37. Jahrgang, 1. 9. 1974, S. 258.

288 Vortrag 15. Oktober 1973 in Frankfurt in: *D. L. Meadows* 1974, S. 28ff.

289 *Gewerkschaftliche Monatshefte* 5/1971, S. 5f.

290 *C. Amery* 1972.

291 A. a. O., S. 17f.

292 A. a. O., S. 14.

293 *G. Altner* 1974, S. 71.

294 *G. Altner* 1987, S. 72.

295 A. a. O., S. 74. Siehe auch *F. Böckle* 1985, S. 36f.

296 *G. Altner* 1987, S. 75.

297 *K. Rahner* 1969, S. 137.

298 *G. Altner* 1987, S. 76.

299 *J. Moltmann* 1985.

300 A. a. O., S. 238.

301 Siehe dazu: *G. Altner* 1987, S. 174ff.: »Technologiebewertung und Technologieentwicklung im Beziehungsfeld ethischer Erwägungen«. Mit Recht schreibt

Altner, daß Ethik nicht mehr länger als eine »Hilfswissenschaft für die Abschätzung von Technologiefolgen fungieren« dürfe, sondern »als die Frage nach dem Verantwortbaren, als die Suche nach dem gelungenen Leben, als das Bemühen um das bonum commune« ( S. 175) zu gelten habe. Freilich ist diese Ethik »jenseits der begrenzten Möglichkeiten technischer Vernunft angesiedelt, und folglich kann und muß von ihr ein grundsätzlicherer Beitrag als nur die Feineinpassung bestimmter technologischer Entwicklungen in soziale und ökologische Zusammenhänge erwartet werden« (ebenda). Das könne freilich nicht ohne eine religiöse Rückbesinnung geschehen: »Erst wenn man in diese religiösen und metaphysischen Tiefendimensionen vorstößt und das Angebot bedingungslosen Vertrauens ernst nimmt, besteht die Chance, Wertmaßstäbe finden zu können, die das Leben verändern und uns dann bei der Gestaltung des technisch-industriellen Fortschritts wirklich helfen ... « ( S. 180f.)

## Zweiter Teil

## I. Korruption in der Umwelt des Alten Testaments

1 Vgl. *W. Schuller* 1982.
2 *W. Helck* 1982, S. 65-70.
3 A. a. O., S. 65.
4 Ebenda.
5 A. a. O., S. 66-67.
6 *W. Schenkel* 1965, 57 No. 39, S. 78.
7 *W. Helck* 1977, S. 24f. (IV, 7ff.).
8 *W. Helck* 1958, 2156, 8-13, 17-19.
9 A. a. O., 2156, 3-4.
10 *W. Helck* 1982, S. 70.
11 A. a. O., S. 69.
12 *H. Brunner* 1982, S. 71-77.
13 A. a. O., S. 71.
14 Ebenda.
15 A. a. O., S. 72 (Kapitel 29).
16 A. a. O., S. 73 (p. Anast. II, 8, 5-9).
17 Ebenda.
18 A. a. O., S. 73-74.
19 A. a. O., S. 75.
20 A. a. O., S. 77.
21 *G. von Rad* 1982, S. 199f.
22 *H. M. Kümmel* 1982, S. 55-64.
23 *R. Frankena* 1966, Nr. 11 ( S. 8f.), zitiert in *H. M. Kümmel* , a. a. O., S. 56.
24 *W. G. Lambert*, Babylonian Wisdom Literature, S. 114f., zitiert in *H. M. Kümmel*, a. a. O., S. 60.
25 *H. M. Kümmel*, a. a. O., S. 62.
26 *E. J. Gordon*, Bibliotheca Orientalis 17 (1960), S. 140, Anm. 139 zit. a. a. O., S. 62.

27 *H. M. Kümmel*, a. a. O., S. 63-64, berichtet von einem Fall, der in diese Richtung geht: Einer bezahlte die nicht ganz unerhebliche Summe von einer Mine Silber (dem Kaufwert von etwa 100 Schafen!), um ein Amt als »Dorf-Scheich« zu »kaufen«.

## II. Korruption im Alten Testament

1 *M. Noth* 1959, S. 136ff. Das sogenannte »Bundesbuch« war wohl ursprünglich ein selbständiges Rechtsbuch, das dann später dem Buch Exodus eingefügt worden ist. Wir finden dieses alte Rechtsbuch heute in 2. Mose 20, 22- 23, 33. Die meisten Rechtssätze sind wohl zur Zeit der Seßhaftwerdung formuliert worden (S. 140) und gehen davon aus, daß alle Rechte von Gott (Jahwe) kommen (S. 141). Die »Hebräer« sind kein Volk, sondern gemeint ist hier »eine rechtlich-soziale Stellung im Rahmen der ›Stände‹-Ordnung altorientalischer Gemeinwesen des 2. Jahrtausends v. Chr. Die ›Hebräer‹ waren Leute verschiedener Nationalität, die nicht zur vollberechtigten oder gar privilegierten Bevölkerung gehörten, sondern untergeordnete Dienste übernahmen und übernehmen mußten, allerdings ... nicht gerade Sklavendienste« (M. Noth, a. a. O., S. 143).

2 *F. Maass*, Artikel »Kpr«: sühnen, in: THAT, Bd. I, Sp. 844. Das Stichwort »bestechen« bzw. »Korruption« gibt es im THAT nicht, genausowenig wie »Nepotismus« und »Macht- bzw. Amtsmißbrauch«.
*H.-J. Fabry* (TWAT, Bd. II, Sp. 235ff.) geht auf das Problem der Korruption im Zusammenhang mit dem Armen ein; die Stichworte »bestechen/Bestechung« und »Nepotismus« fehlen. Im ersten Band (1973 erschienen) finden wir Sp. 734f. einmal die Bezeichnung »unlauterer Gewinn« (zu 2. Mose 18, 21), vor dem Moses Schwiegervater bereits warnt. Die Bedeutung »Bestechung« liegt 1. Sam. 8, 3 vor, wo von den Söhnen Samuels, Joel und Abia, ganz ähnlich wie von den Söhnen Elis gesagt wird, daß sie nicht in den Fußstapfen ihres Vaters wandelten, sondern ihrem eigenen Vorteil nachgingen, indem sie (so wird in den Parallelen erklärt) »Bestechungsgeld annahmen und das Recht beugten«. Wie in 2. Mose 18, 21 wird »die Unsitte, durch Bakschisch dem Recht nachhelfen zu wollen«, als frevelhafte Gewinnsucht dargestellt.

3 Siehe zum folgenden THAT, a. a. O., Sp. 735f.

4 A. a. O., Sp. 733.

5 A. a. O., Sp. 735.

6 Hes. 22, 12; vgl. Lev. 25, 36. 37 und Hes. 18,8.13.17.

7 *M. Weinfeld* 1972, S. 7.

8 The New English Bible hat als Überschrift zu Kap. 22 »Corruption in Jerusalem«; und als Überschrift zu 22, 23 ff. steht »The Whole Society Corrupt«.

9 *K. Elliger* 1950, S. 43.

10 Spr. 1, 19; 15, 27; 28, 16 sind Beispiele dafür.

11 *D. Kellermann* TWAT I, S. 735-736.

12 *Büchsel* in: ThWNT I, S. 168 ff. übersetzt den Begriff mit »Gabe, Geschenk«. Den Begriff »Bestechung« erwähnt er nicht! Daß der Schritt vom »Geschenk« zur »Bestechung« nur klein ist, haben wir bereits oben gesehen (Kap. »Korruption und traditionelle Werte«, S. 56ff.).

13 TWAT II, Sp. 891.
14 *E. Kärcher* 1842, S. 381.
15 *D. Vetter* in: THAT, S. 892.
16 A. a. O., S. 893.
17 A. a. O., S. 894.
18 *G. Harder* in: ThWNT IX, S. 94-106, gibt an, daß der hebräische Ausdruck »sht« 162mal vorkommt.
19 A. a. O., S. 103.
20 *M. Weinfeld*, a. a. O., S. 9.
21 A. a. O., S. 239.
22 Siehe auch Ps. 26, 10.
23 *A. Alt* 1959, Bd. I, S. 313. – 5. Mose 27, 15-26 finden wir eine solche Aufzählung fluchwürdiger Verbrechen; sie besteht aus zwölf Sätzen und erinnert damit an die zwölf Stämme. Die einzelnen Sätze werden jeweils »durch Verwendung des gleichen Prädikats sinnfällig zusammengeschlossen«. *A. Alt*, ebenda.
24 *A. Alt*, a. a. O., S. 314.
25 Ebenda. Vgl. *Scharbert*, THAT I, Sp. 437-451.
26 *S. Herrmann* 1927, S. 69ff., und *G. Wallis* in: TWAT II, S. 1020-1032.
27 *G. Wallis*, THAT, S. 1022.
28 A. a. O., S. 1028.
29 *S. Herrmann*, a. a. O., S. 69ff.
30 *A. Alt*, a. a. O., S. 333ff.
31 *D. Baly* 1976, S. 119.
32 *C. Westermann*, Genesis 1-11, 1974, S. 228. Wir folgen den Ausführungen Westermanns.
33 *E. Fromm* 1976, S. 33ff.
34 *A. Schweitzer* sprach darüber 1952 während der Entgegennahme des Friedensnobelpreises in Oslo. Er forderte die Welt auf, dieser schrecklichen Wirklichkeit ins Auge zu sehen und die Konsequenzen zu ziehen, bevor es zu spät sei.
35 *C. Westermann*, a. a. O., S. 203ff.
36 *H. Gunkel* 1964 (verweisend auf 1. Mose 5, 3) und *G. v. Rad* 1982 vertreten diese Ansicht. Auch *Zimmerli* betont, daß an eine wirkliche Verwandtschaft des äußeren Aussehens gedacht ist.
37 *Th. C. Vriezen*, siehe *Westermann*, a. a. O., S. 207.
38 *K. Barth*, KD III, 1, 206f.
39 Letzteres unterstreichen *J. J. Stamm* und *F. Horst*. *V. Maag* kommt aufgrund religionsgeschichtlicher Überlegungen und Forschungen zum gleichen Ergebnis.
40 *D. Baly*, a. a. O., S. 121.
41 *C. Amery* 1972.
42 *Z. Zorn* 1966, S. 111-122.
43 *E. W. Robinson* 1946, S. 70ff.
44 *Mao Zedong* und andere chinesische Führer sind ein Beispiel dafür. Siehe dazu *E. Snow* 1972, S. 200.
45 *C. Westermann*, a. a. O., S. 217.
46 A. a. O., S. 241.
47 Vgl. *B. Ward* u. *R. Dubos* 1972, S. 35.
48 *C. Westermann*, a. a. O., S. 300f.
49 *C. Westermann* in: THAT II, S. 182- 200.

50 *G. Sauer* in: THAT II, S. 982-987.
51 *C. Westermann*, Genesis, a. a. O., S. 301; dort steht auch das Jakob-Zitat.
52 *E. W. Heaton* 1974, vor allem S. 47ff.
53 *C. W. Leeuwen* in: THAT II, S. 814ff.
54 *J. Pedersen* 1926, repr. 1959, S. 448.
55 Im Neuen Testament wird die Linie fortgesetzt; der »raša« ist dann bekannt als »asebes« und »harmatoolos«, aber auch als »adikos« und »anomos«.
56 *C. Westermann*, Der Friede (Shalom) im A. T., 1974, S. 196ff. *G. Gerlemann* in: THAT II, S. 919ff.
57 *C. Westermann*, Genesis, a. a. O., S. 551ff.
58 *C. Westermann*, Genesis, a. a. O., S. 558.
59 *G. Altner* 1974. – Die Frage, ob auch die Tiere »mitschuldig« geworden sind, kann nicht mehr selbstverständlich mit »ja« beantwortet werden, wenn man bedenkt, daß im Alten Testament das innere Subjekt von »hamas« immer nur Menschen, niemals aber Tiere sind. Siehe dazu *Hulst*, Kol Basar, OTS 12, 1958, S. 28-68. Er kommt zum Schluß, daß in der Erzählung von der Sintflut die Tiere nicht an der Schuld mitbeteiligt seien.
60 *H. W. Wolff*, »Wissen um Gott«, 1973, S. 182ff.
61 *R. Bultmann* 1949, S. 22.
62 *G. v. Rad* 1982, S. 28-38.
63 *K. Rennstich* 1978, S. 98-103.
64 *W. A. Roeroe* 1976, S. 257.
65 Siehe dazu *G. v. Rad*, a. a. O., S. 28-31 und *D. Baly* 1976, S. 148.
66 Spr. 22, 17-24, 22 geht auf eine ägyptische Instruktion des Amen-em-opet zurück. Vgl. *G. v. Rad*, a. a. O., S. 21.
67 In der Sprache der Rungus in Sabah wird der Ausdruck »a-savat i ginavo« (wörtlich: »das hohe Herz« = hochmütig) zur Beschreibung eines stolzen Menschen benutzt. Es ist eine der schlechten Charaktereigenschaften, die ein Mensch haben kann. Das Gegenteil ist: »osibak i ginavo« (wörtlich: »ein niedriges Herz«). Dies bedeutet soviel wie »sanftmütig, demütig«.
68 *C. Westermann*, Die Illusion des Atheismus, 1974, S. 309ff.
69 Vgl. *S. Kierkegaard* 1952.
70 Siehe dazu: *G. v. Rad*, a. a. O., S. 101ff.
71 *E. Eppler* 1974.
72 *Rudolf Bultmann*, a. a. O., S. 50.
73 Ebenda.
74 A. a. O., S. 53.
75 A. a. O., S. 57.
76 Ebenda.
77 Ebenda.
78 A. a. O., S. 59.

## III. Korruption in der Umwelt des Neuen Testaments

1 *R. Bultmann* 1949.
2 A. a. O., S. 9-148.
3 *K. Wengst* 1986.

4 *H. Wankel* 1982, S. 29-47.
5 So *Aristoteles*, Athenaion Politeia.
6 *Platon* in seinen »Nomoi«; siehe *Wankel*, a. a. O., S. 36.
7 *Aristoteles*, Athenaion, 27, 5, zitiert in *Wankel*, a. a. O., S. 37.
8 *Isokrates*, 18, 11, zitiert in *Wankel*, a. a. O., S. 38.
9 *Isokrates*, 8, 50 Friedensrede, S. 355, zitiert ebenda.
10 A. a. O., S. 45.
11 *Isokrates*, 15, 152.
12 *Wankel*, a. a. O., S. 46.
13 *L. Moore* 1982, S. 93-101.
14 A. a. O., S. 93 und *Livius*, XL 54, 6.
15 *U. Wilckens* 1927, S. 473-496, Nr. 110 (mit Übersetzung und Kommentar.)
16 *W. Peremans* 1982, S. 103-117.
17 A. a. O., S. 116.
18 Der Text ist neu herausgegeben, übersetzt und kommentiert worden von *M. Th. Lenger*, C. Ord. Ptol. 53; Kommentar von *M. Rostovtzeff*, Social and Economic History, S. 878ff.
19 Zeile 25-27; 28-36; 254-272; 285-292; 138-146; 155-167; 178-187; 248-254; 188-192; 235-264; zitiert in *Peremans*, a. a. O., S. 116.
20 Zeile 92.
21 *Peremans*, a. a. O., S. 117.
22 *W. Schuller* 1982, S. 200-208, Zitat S. 200.
23 A. a. O., S. 202.
24 A. a. O., S. 203.
25 Ebenda.
26 Lex Cornelia de XX quaestoribus, FIRA 10, zitiert ebenda.
27 *Sueton*, vit. Hor. 1, siehe auch *Schuller*, a. a. O., S. 203.
28 Ebenda.
29 A. a. O., S. 204.
30 A. a. O., S. 208.
31 *W. Elk* 1982, S. 135-155. Es gibt jedoch außer einer Teiluntersuchung von *H. G. Pflaum* bisher keine eigentliche Untersuchung über Korruption bei den Römern.
32 A. a. O., S. 144.
33 Ebenda.
34 A. a. O., S. 145; es ist wohl nicht zufällig, daß diese korrupten Kaiser auch die Christen im Römischen Reich verfolgten.
35 Später wandelte sich die Korruption und wurde vor allem in Verbindung mit der Adäration (der Umwandlung von Naturalleistungen), die seit dem 3. Jh. n. Chr. weite Bereiche des Steuer- und Besoldungswesens durchdrungen hatte, zu Geldzahlungen. In diesem Zusammenhang zeigte sich vor allem die als Machtmißbrauch bekannte Form der Korruption. Siehe dazu *F. Kolb* 1982, S. 163-173.
36 *I. Hahn* 1982, S. 179-195; Zitat S. 194.
37 Ebenda.
38 A. a. O., S. 195. Ähnliche Beobachtungen konnte man ja im Dritten Reich bei Hitler und seinen »Genossen« machen.
39 *A. Sturminger* 1982, S. 13-14.

40 A. a. O., S. 14.
41 A. a. O., S. 53; seit 181 v. Chr. gibt es Gesetze, die man als Anti-Korruptionsgesetze bezeichnen kann.
42 *Sturminger*, a. a. O., S. 54-58 berichtet darüber ausführlich.
43 Siehe dazu a. a. O., S. 70ff.
44 A. a. O., S. 80.
45 A. a. O., S. 80-81 wird berichtet, daß der Ägypterkönig Ptolemaeus Auletes die Summe von 6000 Talenten an Caesar und Pompeius bezahlte, um seinen Thron wieder zu erhalten, und daß Pompeius mit der »Erledigung der Sache« ganz und gar einverstanden war.
46 Augustus hatte von der ägyptischen Hochfinanz die Summe von 2000 Talenten erhalten, damit er nicht die »damnatio memoriale« an Cleopatra vollziehe, berichtet Plutarch.
47 *Sturminger*, a. a. O., S. 94.
48 A. a. O., S. 96-100.
49 A. a. O., S. 101.
50 A. a. O., S. 106.
51 *Josephus*, Bellum, II, S. 405-407.
52 *E. Schürer* 1964, Bd. II, S. 218, Anm. 529 unter Berufung auf *Ulpian*, Digesten 50, 4, 1, 1; 50, 4, 18, 26.
53 *M. Bünker* 1986, S. 161.
54 Matth. 22, 15-22 sind es die Pharisäer, die die Frage stellen, Mark. 12, 13-17 sind es Pharisäer und Anhänger des Herodes, Luk. 20, 20-26 sind es die Hohenpriester und Schriftgelehrten, also die Vertreter des Synedriums, die Jesus gerne festnehmen wollten.
55 *C. S. Applebaum* 1976, S. 691f.
56 *J. Bleicken* 1978, S. 179.
57 *Tacitus*, De vita Julii Agricolae, 30, 5f.
58 *M. Bünker*, a. a. O., S. 157.
59 Augustus führte die erste Volkszählung 27 v. Chr. in Gallien durch und danach in anderen Provinzen. Jesu Eltern mußten, wie Luk. 2 berichtet, deshalb aus Nazareth nach Bethlehem ziehen. So ist also das Leben Jesu eingebettet in den »census«. *Josephus*, Antiquitates 18, 1-2 berichtet über denselben Vorgang. Wie das in der Praxis aussah, berichtet *Laktantius*, De morte persecutorium 23, 1ff.: »Es gab keine Rücksichtnahme auf Alter und Gesundheitszustand.« Siehe auch *K. Aland* 1967, S. 19-49. Zu den Aufständen wegen der Volkszählungen siehe *M. Bünker*, a. a. O., S. 159f.
60 A. a. O., S. 160.
61 *Philon*, Leg. ad Gaium 302, zitiert in *M. Bünker*, a. a. O., S. 161.

## IV. Korruption in der Sicht des Neuen Testaments

1 *C. K. Barrett* 1972, S. 163
2 »Emporion« bedeutet wörtlich »Platz des Handels« oder »Kaufhaus«, vgl. *W. Bauer* 1958, S. 509.
3 *Fr. Hauck* in: ThWNT, Bd. 4, S. 390ff.

4 Matth. 6, 24.

5 Vgl. *C. K. Barrett*, a. a. O., S. 163.

6 4. Mose 21, 6 berichtet, daß Gott die Schlangen »wider das Volk sandte, die bissen die Leute, und es starben viele Israeliten«. Ähnlich 5. Mose 8, 15. Den Untergang Babels beschreibt Jes. 13, 20-22 folgendermaßen: »Ewig unbesiedelt soll sie bleiben ... Wildhunde heulen in ihren Palästen und Schakale in den Schlössern der Lust.« Die Stadt wird also zur Wüstenei ...

7 *Lukas* hat eine andere Genealogie Jesu als Matthäus und bringt sie an anderer Stelle als dieser. Die Versuchungsgeschichte ist zwischen die Genealogie Jesu (die unmittelbar der Taufe folgt und bis auf Adam zurückgeführt wird) und das öffentliche Auftreten Jesu eingefügt. Daraus wird deutlich, daß Lukas die besondere Stellung Jesu als zweiter Adam hervorheben möchte.

8 *C. K. Barrett*, a. a. O., S. 469. Das Wort kommt nur an dieser Stelle im NT vor, ist aber sonst im hellenistischen Griechisch verbreitet.

9 Matthäus bezeichnet den Versucher einmal als »diabolos« und dann als »peirazon«. Lukas kennt nur den »diabolos« und Markus den »satanas«.

10 *J. Schniewind* 1950, S. 31.

11 *E. Schweizer* 1967, S. 22-23.

12 Ebenda.

13 *J. Behm* in: ThWNT, Bd. 3, S. 614- 616.

14 *H. Thielicke* 1957.

15 *K. Wengst* 1986, S. 73.

16 *Josephus*, Antiquitates Iudaiorum, 18, 116-118. Dem gegenüber haben wir die Erzählung von Mark. 6, 17-29 par., die als Grund angibt, daß Johannes der Täufer wegen der Kritik an der unerlaubten Heirat des Tetrarchen hingerichtet worden sei. Aber *Ph. Vielhauer* in: RGG, S. 805 hält den Josephusbericht für »zutreffender«.

17 *K. Wengst*, a. a. O., S. 76.

18 *M. Bünker* 1986, S. 153-172.

19 Siehe dazu oben, Kapitel »Korruption im Synedrium«, S. 182f.

20 *W. Wengst*, a. a. O., S. 77.

21 Die Münze, die Jesus gezeigt wurde, »gehört zur zweiten Serie der unter Tiberius ab 15 n. Chr. in Lyon in großer Menge geprägten Denare«, schreibt *H. Str. J. Hart* 1984, S. 243f. Abbildung: S. 246 (Nr. 4). Siehe auch *M. Grant* 1954, S. 133f.

22 *Sueton*, De Vita Caesarum, Tiberius, S. 58.

23 *Gerd Theissen* 1985, S. 52.

24 *M. Clevenot* 1978, S. 95. Siehe auch *F. Belo* 1980, S. 226.

25 *J. A. Bengel* 1860, S. 83.

26 Die *Mischna*, M. Berakhot, IX, 5; *J. Klausner* 1934, S. 433.

27 *L. Schottroff* 1981, S. 14-21.

28 Offensichtlich hatte man verstanden, daß Jesus sich gegen das System der damaligen Zeit auflehnte. Nach Luk. 23, 2 lautete die Anklage, Jesus hindere das Volk, dem Kaiser Steuern zu zahlen.

29 *H. Thielicke* 1957, S. 112; *J. Jeremias* 1956, S. 149f. geht auf die Korruption nicht ein. Dazu, daß jener Verwalter skrupellos war, bemerkt er nur: »Darauf kommt es nicht an« (S. 150).

30 *Friedrich Hauck* in: ThWNT, S. 390.

31 A. a. O., S. 390f.
32 A. a. O., S. 391.
33 Ebenda.
34 A. a. O., S. 392; im Targum zu Spr. 15, 27 heißt es: »Sein Haus richtet zugrunde, wer Mammon der Unredlichkeit sammelt.« Auch hier ist an Korruption gedacht.
35 *D. Kwang-Suu Sah* 1986, S. 73.
36 *G. Schrenk* in: ThWNT, Bd. 1, S. 150.
37 A. a. O., S. 152.
38 A. a. O., S. 155.
39 *E. Käsemann* 1973, S. 32ff. gebraucht den Ausdruck »die Schuld der Heiden«. *J. Miranda* 1974, S. 109-199 versteht unter Gesetz (nomos) das, was die römische Gesellschaft damals konstituierte. Es gehe in Röm. 1, 18-32 um die damals herrschende römische Zivilisation, die ihren Mittelpunkt in Rom hatte.
40 Zitiert in: *K. Wengst*, a. a. O., S. 56.
41 *E. Haenchen* 1961, S. 195 sieht in der Geschichte einen Fall der Unterschlagung ähnlich wie der des Achan (Josua 7, 1ff.), denn: »Ananias hat wie jener etwas, das Gott gehört (einen Teil des gelobten Geldes) unterschlagen und wird dafür mit dem Tod bestraft.« Unterschlagung ist jedoch nicht Korruption in unserem Verständnis.
42 *E. Preuschen* 1912, Vierter Band, Erster Teil, S. 50f. meint, daß ein Geschenk Gottes (der Heilige Geist) »nicht erkauft oder verkauft werden kann«. Auf die Bedeutung der »Bestechung« geht er nicht ein.
43 *K. Hammer* 1986.
44 Ebenda.
45 *H. Barion* in: RGG, Bd. 6, Sp. 40f.
46 A. a. O., Sp. 40.
47 *L. Ragaz* 1971, S. 39.
48 A. a. O., S. 43. 41f.
49 *G. Dellinger* in: ThWNT, Bd. 6, S. 266-274.
50 Dellinger geht in dem erwähnten Artikel auf diesen Bereich der sozialen Sünde allerdings nicht ein und setzt damit die Linie der traditionellen Auslegung des NT in der deutschen Theologie fort.
51 *J. G. Gager* 1979, S. 95.
52 *L. Ragaz*, a. a. O., S. 41.
Siehe dazu auch: *R. Sider* 1978, S. 109-128.
53 Zitiert in: *R. L. Wilken*1962, S. 186.
54 *K. Marx*, MEW 42, S. 149.
55 Siehe dazu: *Schottroff* 1986, S. 141.
56 *W. Stegemann* beschreibt die Getreidespekulation in: *L. Schottroff* und *W. Stegemann* 1978, S. 125f.
57 *L. Schottroff*, a. a. O., S. 146.
58 *S. P. Abrahams* 1986, S. 121.
59 *L. Ragaz* 1983, S. 10.
60 A. a. O., S. 59.
61 A. a. O., S. 59ff. S. 59: »Das Weib wird aus Person zur Sache.«
62 A. a. O., S. 66ff.
63 A. a. O., S. 83.

64 A. a. O., S. 83-84.
65 A. a. O., S. 128.
66 A. a. O., S. 129.
67 A. a. O., S. 134.
68 A. a. O., S. 133 zitiert.
69 Ragaz sieht im Kapitalismus den »Riesenversuch, den Verlust Gottes durch das Geld zu ersetzen. Das ist seine tiefste Wurzel«, a. a. O., S. 138.
70 »Diese Angst, welche die Wurzel der Gier wird, ist das, was Jesus mit der Sorge meint. Sie treibt zum Kapitalismus, Imperialismus, Militarismus, Faschismus, Nazismus.« (Ebenda.)
71 Für Ragaz ist die Ausbeutung der Armen, die »Verwandlung des Menschen in eine Ware« die eigentliche Gottlosigkeit. Siehe dazu *L. Ragaz* 1938, S. 92ff. Siehe auch *Kwun-Moh Chung* 1986, S. 61ff.; bes. S. 94-95.
72 *L. Ragaz* 1983, S. 139.

## Dritter Teil

1 *DIE ZEIT* Nr. 20, 12.5.1989, S. 43f.
2 *Lutherische Welt-Information* 28/85, S. 14.
3 *Fr. Bacon* (1561-1626) hatte als einer der ersten Philosophen die kulturgeschichtliche Tragweite des naturwissenschaftlich-technischen Zeitalters erkannt. Er war aber auch einer der korruptesten Politiker und nutzte schamlos seine Macht als Lordkanzler und Peer (Baron von Verulam) aus. Die letzten fünf Lebensjahre nach seinem Sturz widmete er ganz der Wissenschaft und schrieb seine bekanntesten »Essays« (1597-1625). Das neue Wissen des Menschen auf wissenschaftlich-theologischem Gebiet soll die seit Adams Fall verlorene Macht über die Natur und damit das christlich verstandene »Königreich des Menschen« wiederherstellen. Daß Francis Bacon selber ein Opfer der Korruption wurde, hing wohl nicht zuletzt damit zusammen, daß er die Lehre von der Sünde als Erbsünde ablehnte und den Menschen (Adam) nicht als homo corruptus (Augustinus) verstand.
4 Faith in the City. A call for action by church and nation. The Report of the Archbishop of Canterbury's Commission on Urban Priority Areas. London 1985 gibt darüber eine erschreckende Auskunft.
5 *Choo Lak Yeow* 1985.
6 Vgl. a. a. O., S. 200.
7 Vgl. a. a. O., S. 201.
8 *J. J. Ouko*, Bribery, S. 13ff.
9 Ebenda.
10 A. a. O., S. 14.
11 Vgl. a. a. O., S. 15.
12 Vgl. ebenda.
13 Vgl. a. a. O., S. 16.
14 A. a. O., S. 17.
15 Als biblische Belegstelle wird im alten württembergischen Konfirmandenbüchlein Joh. 3,6 angeführt: »Was von Fleisch geboren ist, das ist Fleisch.« Der Gegensatz dazu ist: »Was aus Geist geboren ist, das ist Geist.«

16 *E. C. Berkouwer* 1972. *H. Häring* 1985, S. 84ff.
17 *I. Kant*, Die Religion innerhalb der Grenzen der bloßen Vernunft 1793, S. 35-38, 49-55.
18 *G. Aulén* 1931, S. 125ff.
19 *Philalethus* (= Dr. David Friedrich Strauß) 1842, S. 32.
20 *J. M. Lochman*, a. a. O., S. 73.
21 *G. Aulén* a. a. O., *J. M. Lochmann* 1977, S. 70ff.
22 Ebenda.
23 *H. Ott* 1972, S. 129ff. *H. G. Pöhlmann* 1973, S. 130-148.
24 *Pöhlmann*, a. a. O., S. 132.
25 *Confessio Augustana* XIX, in: Die Bekenntnisschriften der evangelisch-lutherischen Kirche. Herausgegeben im Gedenkjahr der Augsburger Konfession 1930, 4. Aufl., Göttingen 1959, S. 75.
26 *Apologia Confessionis* II, »Von der Erbsünde«, in: a. a. O., S. 145-157.
27 *Apologia* II, 15, a. a. O., S. 150.
28 *Apologia* II, 39 ff., a. a. O., S. 155.
29 *Apologia* II, 4, a. a. O., S. 147.
30 Konkordienformel (Formula Concordiae) in: Bekenntnisschriften, a. a. O., S. 770 ff.
31 A. a. O., S. 722 (III, 8).
32 A. a. O., S. 774.
33 *J. Gerhard*, Loci theologici (1610- 1622), X, S. 131.
34 *J. A. Quenstedt*, Theologia didactico-polemica sive systema theologicum (1685), 3. Aufl. 1969, II, S. 56.
35 *I. Kant*, Die Religion innerhalb der Grenzen der bloßen Vernunft, 1793, Reclam 1879, S. 17f.
36 *F. Schleiermacher*, Der christliche Glaube I (1821), 6. Aufl. 1884, S. 350.
37 *G. W. F. Hegel*, Begriff der Religion, (Lasson) 1925, S. 198, 162.
38 A. a. O., S. 32.
39 *F. Nietzsche*, Die fröhliche Wissenschaft, Goldmann Taschenbuch 569/570, S. 173.
40 *K. Marx*, Zur Judenfrage, in: *K. Marx*, Die Frühschriften, 1953, S. 201.
41 A. a. O., S. 225-316.
42 A. a. O., S. 297.
43 A. a. O., S. 298-299.
44 A. a. O., S. 301.
45 *G. A. Craig* 1985, S. 124.
46 Ebenda.
47 A. a. O., S. 125ff..
48 A. a. O., S. 129.
49 A. a. O., S. 132.
50 Siehe dazu a. a. O., S. 141.
51 Zitiert ebenda.
52 *H. R. Niebuhr* 1951.
53 Vgl. a. a. O., S. 194.
54 A. a. O., S. 190-229.
55 A. a. O., S. 213.
56 A. a. O., S. 256.

57 *K. H. Ratschow* 1985, S. 17.
58 A. a. O., S. 18.
59 A. a. O., S. 20.
60 Ebenda.
61 A. a. O., S. 21.
62 A. a. O., S. 22.
63 A. a. O., S. 23.
64 A. a. O., S. 25.
65 Ebenda.
66 A. a. O., S. 34.
67 *P. Schütz* 1985, S. 58.
68 A. a. O., S. 58f.
69 *R. Schneider* 1958. In diesem seinem letzten Werk geht er noch einmal auf die Frage des Leidens und des Bösen ein. Er kommt zum Ergebnis, daß über allem die Gnade steht: »Beten über den Glauben hinaus, gegen den Glauben, gegen den Unglauben, gegen sich selbst – solange dieses Muß empfunden wird, ist Gnade da.«
70 *P. Schütz*, a. a. O., S. 61.
71 A. a. O., S. 62.
72 A. a. O., S. 64.
73 A. a. O., S. 65.
74 A. a. O., S. 66.
75 A. a. O., S. 66f.
76 A. a. O., S. 67.
77 A. a. O., S. 68.
78 A. a. O., S. 69-79.
79 A. a. O., S. 79.
80 *I. Walter* 1985.
81 *P. Schütz* 1963, S. 85 u. 87; über den Mammon S. 220-237.
82 *Karl Barth*, KD IV/1.
83 Christus ist nach Barth 1. »der wahre, nämlich der sich selbst erniedrigende und so der versöhnende Gott«, 2. »der wahre, nämlich der von Gott erhöhte Mensch«, 3. »der Bürge und Zeuge unserer Versöhnung«, KD IV/1, S. 5.83.
84 Ebenda. Siehe zum Sündenverständnis Barths auch *W. Krötke*, 1983.
85 KD IV/1, S. 459.
86 A. a. O., S. 157f.
87 A. a. O., S. 158.
88 A. a. O., S. 555.
89 A. a. O., S. 558.
90 *P. Tillich* 1958, S. 35ff.
91 A. a. O., S. 40.
92 A. a. O., S. 46.
93 A. a. O., S. 55f.
94 A. a. O., S. 58f.
95 A. a. O., S. 60.
96 *P. Althaus* 1949, Bd. 2, S. 127ff. »Die Sünde ist nicht nur eine individuelle, sondern menschliche Wirklichkeit ... In der Erkenntnis der Menschlichkeit meiner Sünde ist die Erkenntnis ihrer Menschlichkeit begründet« ( S. 127).

97 *E. Brunner* 1941.
98 *F. Gogarten* 1965.
99 A. a. O., S. 477f.
100 A. a. O., S. 483.
101 *H. Thielicke* 1958, S. 465.
102 *P. Althaus*, a. a. O., S. 369.
103 *P. Tillich*, a. a. O., S. 46.
104 *S. Freud* 1913.
105 *L. Frey-Rohn* 1961, S. 161, 164.
106 *D. Bonhoeffer* 1958, S. 91. Siehe auch *J. Macquarrie* 1966, S. 232-245.
107 *E. Brandenburger* 1986, S. 9.
108 A. a. O., S. 11ff.
109 Ebenda. (Vgl. Hiob 1, 8; 2, 3; 2, 10.)
110 Ebenda.
111 Ebenda.
112 A. a. O., S. 13.
113 A. a. O., S. 14.
114 A. a. O., S. 15.
115 A. a. O., S. 27, 18.
116 A. a. O., S. 29.
117 A. a. O., S. 31.
118 Amos 5, 14 f.: »Sucht das Gute und nicht das Böse, damit ihr am Leben bleibt ... ! Haßt das Böse und liebt das Gute und stellt das Recht her im Tor; vielleicht wird dann Jahwe ... gnädig sein.«
119 Römer 2, 5-10 und 2, 12-15 erinnert Paulus an das Orientierungsmuster von Gut und Böse im Zusammenhang mit den eschatologischen Ergehensfolgen.
120 *E. Brandenburger*, a. a. O., S. 51.
121 Im Dekalog, in den Sammlungen des Deuteronomiums, im Gebot der Nächstenliebe und bei der Begründung des Rechtsverhaltens, Römer 6, 12-15; 3, 25 (in der befreienden Gottesgerechtigkeit und in dem Rechtsein aus Glauben), Röm. 1, 17; 3, 21-30; alles soll der Ehre Gottes unterstellt sein, Röm. 11, 36; 15, 6.
122 *E. Brandenburger*, a. a. O., S. 57.
123 A. a. O., S. 58.
124 1. Mose 6, 5; 8, 21; Spr. 26, 23; Jer. 3, 17; 7, 24, wobei 1. Mos. 6, 5 und 8, 21 die wichtigsten Stellen sind.
125 *E. Brandenburger*, a. a. O., S. 58.
126 A. a. O., S. 72.
127 A. a. O., S. 77.
128 A. a. O., S. 79.
129 *H. Häring* 1985, S. 1.
130 A. a. O., S. 183.
131 *M. Sievernich* 1987, S. 124-131; *ders.* 1983, S. 232-286. Im ersten systematischen Entwurf einer Theologie der Befreiung bestimmte *G. Gutiérrez* die Sünde als soziale und geschichtliche Tatsache.
132 *G. Gutiérrez* 1973, S. 169.
133 *O. Romero* 1981, S. 160.
134 *L. K. Little* 1971, S. 16-49.

135 *H. J. Prien* 1978.

136 Die Korruption durch die Mission in Chile beschreibt *Chr. L. d'Epinay* 1969, S. 184.

137 *Ph. J. Spener*, Umkehr in die Zukunft, Reformprogramm des Pietismus. Pia Desideria, Gießen, Basel 1975, S. 35.

138 *Evangelisches Missionsmagazin* 1830, S. 451-482.

139 *Evangelisches Missionsmagazin* 1861, S. 533-584; Zitat S. 533.

140 *Evangelisches Missionsmagazin* 1862, S. 405-444.

141 A. a. O., S. 410; 420.

142 Jahresbericht der Evangelischen Missionsgesellschaft in Basel, 1878, S. 34-36.

143 *A. Schweitzer* 1986, S. 53-61; Zitate S. 58-61.

144 *F. J. Henkelammert* 1984.

145 *Informationsbrief Evangelisches Missionswerk in Südwestdeutschland* 2/77, S. 2.

146 A. a. O., S. 7.

147 Beiheft zu Korea – Texte und Fragen, Stuttgart 1977, S. 13. Die Korruption ist in Korea wie in anderen Ländern ein weitverbreitetes Phänomen. Siehe dazu *J. Kleiner* 1980, S. 43, 178, 200, 233.

148 *Herrnhuter Nachrichten*, 1981.

149 *U. Duchrow* 1986. Siehe vor allem S. 117ff.: »Jesus Christus, das Leben der Welt, und der Kampf für Gerechtigkeit und Menschenwürde«. Die dort beschriebenen »dämonischen Züge des Machtmißbrauches in Politik, Wirtschaft und Technik« sowohl als die »Unterstützung des Machtmißbrauches durch christliche Irrlehre« gelten auch in bezug auf die Korruption, die ebenfalls »dämonische Züge« hat und weltweit immer stärker in Erscheinung tritt.

# Literaturverzeichnis

*Abkürzungen und Sammelwerke*

EKL: Evangelisches Kirchenlexikon. Kirchlich-theologisches Handwörterbuch, hg. von Heinz Brunotte und Otto Weber, Göttingen 1956-1959. Neuausgabe (3. Aufl.) 1986ff.

EPK: Entwicklungspolitische Korrespondenz

LThK: Lexikon für Theologie und Kirche, 2. Aufl., hg. von Josef Höfer u. Karl Rahner, Freiburg i. Brsg. 1957-1968 (Sonderausgabe 1986)

NEGARA: Papers presented at the seminar on corruption and society organised by Aliran Kesedaran Negara, on 2nd November 1980 at the Hotel Majestic, Kuala Lumpur, Penang 1981

RAC: Reallexikon für Antike und Christentum, hg. von Theodor Klausen, Stuttgart 1950

RGG: Die Religion in Geschichte und Gegenwart. Handwörterbuch für Theologie und Religionswissenschaft. Dritte, völlig neu bearbeitete Aufl., hg. von Kurt Galling u. a., Tübingen 1957-1965

THAT: Theologisches Handwörterbuch zum Alten Testament. 2 Bde., hg. von Ernst Jenni unter Mitarbeit von Klaus Westermann, München, Zürich 1971 u. 1976

ThWNT: Theologisches Wörterbuch zum Neuen Testament, Bd. 1-4 hg. von Gerhard Kittel, Bd. 5-10 hg. von Gerhard Friedrich, Stuttgart 1933-1979

TRE: Theologische Realenzyklopädie, hg. von Gerhard Krause u. Gerhard Müller, Berlin 1977ff.

TWAT: Theologisches Wörterbuch zum Alten Testament, hg. von Johannes Botterweck u. Helmer Ringgren, Stuttgart, Berlin, Köln, Mainz 1977ff.

ZAW: Zeitschrift für die alttestamentliche Wissenschaft

Abdullah, Syed, Memories in brief: Tun Fuad, Kenanaga sepintas lalu, Kuala Lumpur 1976

Abrahams, S. P., Lassen sich die Propheten zum Schweigen bringen? In: L. u. W. Schottroff 1986
Acham, Karl, Formen und Folgen der Korruption, in: Brünner 1981
Ackermann, S. R. u. Montias, J. M., Corruption in a Soviet-Type Economy: Theoretical Considerations, Paper presented at the Conference »The Second Economy of the USSR« sponsored by Kennan Institute for Advanced Russian Studies with National Council of Soviet and East European Research, 24.-25. Januar 1980
Aland, Karl, Kirche und Staat in der alten Christenheit, in: Festschrift Hermann Kunst, Berlin 1967
Alatas, S. H., The Sociology of Corruption, Singapore 1968
Albers, Willi (Hg.), Handwörterbuch der Wirtschaftswissenschaften, Bd. 4, Stuttgart 1978
Albertz, Heinrich, Blumen für Stukenbrock, Stuttgart 1981
Alexander, Garth, The Invisible China. The Overseas Chinese and the Politics of Southeast Asia, New York 1973
ders., Silent Invasion. The Chinese in Southeast Asia, London 1973
Alt, Albrecht, Kleine Schriften zur Geschichte des Volkes Israel, Bd. 1 u. 2, München 1959
Althaus, Paul, Die christliche Wahrheit, 2 Bde., Gütersloh 1949
Altner, Günter, Die Überlebenskrise in der Gegenwart. Ansätze zum Dialog mit der Natur in Naturwissenschaft und Theologie, Darmstadt 1987
ders., Schöpfung am Abgrund, Neukirchen 1974
Amery, Carl, Das Ende der Vorsehung. Die gnadenlosen Folgen des Christentums, Reinbek 1972
Amirtham, S. u. Pabee, J. S. (Hg.), Theology by the people. Reflections on doing theology in community, Geneva 1986
Andresky, Stanislav, Parasitism and Subversion, London 1966
Aristoteles, Politik
ders., Athenaion Politeia
Arruda, Marcos, Transnational Corporations, Technology and Human Development, Geneva 1981
Augustinus, Bekenntnisse und Gottesstaat, Stuttgart 1955
ders., De moribus Manichaeorum, P. L. 32, 1396
Aulén, Gustav, Christus Victor. A historical study of the three main types of the idea of the atonement, 1931
Austen, Jane, Stolz und Vorurteil, dt. Frankfurt 1980

Bailey, D. H., The Effects of Corruption in a Developing Nation, in: The Western Political Quarterly 19, Dez. 1966
Baly, D., God and History in the Old Testament, New York 1976
Bammel, E. u. Moule, C. F. D. (Hg.), Jesus and the Politics of his Day, Cambridge 1984
Banfield, E. C., Political Influence, Glencoe/Ill. 1964
Barrett, C. K., The Gospel according to St. John, London 1972
Barth, Karl, Die Kirchliche Dogmatik, Zürich 1932-1967
Barzini, Luigi, The Italians, New York 1964
Bauer, Walter, Wörterbuch zum Neuen Testament, Berlin 1958
Baumgart, D., Bentham and the Ethics of today, Princeton 1952
Bekenntnisschriften der evangelisch-lutherischen Kirche, 4. Aufl., Göttingen 1959
Belo, F., Das Markusevangelium, materialistisch gelesen, Stuttgart 1980
Bengel, Johann Albrecht, Gnomon Novi Testamenti (1742), Berlin 1860
Bendon, George C. S., Political Corruption in America, Toronto 1978
Bentham, Jeremy, Economic Writings, s. Stark, W.
ders., Fragments on Government, 1776
Benveniste, Guy, Bureaucracy, San Francisco 1977
Berg, Larry L., Hahn, Herlan u. Schmidhauser, John R., Corruption in the American Political System, New Jersey 1976
Berkouwer, E. C., Man: the image of God. Studies in dogmatics, Michigan 1972
Bernstein, Carl u. Woodward, Bob, All the President's Men, New York 1974
Beyerhaus, Peter s. Künneth, Walter
Bhargava, G. S. s. Dwivedi, O. P.
Birch, Charles, Es ist an der Zeit zu zahlen. Schöpfung, Technik und Überleben der Menschheit, in: Lutherische Monatshefte 1/1976
von Bismarck, Otto, Gedanken und Erinnerungen, Stuttgart, Berlin 1919, Neuaufl. 1928
Bleicken, J., Verfassungs- und Sozialgeschichte des Römischen Kaiserreiches, Bd. 2, Paderborn 1978
Bloy, Léon, Die Armut und die Gier, Stuttgart o. J.
Boecker, Hans Jochen, Recht und Gesetz im AT und im Alten Orient, Neukirchen 1976

Böckle, Franz, Gentechnologie und Fortpflanzungstechnik – Grundlagen und Anwendungen aus ethischer Sicht, in: Lebendiges Zeugnis 1985

Böckstiegel, Karl-Heinz, Wörterbuch des Völkerrechts, Bd. II, Berlin 1962

Boff, Leonardo, Kirche: Charisma und Macht. Studien zu einer streitbaren Ekklesiologie, Düsseldorf 1985

Bonhoeffer, Dietrich, Ethik, 3. Aufl., München 1956

ders., Schöpfung und Fall, München 1958

ders., Widerstand und Ergebung, hg. von E. Bethge, Neuausgabe München 1970

Bouman, Johan, Gott und Mensch im Koran. Eine Strukturform religiöser Anthropologie anhand des Beispiels Allah und Muhammed. Darmstadt 1977

van den Brand, J., De Millionen uit Delhi, Pretoria, Amsterdam 1902

Brandenburger, Egon, Das Böse. Eine biblisch-theologische Studie, Zürich 1986

Brasz, H. A., The Sociology of Corruption, in: Heidenheimer 1970

Brooks, C., The Nature of Political Corruption, in: Heidenheimer 1970

Brünner, Christian (Hg.), Korruption und Kontrolle, Wien, Köln, Graz 1981

Brunner, Emil, Der Mensch im Widerspruch (1937), 3. Aufl. 1941

Brunner, Hellmut, Die religiöse Antwort auf die Korruption, in: Schuller 1982

Bryant, Arthur, Samuel Pepys – Saviour of the Navy, o. J.

Bühler, G., The sacred Books of the East, 2 Bde., Oxford 1882 und 1897

ders., The Laws of Man, New York 1969

Bünker, Michael, Gebt dem Kaiser, was des Kaisers ist! – aber: Was ist des Kaisers? In: L. u. W. Schottroff 1986

Bürkle, Horst, Einführung in die Theologie der Religionen, Darmstadt 1977

Buess, Eduard, Prophetischer Sozialismus. Blumhardt – Ragaz – Barth, Freiburg/Schweiz 1986

Bultmann, Rudolf, Das Urchristentum im Rahmen der antiken Religionen, 1949

Burckhardt, Jacob, Weltgeschichtliche Betrachtungen, Stuttgart 1955

Calvin, Johannes, Institutio Christianae Religionis, übersetzt u. bearbeitet von O. Weber, Neukirchen 1955

Carpenter, I. E. s. Davids, T. W. Rys

Chaffee, Stefen (Hg.), The Watergate Experience – Lessons for Empirical Theory, American Politics 4/1975 (Sonderheft)

Chiang Kai-shek, My Religious Faith, in: F. Schurmann (Hg.), China Readings Vol. 2, Rep. China, Pelican 1968

Chou, Eric s. Crozier, Brian

Ch'uang Chung s. Franke 1980

Chung, Kwun-Moh, Theologie und Sozialethik des Glaubens an das Reich Gottes am Beispiel von L. Ragaz für den koreanischen Kontext, Diss. Basel 1986

Clarke, Michael (Hg.), Corruption. Causes, Consequences and Control, London 1983

Clarke, Th. u. Tigue, J. J., Schmutziges Geld und wie man es reinwäscht, München 1976

Clevenot, M., So kennen wir die Bibel nicht. Anleitung zu einer materialistischen Lektüre biblischer Texte, München 1978

Clough, Ralph N., Island China, Cambridge 1978

Craig, Gordon A., Über die Deutschen, 2. Aufl., München 1985

Crozier, Brian u. Chou, Eric, The Man who lost China. The first full biography of Chiang Kai-shek, London u. a. 1977

Dennis, Everett, Other voices. The New Journalism in America, San Francisco 1974

von Döllinger, I., Kirche und Kirchen, Papsttum und Kirchenstaat, 1961

Downie, Leonard, The New Muckrakers, New York 1976

Dubos, René, So Human an Animal, New York 1969

Duchrow, Ulrich, Weltwirtschaft heute. Ein Feld für Bekennende Kirche? München 1986

Duri, A., Arabische Wirtschaftsgeschichte, Zürich, München 1979

Duschinsky, Michael P., Corruption in Britain. Political Studies Vol. XXV, 1977

Dwivedi, O. P., Bureaucratic corruption, in: Developing countries, Asian Survey vol. VII No. 4, April 1967

ders. u. Bhargava, G. S., Political Corruption in India, New Delhi 1967

Eberhard, Wolfram, China und seine westlichen Nachbarn. Beiträge zur mittelalterlichen und neueren Geschichte Zentralasiens, Darmstadt 1978
Edey, Maitland A., Anfänge des Seehandels, Reinbek 1977
Eells, Richard s. Jacoby, Neil
Eisenstadt, A. S., Hoogenboom, A. u. Trefousse, H. L., Before Watergate: Problems of Corruption in American Society, Brooklyn, New York 1978
Ekpo, Monday U. (Hg.), Bureaucratic Corruption in Sub-Saharan Africa: Towards a Search for Causes and Consequences, Washington 1979
Elk, Werner, Einfluß korrupter Praktiken auf das senatorisch-ritterliche Beförderungswesen in der Hohen Kaiserzeit, in: Schuller 1982
Elliger, Karl, Die Propheten Nahum, Habakuk, Zephanja, Haggai, Sacharja, Maleachi, ATD 25, Göttingen 1950
Engels, Friedrich s. Marx, Karl
d'Epinay, Chr. L., Heaven of the Masses. A Study of the Pentecostal Movement in Chile, London 1969
Eppler, Erhard, Ende oder Wende, Stuttgart 1975
ders., Maßstäbe für eine humane Gesellschaft: Lebensstandard oder Lebensqualität, Stuttgart u. a. 1974
Ericson, R., The »Second Economy« as a Resource Allocation Mechanism under Central Planing, Harvard University Discussion Paper No. 782, August 1980, S. 49ff.
Eschenburg, Theodor, The Decline of the Bureaucratic Ethos in the Federal Republic, in: Heidenheimer 1970
ders., Zur politischen Praxis in der Bundesrepublik, München 1964

Fabris, Hans H., Massenmedien – Instrumente der »Skandalisierung« oder »Vierte Gewalt«? Zum Kontrollpotential der Medien, in: Brünner 1981
Fierles, Geheimhaltungspflicht für Arbeitnehmer, in: Medienjournal 4/1977
Fischer, Fritz, Griff nach der Weltmacht. Die Kriegspolitik des Kaiserlichen Deutschland, Düsseldorf 1964
Fischer, Peter, Das Transnationale Unternehmen als Phänomen in der Völkerrechtsgeschichte, in: Völkerrecht und Rechtsphilosophie. Festschrift für Stephan Verosta, Berlin 1980

ders., Korruption im internationalen Wirtschaftsverkehr, in: Ebd.
Franke, W., Das Jahrhundert der chinesischen Revolution, München, Wien 1980
Frankena, R., Altbabylonische Briefe in Umschrift und Übersetzung, Bd. 2: Briefe aus dem British Museum (LIH 2-33), Leiden 1966
Freud, Sigmund, Totem und Tabu, 1913
Frey-Rohn, L. in: Studien aus dem Jung-Institut, 1961
Friedrich, C. J., Pathologie der Politik, Frankfurt 1972
Frier, David A., Conflict of Interest in the Eisenhower Administration, Ames/Iowa 1969
Fromm, Erich, Haben oder Sein. Die seelischen Grundlagen einer neuen Gesellschaft, Stuttgart 1976

Gager, J. G., Das Ende der Zeit und die Entstehung von Gemeinschaften, in: Meeks 1979
Gardiner, John A., The Politics of Corruption. Organized Crime in an American City, New York 1970
ders., Theft of the City. Readings on Corruption in Urban America, London 1974
Garschagen, Christine s. Schmidt, Kurt
Gerhard, Johann, Loci theologici, 1610-1622
Gerlich, Peter, Korruption im Systemvergleich, in: Brünner 1981
Global 2000. Der Bericht an den Präsidenten, Frankfurt a. M. 1981
Gogarten, Friedrich, Die Verkündigung Jesu Christi. Grundlagen und Aufgabe, Heidelberg (1948) ²1965
Gooch, G. P., English Democratic Ideas in the Seventeenth Century, Cambridge 1927
Goodwell, Charles T., American Corporation and Peruvian Politics, Cambridge 1974
Gordon, E. J., Bibliotheca Orientalis 17, 1960
Gorkij, Maxim, Unzeitgemäße Gedanken über Kultur und Revolution, hg. von Bernd Scholz, Frankfurt a. M. 1974
Gould, David J., Bureaucratic Corruption and Underdevelopment in the Third World. The Case of Zaire, New York u. a. 1980
Goulet, Denis, A new Moral Order. Development Ethics and Liberation Theology, New York 1974
Graber, Rudolf, Athanasius und die Kirche unserer Zeit, Abensberg 1973

ders., Ökumenismus und Geheimbünde, in: Künneth, W. u. Beyerhaus, P. 1975
Granet, Marcel, Das chinesische Denken, München 1963
Grant, M., Roman Imperial Money, London 1954
Griffith, Ernst, A History of American City Government 1900-1920, New York 1974
Grossmann, G., Notes on Illegal Private Economy and Corruption, US Congress, Joint Economic Committee, The Soviet Economy in Time of Change, Washington US G P 1979, S. 834-855
Gunkel, Hermann, Genesis übersetzt und erklärt. Heilige Schrift des A. T., 6. Aufl. 1964
Gutiérrez, Gustavo, Theologie der Befreiung, München, Mainz 1973

Haenchen, Ernst, Die Apostelgeschichte, Göttingen 1961
Häring, Hermann, Das Problem des Bösen in der Theologie, Darmstadt 1985
Hahn, H. s. Berg, Larry L.
Hahn, István, Immunität und Korruption der Curialen in der Spätantike, in: Schuller 1982, S. 163-173
Hammer, Karl, Vorlesung Sommersemester 1986, Basel (Manuskript)
Handwörterbuch des Islam, Leiden 1941
»Harapan Sinar«, Jakarta, 28. August 1967 u. 16. September 1967
Hart, H. Str. J., The Coin of ›Render unto Caesar‹ in: Bammel 1984
Heaton, E. W., Salomo's New Man. The emergence of ancient Israel as a national state, London 1974
Hegel, Georg Wilhelm Friedrich, Begriff der Religion, ed. Lasson 1925
Heidenheimer, A. J. (Hg.), Political Corruption. Readings in Comparative Analysis, New York u. a. 1970
ders., Power, Corruption and Rectitude, Englewood Cliffs, N. J. Prentice Hall 1963
ders., Political Analysis, New York u. a. 1970
Helck, Wolfgang, Korruption im Alten Ägypten, in: Schuller 1982
ders., Lehre für Merikare, Wiesbaden 1977
ders., Urkunden des Neuen Reiches, Berlin 1958
Henkelammert, Franz J., Die Politik des »totalen Marktes«. Ihre Theologisierung und unsere Antwort, in: NEUE STIMME 7/1984

Herrmann, Siegfried, Sellin-Festschrift, 1927
Hibbert, Christopher, The Dragon Wakes: China and the West 1793-1911, New York 1970
Hiskett, H., Kitab Al-Fara: »A Work on the Habe Kingdoms attributed to Uthman don Fodio«. Bulletin of the School of Oriental and African Studies, University of London, Vol. 23, 1960, S. 558-579
Hobbes, Thomas, Leviathan or the Matter, Form and Power of a Commonwealth, ecclesiastical and civil, 1651
Hoffer, Eric, Der Fanatiker. Eine Pathologie des Parteigängers, Reinbek 1965
Hofstadter, Richard, The Age of Reform from Bryan to F. D. R., London 1962
d'Holbach, Paul Thiry, Soziales System oder natürliche Prinzipien der Moral und der Politik mit einer Untersuchung über den Einfluß der Regierung auf die Sitten. Nach dem Original übersetzt von J. Umminger, Leipzig 1898
Horkheimer, Max, Dämmerung. Notizen in Deutschland, Zürich 1934
Hulst, Kol Basar, OTS 12, 1958
Huntington, Samuel P., Political Order in Changing Societies, New Haven 1968

Illies, Joachim, Korruption im Lichte der Verhaltensforschung, in: Brünner 1981

Jacoby, Neil, Nehenkis, Peter u. Eells, Richard, Bribery and Extortion in World Business. A Study of Corporate Political Payments Abroad, New York, London 1977
Jeremias, Joachim, Die Gleichnisse Jesu, Göttingen 1956
de Jonveuel, Bertrand, On Power. The Natural History of its Growth, Greenford 1952
Josephus, Flavius, With an English Translation, IV-IX Jewish Antiquities, London, Cambridge (Mass.) 1961-1969
ders., De Bello Iudaico. Der jüdische Krieg, hg. und übers. von Otto Michel und Otto Bauernfeind, 3 Bde., Darmstadt [2]1962-1969
Judge, E. A., Die frühen Christen als scholastische Gemeinschaft, in: Meeks 1979

Jurji, G. J. (Hg.), Religious Pluralism and World Community. Interfaith and Intercultural Communication, Leiden 1969

Kärcher, E., Handwörterbuch der lateinischen Sprache, Stuttgart 1842
Käsemann, Ernst, An die Römer, Tübingen 1973
Kant, Immanuel, Kritik der praktischen Vernunft, ²1787
ders., Die Religion innerhalb der Grenzen der bloßen Vernunft, 1793
ders., Über ein vermeintliches Recht, aus Menschenliebe zu lügen, 1797
ders., Anthropologie in pragmatischer Hinsicht, 1799
Karanjia, R. K., The Mind of the Nation, London 1960
Katsenelinboigen, Aron, Corruption in the USSR, in: M. Clarke 1983, S. 220-238
Kazantzakis, Nikos, Griechische Passion, dt. Berlin 1966
Khoury, Adel-Theodor, Einführung in die Grundlagen des Islam. Bd. 3: Islam und westliche Welt, Graz, Wien, Köln 1978
Kierkegaard, Sören, Der Begriff Angst, Düsseldorf 1952
Klausner, J., Jesus von Nazareth, Berlin 1934
von Klaveren, Jakob, Die Entwicklung der Korruption in Ägypten von Mohammed Ali Pasha bis zum Khediven Ismael, in: Schuller 1982, S. 239-262
Kleiner, Jürgen, Korea. Betrachtungen über ein fernliegendes Land, Frankfurt 1980
Knoll, August M., Katholische Kirche und scholastisches Naturrecht. Zur Frage der Freiheit. Mit einer Einleitung von Ernst Tropitsch, Neuwied, Berlin 1968
Koehler, Ludwig, Lexicon in Veteris Testamenti Libros, Leiden 1953
Köster, Hermann (Hg.), Hsün Tzu (Hsünzius), Übersetzung, Steyl 1967
Kogon, Eugen, Der SS-Staat. Das System der deutschen Konzentrationslager, München 1980
Kohli, Suresh (Hg.), Corruption in India, New Delhi 1975
Kolb, Frank, Die Adäration als Korruptionsproblem in der Spätantike, in: Schuller 1982, S. 163-173
Kollektiv für die Serie der Geschichte des modernen China, Die Taiping-Revolution, Peking 1977
Koller, Peter, Protektion und Korruption. Klassenspezifische Selek-

tionsmechanismen in der staatlichen Verwaltung, in: Österreichische Zeitschrift für Soziologie 1/1981
Konfuzius, Gespräche. Aus dem Chinesischen übersetzt und hg. von Richard Wilhelm, Köln 1982
Korea – Texte und Fragen. Beiheft, Stuttgart 1977
Kotecha, Ken C. u. Adams, Robert W., The Corruption of Power. African Politics, Washington 1981
Krauß, W. (Hg.), Was gehört dem Kaiser? Das Problem der Kriegssteuern, Weisenheim 1984
Kreiser, Klaus u. a., Lexikon der islamischen Welt, Bd. 2, Stuttgart u. a. 1974
Krötke, Wolf, Sünde und Nichtiges bei Karl Barth, Neukirchen 1983
Kümmel, Hans-Martin, Bestechung im Alten Orient, in: Schuller 1982
Künneth, Walther u. Beyerhaus, Peter (Hg.), Reich Gottes oder Weltgemeinschaft, Bad Liebenzell 1975
Kürnberger, Ferdinand, Feuilletons. Ausgewählt und eingeleitet von Karl Riha, Frankfurt 1967

Lambert, W. G., Babylonian Wisdom Literature, (60), XI, f
Laotse, Tao te King. Aus dem Chinesischen übertragen und hg. von Richard Wilhelm, Köln 1982
Lashbrooke, E. C., »The Foreign Corrupt Practices Act of 1977: A Unilateral Solution to an International Problem«, 12 Cornell International Law Journal, 227 (1979)
Lassalle, Ferdinand, Ausgewählte Texte, hg. von Thilo Ramm, Stuttgart 1962
Lasswell, H. D., Power, Corruption and Rectitude, New Jersey 1963
ders. u. Rogow, A. A., Art. »Bribery« in: Encyclopedia of Social Sciences, vol. I-III, New York 1960
Leff, N. H., Economic Development through bureaucraty, in: The American Behavioural Scientist, vol. VII No. 3., Nov. 1964
Lehmann-Habeck, Martin (Hg.), Dein Reich komme. Weltmissionskonferenz in Melbourne 1980, Frankfurt 1980
Leong, Cecilia s. Sullivan, Anwar
Lettau, Reinhard, Täglicher Faschismus. Amerikanische Evidenz aus sechs Monaten, Reinbek 1973 (unverk. Ausg.)
Lewis, Oscar, The Children of Sanchez, New York 1961

Leys, Colin, What ist the Problem about Corruption? In: The Journal of Modern African Studies vol. III No. 2, 1965
Lieb, D., Ämterkauf und Ämterpatronage in der Spätantike. Propaganda und Sachzwang bei Julian dem Abtrünnigen, in: ZRG (Rom. Abt.) 95 (1978), S. 158-186
Little, L. K., Pride goes before avarice. Social change and the vices in Latin Christendom, in: American Historical Review 76 (1971)
Lochman, Jan Milič, Reich, Kraft und Herrlichkeit. Der Lebensbezug von Glauben und Bekennen, München 1981
ders., Versöhnung und Befreiung. Absage an ein eindimensionales Heilsverständnis, Güterloh 1977
Lydenberg, John, Premuckraking, Unpublished Th. D. Thesis, Harvard University 1946

Macaulay, Zachary, History of England, 1804
Macquarrie, John, Principles of Christian Theology, London 1966
Marx, Karl, Grundrisse der Kritik der politischen Ökonomie (Rohentwurf 1857 - 1858), Berlin 1974
ders., Über die Religion, Berlin 1976
ders., Das Kapital Bd. I-III (= MEW Bd. 23-25), Berlin 1975
ders., Die Frühschriften, hg. von S. Landshut, Stuttgart 1953
ders. u. Engels, Friedrich, Ausgew. Werke in sechs Bd., Berlin 1977
Mattmüller, Markus s. Buess, Eduard
Mau, Carl H. jr. (Hg.), Budapest 1984. »In Christus Hoffnung für die Welt.« Offizieller Bericht der Siebenten Vollversammlung des Lutherischen Weltbundes, LWB Report 19/20, Stuttgart 1985
Meadows, Dennis L., Die Grenzen des Wachstums, Stuttgart 1972
ders., Wachstum bis zur Katastrophe? Vortrag 15.10.1973 in Frankfurt, Stuttgart 1974
Meeks, Wayne A. (Hg.), Zur Soziologie des Urchristentums, München 1979
Menne, Leo, Korruption, in: Kölner Zeitschrift für Soziologie N.F. 1, 1948/1949
Metzger, Jan (Hg.), Mexiko. Die versteinerte Revolution, Bornheim 1985
Michels, Robert, Zur Soziologie des Parteiwesens in der modernen Demokratie, Stuttgart 1970

Mikdashi, Zuhayr, A Financial Analysis of Middle Eastern Oil Concession: 1901-1965, New York 1966
Mill, John Stuart, The Methods of Ethics, 1863
Miller, D.M. u. Moore, C.D., The Middle East Yesterday and Today, New York 1970
Miller, Zane, Boss, Cox's Cincinnati, New York 1968
Mintz, Sidney, Sweetness and Power. The Place of Sugar in Modern History, New York 1985
Miranda, José, Marx and the Bible. A Critique of the Philosophy of Oppression, New York 1974
Mitchell, Ewing Young, Kicked in and Kicked out of the President's little Cabinet, Washington D. C. 1936
Moltmann, Jürgen, Gott in der Schöpfung. Ökologische Schöpfungslehre, München 1985
Monteiro, John B., The Dimensions of Corruption in India, in: Heidenheimer, 1970
Moore, C. D. s. Miller, D. M.
Moore, Leon, Korruption in der hellenistischen Führungsschicht, in: Schuller 1982
Moore, William, The Kefauver Committee and the Politics of Crime 1950-1952, Columbia University of Missouri Press 1974
Morgan, Kenneth s. Raghavan, V.
Moule, C. F. D. s. Bammel, E.
Müller-Römheld, Walter (Hg.), Bericht aus Nairobi 1975, Frankfurt 1975
ders., Bericht aus Vancouver 1983, Frankfurt 1983
Mumford, L., Mythos der Maschine. Kultur, Technik und Macht, Frankfurt 1977 (dt. Übers. von: The Myth of the Machine, 1966)
Muzaffar, Chandra, The Scourge of Corruption, in NEGARA, S. 8-33
Myrdal, Gunnar, Asian Drama. An Inquiry into the Poverty of Nations (3 Bde.), New York 1968
ders., Politisches Manifest über die Armut in der Welt, Zürich 1972

Nehemkis, Peter s. Jacoby, Neil
Niebuhr, H. R., Christ and Culture, New York 1951
ders., Moral Man and Immoral Society, London 1963

Nietzsche, Friedrich, Werke in drei Bänden (ed. Schlechta), München 1956
Noack, Paul, Korruption. Die andere Seite der Macht, München 1987
Noggle, B., The Teapot Dome. Lousiana State University Press 1962
Norman, E. Z., Church and Society in England 1770-1970: A Historical Study, Oxford 1976
North, E., »The Economics of Extortion«, Washington Monthly 32 (1978)
Noth, Martin, Das zweite Buch Mose (Exodus), ATD 5, Göttingen 1959

Oehler, W., Die Taiping-Bewegung. Geschichte eines chinesisch-christlichen Gottesreiches, Gütersloh 1923
Ökumene-Lexikon. Kirchen, Religionen, Bewegungen, Frankfurt 1983
Ogger, Günther, Kauf dir einen Kaiser. Die Geschichte der Fugger, München, Zürich 1978
Omar, Ariffin, Corruption and Spiritual Values, in: NEGARA
Ossowski, Stanislaw, Die Klassenstruktur im sozialen Bewußtsein, Neuwied, Berlin 1962 (1. poln. Aufl. Lodz 1957)
Ott, Heinrich, Die Antwort des Glaubens. Systematische Theologie in 50 Artikeln, Stuttgart, Berlin 1972
Ouko, Joseph J., Bribery. It kills you and your Nation, Kisamu, Kenia o. J.

Parmer, S. L., Application of the Christian Concept of Power to the Social Order, in: R. W. Taylor (Hg.), Society and Religion, Madras 1976
Payne, Robert, The Corrupt Society, New York 1975
Pearson, Michael, Der plombierte Waggon, Berlin 1977
Pedersen, J., Israel. Its Life and Culture, Bd. I-II (I-IV nach alter Zählung), London 1926, Neuaufl. 1959
Pepper, Susanne, Civil War in China. The Political Struggle 1945-1949, Los Angeles 1978
Pepys, Samuel, Saviour of the Nation, o. J.
Peremans, Willy, Amtsmißbräuche im ptolemäischen Ägypten, in: Schuller 1982, S. 103-117

Perham, Maryary, Native Administration in Nigeria, Oxford 1937
Peters, John u. Welch, Susan, Political Corruption in America: A Search for Definitions and a Theory, American Political Science Review 1978
Philalethus (= Dr. D. F. Strauß), Christliche Glaubenslehre in ihrer geschichtlichen Entwicklung und im Kampf der modernen Wissenschaft allgemein faßlich dargestellt, 2 Bde., Konstanz 1842
Pöhlmann, Horst Georg, Abriß der Dogmatik. Ein Repetitorium, Gütersloh 1973
Preuschen, Erwin, Die Apostelgeschichte. Handbuch zum Neuen Testament, Tübingen 1912
Prien, Hans Jürgen, Die Geschichte des Christentums in Lateinamerika, Göttingen 1978
Pushon, John, Portrait in Grey. A short history of the Quakers, London 1984

Quenstedt, Johann A., Theologia didactico-polemica sive systema theologicum (1685), $^{3}$1969

von Rad, Gerhard, Theologie des Alten Testaments, Bd. I, München 1957
ders., Weisheit in Israel, Neukirchen 1982
Ragaz, Leonhard, Christus und die Gottlosigkeit, in: ders., Das Reich und die Nachfolge. Andachten, Gesammelte Betrachtungen aus »Neue Wege« 1925-1937, Bern 1938
ders., Die Gleichnisse Jesu (1944), Hamburg 1971
ders., Die Bergpredigt Jesu (1945), Gütersloh 1983
Rahner, Karl, Zum Problem der genetischen Manipulation aus der Sicht der Theologen, in: Wagner 1969
Rasberry, Robert W., The »Technique« of Political Lying, Washington 1981
Rashdall, H., The Theory of Good and Evil, Oxford 1907
Ratschow, Karl Heinz, Rechtfertigung. Diakritisches Prinzip des Christentums im Verhältnis zu anderen Religionen, EZW-Texte, Information Nr. 96s, Stuttgart 1985
Redding, Wilhelm, Tom's Town, Philadelphia, Lippincott 1947
Rennstich, Karl, Mission und wirtschaftliche Entwicklung, München, Mainz 1978

ders., Handwerker-Theologen und Industrie-Brüder als Botschafter des Friedens, Stuttgart 1985
ders., Die zwei Symbole des Kreuzes. Handel und Mission in China und Südostasien, Stuttgart 1988
Richter, Horst Eberhard, Die hohe Kunst der Korruption. Erkenntnisse eines Politik-Beraters, Hamburg 1989
Rivers, William s. Dennis, Everett
Robinson, E. W., Inspiration and Revelation in the Old Testament, New York 1946
Roeroe, W. A., Das Ältestenamt im Alten Israel, Mainz 1976
Rogow, A. A. s. Lasswell, H. D.
ders., The Definition of Corruption, in: Heidenheimer, Political Corruption, S. 54ff.
Romero, Oscar, Die politische Dimension des Glaubens, in: Reiser, A. u. Schoenborn, P. G. (Hg.), Basisgemeinden und Befreiung, Wuppertal 1981
Rose-Ackermann, Susan, Corruption. A Study in Political Economy, New York u. a. 1978
Rosenthal, F., Gifts and Bribes, in: Proceedings of the American Philosophical Society 108 (1964), S. 135-144
Rotter, Hans, Anthropologisch-theologische Aspekte der Korruption, in: Brünner 1981, S. 105-120
Rousseau, Jean-Jacques, Abhandlung über den Ursprung und die Grundlagen der Ungleichheit unter den Menschen (1755) in: ders., Schriften zur Kulturkritik, Hamburg ²1971
Rudersdorf, Karl H., Das Entwicklungskonzept des Weltkirchenrats, Saarbrücken 1975

Safrai, S. u. Stern, M. (Hg.), The Jewish People in the First Century, Bd. II, Assen 1976
Sah, David Kwang-Suu, A Theology by Minjung, in: Amirtham 1986
Schellong, Dieter, Illusion Ethik, in: Reformatio 26, 1977
Schenkel, Wolfgang, Memphis. Herakleopolis. Theben, Wiesbaden 1965
Schick, Peter J., Die Korruption im Spiegel des Strafrechts, in: Brünner 1981
Schleiermacher, Friedrich, Der christliche Glaube, Bd. I (1821), Berlin ⁷1960

Schmidthauser, John R. s. Berg, Larry L.
Schmidt, Kurt u. Garschagen, Christine, Art. »Korruption« in: Willi Albers (Hg.), Handwörterbuch der Wirtschaftswissenschaften, Bd. 4, Stuttgart 1978
Schneider, Reinhold, Winter in Wien, Wien 1958
Schnibben, Cordt u. Skierka, Volker, Macht und Machenschaften. Die Wahrheitsfindung in der Barschel-Affäre. Ein Lehrstück, Hamburg 1988
Schniewind, Julius, Das Evangelium nach Matthäus, NTD 2, Göttingen 1950
Scholder, Klaus, Grenzen der Zukunft, Stuttgart 1973
Schottroff, Luise, Die Befreiung von Geld und Gewalt, in: Junge Kirche 42, 1981
dies. u. Schottroff, W. (Hg.), Wer ist unser Gott? Beiträge zu einer Befreiungstheologie im Kontext der »ersten Welt«, München 1986
dies. u. Stegemann, W., Jesus von Nazareth – Hoffnung der Armen, Stuttgart 1978
Schreiber, H., Die Chinesen. Reich der Mitte im Morgenrot, Stuttgart, Hamburg, München 1978
Schrey, Hans-Horst, Einführung in die Ethik, Darmstadt 1977
Schürer, Erich, Geschichte des jüdischen Volkes im Zeitalter Jesu Christi, Hildesheim 1964
Schütz, Paul, An den Menschen. Vom Verstehen zum Verwandeltwerden. Gesammelte Werke Bd. 4, Moers 1985
ders., Das Mysterium der Geschichte. Von der Anwesenheit des Heilenden in der Zeit. Gesammelte Werke Bd. 2, Moers 1975
Schuller, W. (Hg.) Korruption im Altertum. Konstanzer Symposium Oktober 1979, München, Wien 1982
ders., Ämterkauf im Römischen Reich, in: Der Staat 19 (1980), S. 57-71
Schulz, Walter, Philosophie in der veränderten Welt, Pfullingen 1972
Schwarz, Ernst (Hg.), Konfuzius. Gespräche des Meisters Kung, München $^{2}$1987
Schwarze, Achim, Bestechen – aber richtig. Mehr Erfolg durch Korruption, Frankfurt 1989
Schwarzwäller, Wulf C., Hitlers Geld. Bilanz einer persönlichen Bereicherung, Rastatt 1986
Schweitzer, Albert, Straßburger Predigten, München 1986

Schweizer, Eduard, Das Evangelium nach Markus, NTD 1, Göttingen 1967
Scott, James C., Comparative Political Corruption, New Jersey 1972
Seagrave, Sterling, Die Soongs. Eine Familie beherrscht China, Zürich, Köln 1986
Shah, Raja Tan Sri Azlan, Corruption and Society, in: NEGARA, S. 3-7
Shackleton, J. R., Corruption: An Essay in Economic Analysis, The Political Quarterly 49 (1978)
Sharing-Bulletin Nr. 7, Genf 1981
Shenfield, Stephan, Pripiski: False statistical reporting in Soviet-type economies, in: M. Clarke 1983
Sider, Ronald, Der Weg durchs Nadelöhr. Reiche Christen und Welthunger, Wuppertal 1978
Sievernich, Michael, Die »soziale Sünde« und ihr Bekenntnis, in: Concilium 23 (1987), S. 124-131
Simis, Konstantin M., USSR: Secrets of a corrupt Society, London, Melbourne, Toronto 1982
Simonis, Ernst, Mülldeponie der Ersten Welt. Ökonomische und ökologische Interessen von Nord und Süd, in: Evangelische Kommentare 2/1986, S. 75-77
Simpkins, Edgar s. Wraith, Ronald
Simpson, A., Die Waffenhändler, Reinbek 1977
Singh, Gurmit, Corruption and Environment, in: NEGARA, S. 63ff.
Smith, Adam, The Theory of Moral Sentiments (1759), dt.: Theorie der ethischen Gefühle, ed. Walter Eckstein, Hamburg 1977
Smith, H., The Russians, New York 1976
Snow, Edgar, Red Star over China, London 1972
Spener, Philipp Jakob, Umkehr in die Zukunft. Reformprogramm des Pietismus – Pia Desideria, Gießen, Basel 1975
Spiro, Herbert J., Politics in Africa, New Jersey 1962
Ssu-yü-Teng, New Light on the History of the Taiping-Rebellion, Harvard University Press 1950
Stark, W. (Hg.), Jeremy Bentham: Economic Writings, London 1952-1954
Stegemann, Wolfgang s. Schottroff, Luise
Strahm, Rudolf H., Warum sie so arm sind. Arbeitsbuch zur Ent-

wicklung der Unterentwickelten in der Dritten Welt, Wuppertal 1985
Stratenwerth, Günter, Schweizerisches Strafrecht, 1978
Strauß, David Friedrich, Christliche Glaubenslehre in ihrer geschichtlichen Entwicklung, 2 Bde., Konstanz 1841 u. 1842
Strauss, Leo, Natural Right and History, Chicago 1953
von Ström, Ake s. Ringgren, H.
Strohm, Holger, Friedlich in die Katastrophe. Eine Dokumentation über Atomkraftwerke, Frankfurt 1961
Sturminger, Alfred, Die Korruption in der Weltgeschichte, München, Wien 1982
Sueton, Leben der Caesaren, übers. von André Lambert, Zürich, Stuttgart 1955
Sullivan, Anwar u. Leong, Cecilia, Commemorative History of Sabah 1881-1981, Kuala Lumpur 1981
Szczesny, Gerhard, Die Zukunft des Unglaubens. Zeitgemäße Betrachtungen eines Nichtchristen, München 1958

Tacitus, De vita Julii Agricolae. Das Leben des Julius Agricola. Lateinisch u. deutsch, hg. von Rudolf Till, Darmstadt $^{3}$1979
Tan, Chee Khoou, Malaysia today, Petaling Jaya 1985
Theißen, Gerd, Soziologie der Jesusbewegung, München 1985
Thielicke, Helmut, Das Bilderbuch Gottes. Reden über die Gleichnisse Jesu, Stuttgart 1957
ders., Theologische Ethik I: Prinzipienlehre. Dogmatische, philosophische und kontroverstheologische Grundlegung, Tübingen 1958
Tigue, J. s. Clarke, Th.
Transnationale Unternehmen als Thema der Entwicklungspolitik. Texte zum kirchlichen Entwicklungsdienst 34, Frankfurt 1985
Turk, Austin T., Political Criminality. The Defiance and Defense of Authority, London, New Delhi 1982

Uibopuu, Heen Jüri, Korruption im Spiegel der internationalen Praxis und des Völkerrechts, in: Brünner 1981, S. 281ff.

Vidler, Alec R., The Church in an Age of Revolution. 1789 to the present day. The Pelican History of the Church, London 1968
Vierteljahresschrift für Sozial- und Wirtschaftsgeschichte

Le Vine, Victor T., Political Corruption. The Ghana Case, Stanford/ California 1975
Vriezen, Th. C., An Outline of Old Testament Theology, Branford 1958

Wagner, Friedrich (Hg.), Menschenzüchtung, München 1969
Wallraff, Günter, Ganz unten, Köln 1985
Walter, Ingo, Secret Money: The World of International Financial Secrecy, London 1985
Wankel, Herman, Die Korruption in der rednerischen Topik und in der Realität des klassischen Athens, in: Schuller 1982, S. 29-47
Ward, B., The Home of Man, Pelican 1976
ders. u. Dubos, R., Only One Earth, Pelican 1972
Wengst, Klaus, Pax Romana — Anspruch und Wirklichkeit, München 1986
Weiner, Myron, The Politics of scarcity, Chicago 1962
Weinfeld, Moshe, Deuteronomy and the Deuteronomic School, Oxford 1972
Wertheim, W. F., Sociological Aspects of Corruption in South-east Asia, in: East-West Parallels, van Hoeve, The Hague 1965
Westermann, Claus, Genesis 1-11. Biblischer Kommentar AT, Neukirchen 1974
ders., Der Friede (Shalom) im Alten Testament, in: Forschung am Alten Testament, Gesammelte Studien II, München 1974
ders., Die Illusion des Atheismus, in: Ebd.
White, Leonhard D., The Federalists. The Republican Era, New York 1958
Wilckens, Ulrich, Urkunden der Ptolemäerzeit I, Berlin, Leipzig 1927
Wilken, Robert L., Kollegien, Philosophenschulen und Theologie, in: Meeks 1962
Wilson, James Q., Corruption: The Shame of the States, in: Heidenheimer, Political Corruption, S. 298-306
Wint, Guy, Spotlight on Asia, Middlesex 1955
Wolff, Hans Walter, Wissen um Gott. Gesammelte Studien zum Alten Testament, München 1973
ders., Anthropologie des Alten Testaments, München 1973
Woodward, Bob s. Bernstein, Carl

Wraith, Ronald u. Simpkins, Edgar, Corruption in Developing Countries, London 1963

Yeow, Choo Lak, Theology's long March against Corruption, in: East Asia Journal of Theology 3 (1985), S. 199-201

Young, Arthur, An Inquiry into the State of Mind amongst the Lower Classes, 1798

Ziegler, Jean, Eine Schweiz über jeden Verdacht erhaben, Darmstadt, Neuwied 1976

Zink, Harold, City Bosses in the United States, Durham University of North Carolina Press 1930

Zorn, Zacharias, Agricultural Terraces in the Jordan Mountains, in: Israel Exploration Journal 16 (1966), S. 111-122

Karl Rennstich

## Die zwei Symbole des Kreuzes

Handel und Mission
in China und Südostasien
280 Seiten. Kartoniert

Über die Geschichte der Ausbreitung des christlichen Glaubens und des europäischen Handels in China berichtet der Missionswissenschaftler Karl Rennstich spannend und kritisch.
Missionare brachten das Kreuz Christi. Kaufleute der Ostindischen Handelskompanie machten wirtschaftlichen Gewinn und waren die ersten, die das Kreuz als Pluszeichen in ihren Geschäften verwendeten.
Die christliche Mission in China hat bis zur Kulturrevolution in dem Konflikt zwischen Geist und Geld gelebt. Diese Spannung zeichnet der Autor nach. Er gibt außerdem Einblick in den Emanzipierungsprozeß der Kirche des Ostens von der Kirche des Westens und in das Leben chinesischer Christen heute.

Quell Verlag